A HISTÓRIA DE MORA

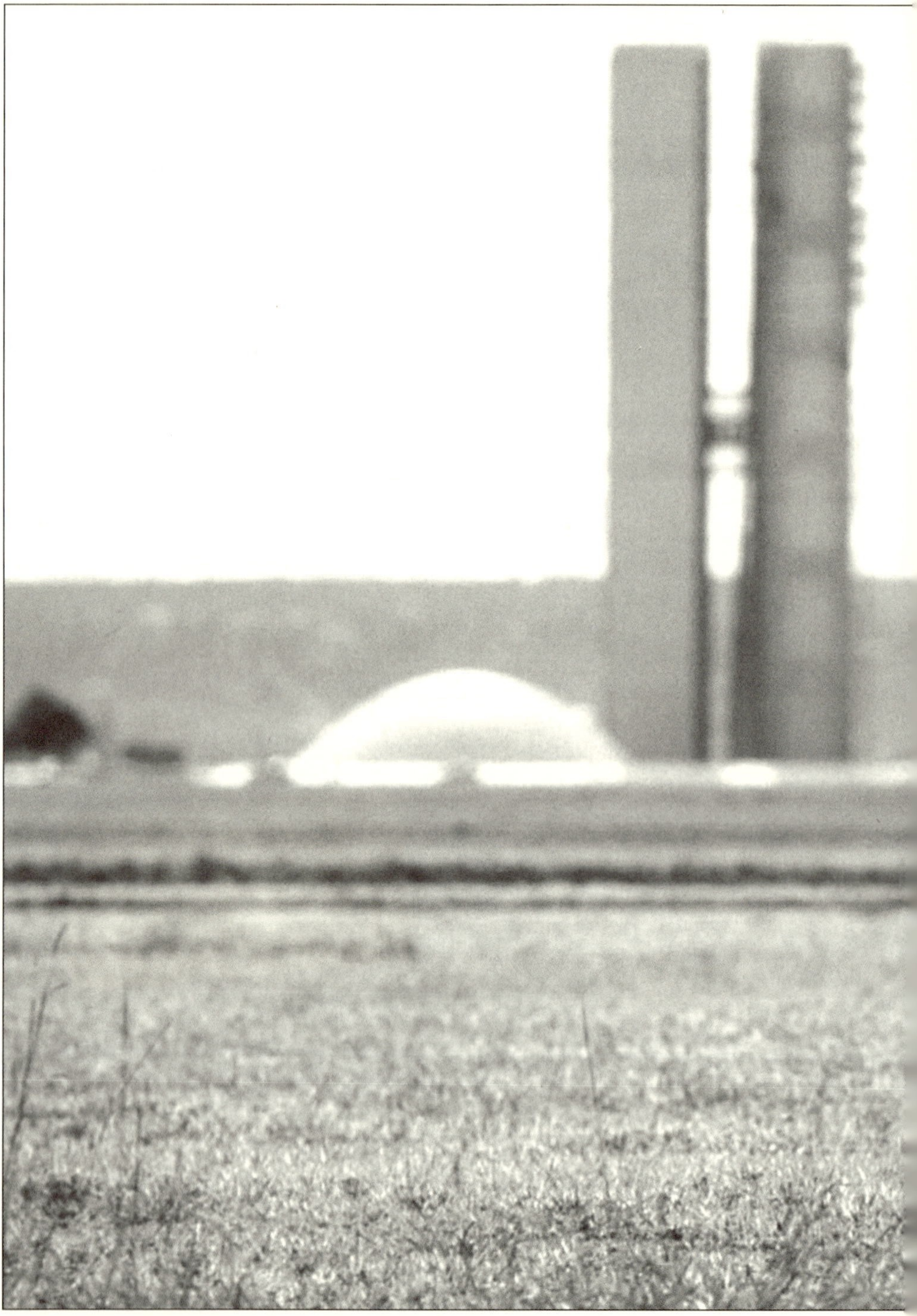

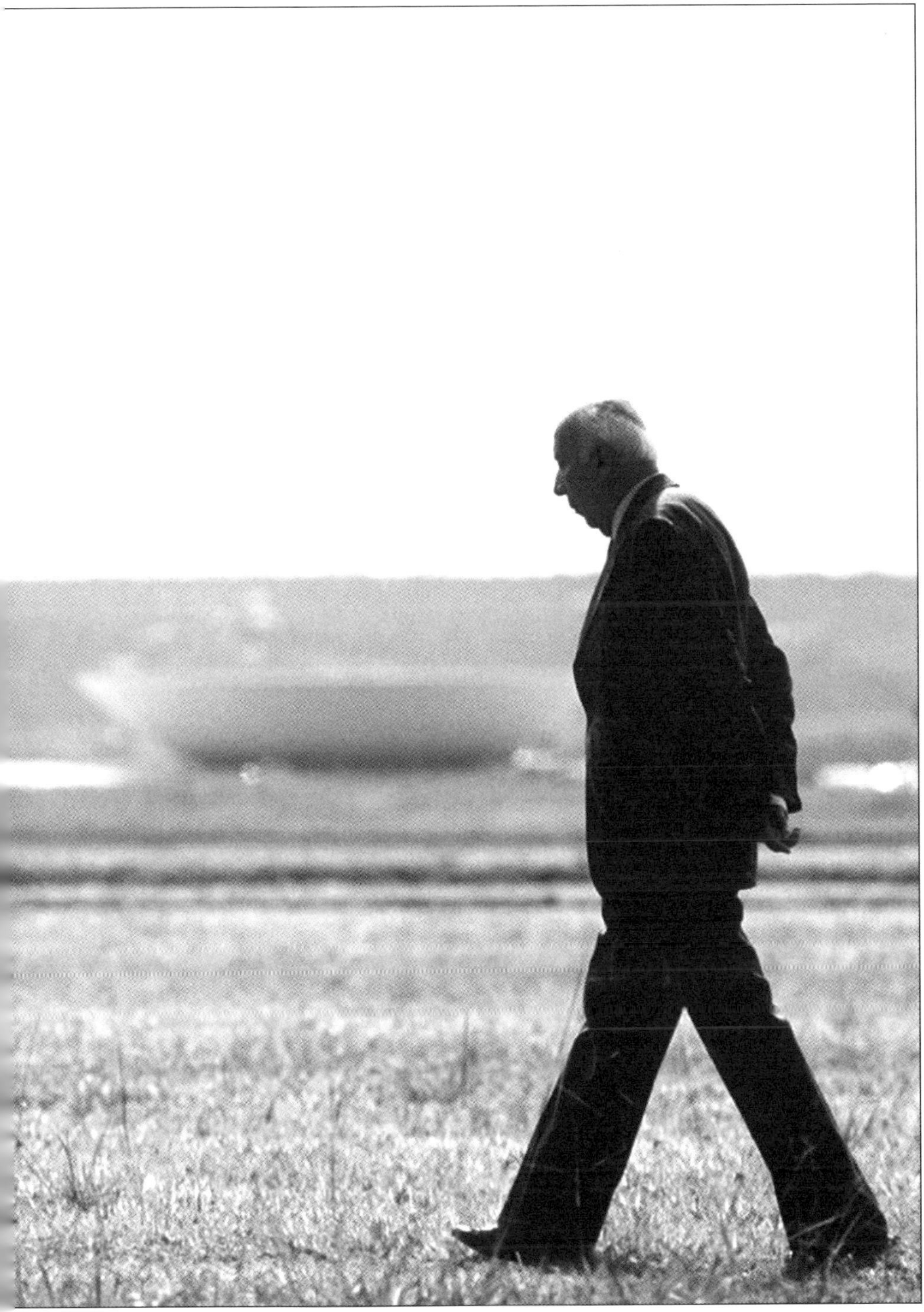

Jorge Bastos Moreno

A HISTÓRIA DE MORA
A saga de Ulysses Guimarães

Rocco

Copyright © 2013 by Jorge Bastos Moreno

Reprodução de fotos de miolo e capa:
© Orlando Brito

Direitos desta edição reservados à
EDITORA ROCCO LTDA.
Av. Presidente Wilson, 231 – 8º andar
20030-021 – Rio de Janeiro, RJ
Tel.: (21) 3525-2000 – Fax: (21) 3525-2001
rocco@rocco.com.br
www.rocco.com.br

Printed in Brazil/Impresso no Brasil

Preparação de originais: TULIO KAWATA

CIP-Brasil. Catalogação na fonte.
Sindicato Nacional dos Editores de Livros, RJ.

M835h   Moreno, Jorge Bastos
A história de Mora: A saga de Ulysses Guimarães/
Jorge Bastos Moreno. – Rio de Janeiro: Rocco, 2013.
16 cm x 23 cm

ISBN 978-85-325-2845-2

1. Ditadura – Brasil – História. 2. Brasil –
Política e governo – 1964-1985. 3. Mulheres
na política – Brasil. I. Título.

                           CDD – 981.063
13-1946   CDU – 94(81)"1964/1985"

À Renata Lo Prete

SUMÁRIO

Prefácio de Roberto DaMatta *13*
Nota do autor – O dono da história *15*
  1 – A mulher que calou os governadores *19*
  2 – Ulysses respirava Tancredo *27*
  3 – A mágoa de Ulysses e Tancredo com JK *35*
  4 – O pior momento da vida de Lula *43*
  5 – 1977 – O ano do retrocesso *49*
  6 – Ulysses, o "Jurila" e os "Três Patetas" *57*
  7 – As revelações de Tancredo a Ulysses *65*
  8 – "Primeira-dama" em missão oficial *73*
  9 – Em 1985, campanha e depressão *81*
10 – Da chinesinha à bênção do papa *87*
11 – Natal e a falta que fez uma bicicleta *93*
12 – Ulysses a Collor: "Só uso drogas compradas legalmente." *99*
13 – A agonia pública do doutor Ulysses *105*
14 – Ulysses: "Estou cercado, eu ataco." *111*
15 – "Ruim com Quércia, pior sem ele." *119*
16 – Abandonado pelo PMDB *125*
17 – "Severo Gomes não é amigo, é irmão!" *131*

18 – Ulysses à PM baiana: "Violência estúpida, inútil e imbecil." *137*

19 – "Gil e Caetano às avessas" *143*

20 – Duelo de Titãs por espólio do MDB *149*

21 – O desejo por uma grande dama *155*

22 – Ulysses e o terno tailandês *163*

23 – Das canoas ao iate *Miss Bangu* *171*

24 – Jarbas, o escolhido político de Ulysses *177*

25 – Os filhos da (rua) Maria Antônia *183*

26 – Xingu: Amor e maldição *189*

27 – Anticandidatura movida a poesia *195*

28 – O fato se impôs, e Collor caiu *203*

29 – A rendição do general *209*

30 – Tancredo, a viúva e o general *215*

31 – "A História é incensurável" *221*

32 – Collor com feijão, arroz e macarrão *227*

33 – Proposta indecente *233*

34 – Por dentro do saco de gatos *239*

35 – A volta do filho pródigo *245*

36 – Ninguém se elege sem Maluf *253*

37 – As jogadas do craque Ulysses *259*

38 – A santa ira de Teotônio Vilela *265*

39 – Os padrinhos das Diretas Já *271*

40 – Em alto e bom som, "não" com gosto de "sim" *279*

41 – A providencial "sobrinha" de Tancredo Neves *285*

42 – O "malufismo" contaminou a cúpula militar *291*

43 – 1988: greves de servidores param o país *297*

44 – Novela: Ulysses x Sarney *303*

45 – PMDB: um coração partido *309*

46 – Sarney, a tatuagem de Ulysses *315*

47 – Mistério: destino ou maldição? *323*

48 – Ulysses deve morrer *331*

49 – Ontem foi um dia histórico *337*

50 – Argonauta caçado por tempestade *343*

PREFÁCIO

É com grande prazer que escrevo esse pequeno texto antecipatório de um conjunto fascinante de passagens da história recente do Brasil, enfaixadas como casos e histórias pelo seu autor como *A história de Mora*.

Com foco nos chamados "fatos que falariam por si mesmos", o livro agrega uma série de episódios ocorridos em torno de um ator maior do processo de democratização do sistema político e social brasileiro, o deputado e constituinte Ulysses Guimarães. Só que em vez de serem vistos como fatos paradoxais, trágicos ou transformadores, eles são contados por um narrador que vê com os olhos de sua esposa, dona Ida Maiani de Almeida – apelidada de Mora pela avó.

Temos, então, nos meandros de uma delicada e terrível luta política, uma visão feminina que enxerga o que ocorre com os amigos do marido, com seus correligionários, seus eventuais aliados e seus inimigos, ocultos ou declarados, com o olhar de uma participante marginal. A visão de uma mulher que salienta a dimensão do afeto e do sentimento, por meio de sua relação de aliança (ou elo matrimonial) com o doutor Ulysses, despe os acontecimentos vividos pelo casal e pelo Brasil na sua esfera pública ou exterior de sua carga pernóstica, politiqueira, demagógica e populista, típica do poder quando, no palco ou no púlpito, o sujeito diz: "EU fiz isso ou aquilo." Mora, ao contrário, observava tudo tirando dos fatos a sua participação como um ator fora do proscênio e, com isso, filtrava e desvestia os acontecimentos da aura de sacralidade e segredo que tipificam o mundo político, no caso do Brasil, e o mundo em geral.

Penso que a ultrapassagem de um machismo subjacente à política com "p" maiúsculo ou minúsculo, ultrapassagem que se faz pelo olhar marginal de uma mulher, traz aos fatos uma nova moldura. Algo como vivenciar um drama de Shakespeare por meio de um contrarregra ou servente. Uma figura cuja participação na peça é humilde, mas crítica. Daí, sem dúvida, o tom desta narrativa na qual Jorge Moreno usa o poder da escrita para enxergar o mundo de outros ângulos, num exercício gratificante e bem-humorado de tornar leve o que foi sem dúvida pesado; de transformar as supostas determinações da história, com sua lógica implacável, num jogo que, antes de mais nada, passa pelo trivial, pelo doméstico e pelo dia a dia que, afinal de contas, engloba todas as vidas.

Nesse sentido, *A história de Mora* religa o grande cenário dos palácios e dos cargos do poder, bem como os grandes duelos e decisões com a vida que levamos e, por meio dos casos contados com o estilo despojado, irônico e atilado do Moreno, humanizam os poderosos e dão poder aos humanos. As pessoas comuns, por meio deste livro, veem como a intimidade dos poderosos é também feita de um festival de lugares-comuns. Eis uma contribuição poderosa para a compreensão de nós mesmos por meio dos olhos lavados de Mora. Essa Mora que mora no Moreno e em todos nós.

ROBERTO DAMATTA
Jardim Ubá, 11 de março de 2013

NOTA DO AUTOR

O DONO DA HISTÓRIA

Por que Mora? Os céticos não acreditam, mas é a pura verdade: *A história de Mora* foi inspirada durante uma viagem com a atriz Mariana Ximenes pela Europa. E "nas viagens é que conhecemos realmente as pessoas", dizia Ulysses Guimarães, na verdade, o personagem principal deste livro.

Logo no primeiro trecho da viagem (Rio – Lisboa), a inquieta atriz nem esperou a decolagem e pediu-me que começasse a lhe descrever tudo o que aprendi de política, durante os quase 40 anos de profissão de repórter. Teríamos tempo para isso, ponderou Mariana, pois na capital portuguesa encontraríamos com parte da sua família e, de lá, seguiríamos todos juntos para outros países. Ao todo, acredito, sem muita certeza, que a minha viagem com Mariana deva ter demorado, por aí, uns 17 dias, 12 horas, 47 minutos e 17 segundos.

Não precisei de muito esforço para notar as semelhanças físicas. Principalmente nos gestos, a atriz Mariana Ximenes e a mulher de Ulysses, Mora, eram a mesma pessoa. O engraçado é que ninguém nunca conheceu Mora pelo nome verdadeiro de Ida Maiani de Almeida, mas, simplesmente, por Mora, o apelido que foi dado pela sua avó.

Coincidentemente, pelo mesmo período de 17 dias, eu havia feito, como enviado especial do *Globo*, uma longa viagem com o casal Ulysses Guimarães e uma comitiva de parlamentares pela Ásia e pela Europa. A comitiva foi se dissipando ao longo do roteiro e terminamos a viagem praticamente reduzidos a uns três casais. Eu, a essa altura, já cristalizado com o auspicioso apelido de Apalermado, dado por Mariana Brennand Fortes, uma das pessoas mais interessantes do reduzidíssimo círculo de convivência de dona Mora, entre as quais se incluíam ainda Maria da Glória, Maria Rita e Dulce Ângela.

À "aluna" Mariana Ximenes contei o que sabia de política, tendo como referência principal a figura de Ulysses Guimarães. E dona Mora entrou nessa história quando relatei a saga da candidatura de Ulysses à presidência da República e sua determinação de enfrentar a maioria dos governadores do país, todos do PMDB, para impor o nome do marido.

A partir disso, interessei-me por conhecer a vida de Mora. A despeito de tantos tropeços, que me custaram algumas relações pessoais, eu devia para mim mesmo este trabalho. Nunca tive a pretensão de biógrafo do dr. Ulysses, papel este tão bem desempenhado pelo jornalista Luiz Gutemberg, em *Moisés, codinome Ulysses Guimarães* (Companhia das Letras, SP, 1994), uma bela biografia romanceada de Ulysses Guimarães. Fiz, neste trabalho, o que sempre aspirei fazer: contar as histórias da vida de Ulysses.

Finalmente, respondo à pergunta que abriu este texto. Mariana Ximenes pediu-me que escrevesse uma peça sobre Mora para ela interpretar no teatro. Combinamos, então, que seria um monólogo. O que eu não disse a ela foi que eu só sei escrever sob pressão do *deadline*. E, assim, fui enrolando a moça. Até então, eu tinha como obra principal uma série de relatos sobre campanhas políticas, publicadas no *Globo*, nas eleições de 2010, com o selo *Histórias do Moreno*, criado pela editora Sílvia Fonseca. Voltei a usar esse selo quando fiz um perfil de Itamar Franco, por ocasião da sua morte. Isso fez com que a diretora Sandra Sanches tivesse a ideia de me sugerir a publicação semanal das minhas histórias, em forma de capítulos, para posterior publicação. Aceitei de pronto a ideia, mas sugeri um outro nome – *A história de Mora*, que seria escrito na primeira pessoa.

Assim, uni o desejo da Mariana Ximenes com a sugestão da Sandra Sanches e fui à luta. Não me organizei para escrever *Mora*. Ela baixava em mim toda a madrugada de quinta-feira.

Apesar da informalidade do texto, procurei me precaver com uma pesquisa jornalística feita pelas repórteres Andreia Sadi, que na época trabalhava no site *G1* da TV Globo, Catarina Alencastro, do jornal *O Globo*, Haline Tavares, do Centro de Pesquisa e Formação de História Contemporânea do Brasil, Clara Passi, também do jornal *O Globo*, e Isabela Vieira, do site da TV Brasil. A minha retaguarda era poderosa, formada por toda a editoria de País, sob o comando de Fernanda da Escóssia, e pela sucursal de Brasília, chefiada por Sérgio Fadul.

Mesmo com todo esse aporte, *A história de Mora* não existiria sem o total engajamento do diretor de redação do *Globo*, Ascânio Seleme. Elio Gaspari, Merval Pereira, Ancelmo Gois, Ali Kamel e Zuenir Ventura, como conselheiros permanentes, tiveram, evidentemente, participação neste trabalho.

Não poderia deixar de reconhecer a generosidade do repórter fotográfico Orlando Brito, por ter cedido as fotos do seu valioso arquivo. Com o detalhe da foto de capa deste livro ter sido feita quatro dias antes do acidente de helicóptero.

Tentei resgatar a memória daquele período, recorrendo a depoimentos de personagens da época. Desisti. Decidi que deveria contar só histórias que eu havia testemunhado e fui gentilmente rejeitando a colaboração de atores da época, muitos dos quais se transformariam em críticos ferrenhos da obra, por ela não conter as suas versões. Para eles, era difícil entender que *Mora* era uma história só minha. Eu era o dono da minha história.

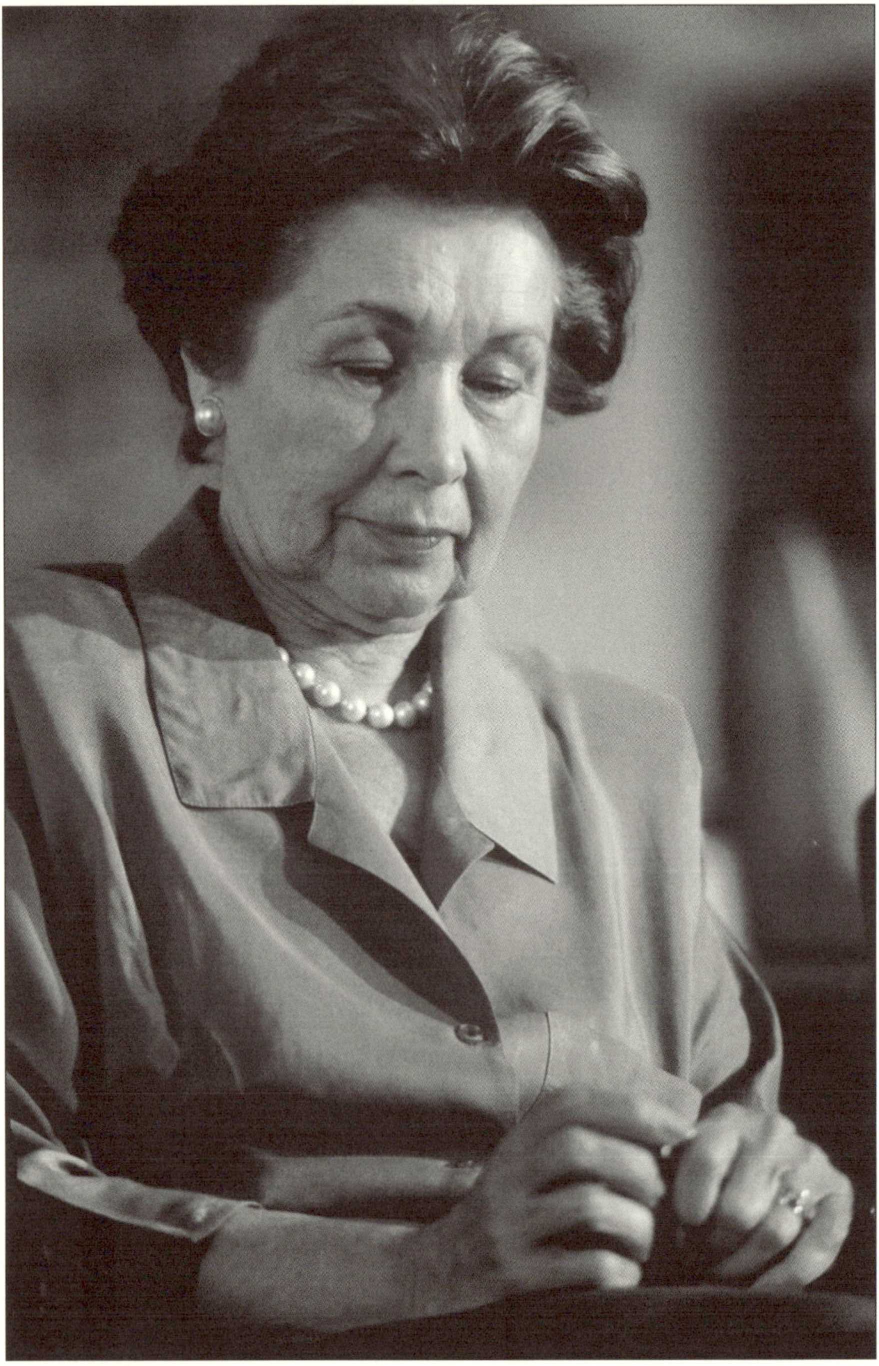

CAPÍTULO 1

A MULHER QUE CALOU OS GOVERNADORES

Dizem que acabei mudando a história do país ao enfrentar 20 ou mais governadores que tentavam impedir a candidatura de Ulysses Guimarães, na primeira eleição direta pós-ditadura. Ou seja, barrar o sonho de uma vida inteira.

Nasci Ida Maiani de Almeida, mas, por ser a mais morena das netas, minha avó apelidou-me de Mora e nunca mais usei o meu nome de batismo. E é como Mora Guimarães que me apresento a vocês.

É bem provável que a maioria de vocês nunca tenha ouvido falar em meu nome. Os 15 minutos de fama que justificam a minha presença aqui, na verdade, não se devem a nenhuma mudança do comportamento discreto e reservado que sempre marcou a minha vida de mulher de político. Se, alguma vez, eu o mudei, está sendo agora, neste espaço onde pretendo contar a minha história de amor vivida com Ulysses Guimarães.

Portanto, não esperem de mim um relato formal, cronológico e burocrático do período vivido ao lado do homem que, em determinado momento da história, foi o político mais importante do país. Serão inevitáveis algumas revelações, mas sem a intenção de julgar o comportamento de quem quer que tenha convivido conosco nesse período.

Minha narrativa aqui pretende ser fiel ao que meu marido sempre destacou dentre os vários ensinamentos de um de seus ídolos, De Gaulle: o de que a maior de todas as autoridades é o fato, "sua excelência, o fato".

E começo pelo que me deu a notoriedade fugaz. Acho exagero, mas dizem que eu acabei mudando a história do país ao enfrentar 20 ou mais governadores que tentavam impedir a candidatura de Ulysses, na primeira eleição direta pós-ditadura. Ou seja, barrar o sonho de uma vida inteira. Alegam que, se meu marido não fosse candidato, não teria havido Fernando Collor e, consequentemente, o destino do país seria outro. Toda vez que botam um "se" na história, repito logo Ulysses: "Com o 'se', você bota Paris dentro de uma garrafa." Sabem como impedi a ação dos governadores? Com o meu silêncio, com o meu olhar. É claro que, ao longo dos próximos capítulos, vou contar minuciosamente a vocês como tudo aconteceu.

E onde o amor entra nisso? É preciso amar muito para que almas chamadas gêmeas se integrem numa só. Como eu disse, a minha história é, essencialmente, uma história de amor. Eu me entreguei totalmente ao meu marido, numa relação de solidariedade absoluta e de cumplicidade total. Então, aprendi com Ulysses a difícil arte de falar com os olhos, não somente com a boca. Se você não tem carisma e autoridade, nem tente.

Não pronunciei uma única palavra naquela reunião. Repeti o que Ulysses sempre fazia nos seus despachos com Sarney. Vou dar um exemplo. Certo dia, Ulysses chega em casa, como sempre se livrando imediatamente dos sapatos; estira-se no sofá e, com um sorriso que só eu entendia, diz:

– O Sarney tentou fazer do Airton Soares ministro do Trabalho, no lugar do Pazzianotto, mas eu não deixei.

(Airton foi um dos fundadores do grupo "autêntico" do então MDB, primeiro líder do PT na Câmara, expulso do partido juntamente com Beth Mendes e José Eudes, por terem votado em Tancredo Neves no Colégio Eleitoral.)

Já fiquei preocupada. Os embates do Ulysses com Sarney nunca foram saudáveis. Houve um dia que meu marido saiu do Alvorada direto para o pronto-socorro. Ulysses nunca teve paciência com Sarney. Adorava a Marly, mas tinha total desprezo pelo marido dela.

Perguntei então como tinha sido a discussão. Ulysses, na maior felicidade, quase levitando do sofá, resolve me contar:

— Sarney fez uma volta enorme até chegar ao que queria. Ele tinha certeza de que, por gostar muito do Airton, eu iria engolir goela abaixo sua nomeação. Sarney achava que eu não sabia que, por meio da filha Roseana, estava tentando atrair a esquerda do PMDB contra mim.

Ulysses toma um gole d'água e prossegue:

— E nessa lenga-lenga, finalmente, pergunta: "O que você acha de Airton Soares no Ministério do Trabalho?" Em silêncio estava e em silêncio continuei. Apenas fixei meus olhos nele, até ele abaixar a cabeça.

E, levantando-se do sofá abruptamente para ressaltar bem o seu gesto, dá um soco na mesinha ao lado:

— Dona Mora Guimarães, calei o Sarney com o meu olhar!

Gente, não exercerei aqui o ridículo papel de ficar elogiando meu marido, mas, cá entre nós, é preciso ter muita autoridade para fazer isso. Dirão alguns de vocês que fazer isso com Sarney era muito fácil. Mas os políticos daquela geração, e aí incluo até o Sarney, reverenciavam muito o cargo de presidente da República, independentemente do seu ocupante eventual.

Voltemos aos meus minutos de glória. Na verdade, os governadores não contavam com a minha presença. Eles tinham se reunido antes no Centro Cultural Banco do Brasil, o CCBB, e combinado todo o *script*: a Pedro Simon, por ser, aparentemente (mais tarde, em outros capítulos, quando eu estiver mais desenvolta, talvez explique esse "aparentemente", típico Pirandello – "Assim é, se lhe parece"), o mais ligado a Ulysses, caberia "botar o guizo no gato", o que na política significa descartar pessoas.

Na hora em que Pedro Simon começou a falar, tirei o meu colar de pérolas do pescoço e comecei a rodá-lo na mão direita, só com o indicador, e fixei meu olhar sobre ele. O Pedro sabia o que meu olhar estava lhe dizendo. Quanto mais Simon falava, mais eu girava o colar, como se, naquela velocidade, por um simples descuido meu, ele pudesse, de repente, escapar das minhas mãos e atingir a consciência do orador.

E o Pedro ficou naquilo que Ulysses gostava de chamar de "dança dos tangarás" – um passo para a frente, um passo para trás – e acabou não dizendo coisa com coisa.

E assim foi quase toda a reunião, um desastre total. Os governadores queriam o Quércia, mas o Quércia não queria contrariar Ulysses, que, de sua parte, cobrava uma alternativa de nomes, mas ninguém apresentava. O Arraes, então governador de Pernambuco, era o mais veemente. Mas a gente só conseguia ouvir dele este refrão: "Podem me expulsar do partido..." O resto ninguém entendia.

Mas, para botar um pouco de ordem, vou tentar começar minha história contando como conheci Ulysses e como fiquei sabendo que eu, então uma pacata viúva, com um casal de filhos pequenos, Tito Henrique e Celina, morando na então capital do país, havia sido escolhida para casar. Se, como já disse, a história que pretendo contar não é nada burocrática, o meu pedido de casamento foi. Aliás, nem me pediram a mão, mas os documentos. Oswaldo Manicardi, secretário particular de Ulysses, me procurou:

– Preciso dos seus documentos!

E eu:

– Para quê?

E Oswaldo:

– Porque o doutor Ulysses vai casar com a senhora.

Romântico, não foi?

Claro que Oswaldo sempre estará presente aqui entre nós. É mais fácil eu contar a vocês quem é Oswaldo Manicardi e falar da sua fidelidade a Ulysses, apenas com este pequeno fato, ocorrido já em Brasília, na residência oficial da presidência da Câmara.

Estávamos nós, Ulysses e eu, tomando sol à beira da piscina, numa dessas manhãs quentes e secas de Brasília. De repente, Ulysses pede a Oswaldo, impecavelmente trajado com seu inseparável terno marrom-claro, que verificasse se a água da piscina não estava muito fria para o banho. Em vez de botar as mãos na água, Oswaldo volta para dentro da casa.

Até Ulysses, já acostumado com o jeito do seu secretário, estranha a atitude, aparentemente de rebeldia.

Cinco minutos depois, reaparece Oswaldo, só de calção, e dá um salto olímpico na piscina, num mergulho demorado. E sai dela com a mesma velocidade com que entrou, abana o corpo e informa:

– A água está boa!

CAPÍTULO 2

ULYSSES RESPIRAVA TANCREDO

Meu marido acabou se tornando confidente de Filinto Müller. Ulysses chegava em casa, em São Paulo, contando as histórias que ouvia de Filinto. Chamavam-lhe muito a atenção os braços enormes daquele homem de quase dois metros de altura.

Casei-me com Ulysses em 1956, quando ele era presidente da Câmara dos Deputados. O casamento foi muito simples, na Igreja Nossa Senhora do Brasil, em São Paulo.

Não vou dizer que eu estava linda, mas, como noiva de segundas núpcias, não fiz feio. Confesso que sempre fui vaidosa. Minha avó me ensinava a ser caprichosa. Além do mais, não sei se já disse a vocês, fui educada no rígido Colégio Santa Marcelina, o mais conservador da época. Eu só andava arrumada.

Lembro-me, até hoje, do meu casamento. Eu estava com um vestido cinza muito bonito. E com um colar de pérolas, acho que o mesmo da reunião com os governadores do PMDB. Se você perguntar a Ulysses, ele vai dizer que me casei de vermelho. Meu marido sempre teve uma obsessão com vermelho. Certa vez, numa entrevista aqui mesmo, ele disse uma coisa pouco refinada para o meu gosto:

— Adoro vermelho. Se fosse mulher, só andava com vestido vermelho ou com uma rosa vermelha na bunda!

Ulysses era muito refinado, mas, de vez em quando, dava umas derrapadas. Nessas horas, eu o advertia sempre com a frase que ouvi da Lygia Fagundes Telles na televisão: "Tenho horror à vulgaridade!" E ele se continha.

Enfim, casada, mudei com meus dois filhos de um pequeno apartamento no Leme para um suntuoso apartamento no 9º andar do número

2.364, hoje Edifício Parnaíba, na avenida Atlântica, em Copacabana. No edifício moravam também o presidente do Senado, Nereu Ramos, no oitavo, e o senador Auro Moura Andrade, no segundo.

Nereu tinha acabado de deixar a Presidência da República, completando o mandato de Vargas. Dois anos depois, morreu num acidente da Cruzeiro do Sul. Ulysses e eu ficamos muito chocados com a sua morte.

E o Moura Andrade, vocês o conhecem de voz. É a voz mais conhecida da história. Como presidente do Senado, em 1961, após a leitura da carta-renúncia de Jânio, celebrizou: "Declaro vaga a cadeira de presidente da República."

Lembraram-se agora do vozeirão? Por conta disso, Moura Andrade ganhou o apelido de "uma voz à procura de uma ideia". Mas ele, contava Ulysses, teve participação decisiva, logo em seguida, naquele parlamentarismo de araque que garantiu João Goulart na Presidência da República.

Imaginem, eu, uma pacata viúva paulista, dando uma guinada e passando a conviver com toda aquela gente importante, em um edifício badalado, que tinha uma enorme faixa privativa para Cadillacs importados? Mudei radicalmente de vida.

Mas o Auro Moura Andrade, realmente, teve um papel tão grande na mudança de regime que até quiseram fazer dele o primeiro-ministro, desde que deixasse nas mãos de Goulart uma carta-renúncia assinada. Ele não topou, claro, e quem acabou sendo escolhido foi o homem a quem Ulysses chamava pelo nome completo, todas as vezes que aprontava alguma coisa: "Doutor Tancredo de Almeida Neves." Até a Geralda, minha cozinheira da vida toda, quando se aborrecia por qualquer coisa, murmurava pelos cantos: "Doutor Tancredo de Almeida Neves."

Tancredo Neves morreu achando que Ulysses o traiu em três grandes momentos da sua vida. Os outros, conto depois. Fiquemos só no primeiro, por enquanto. O PSD, a quem cabia a indicação do primeiro-ministro, apresentou três candidatos, e Tancredo, mesmo tendo sido o escolhido, acusou Ulysses de não ter votado nele.

Depois, no seu curto governo, criou um ministério – o da Indústria e Comércio – só para acomodar Ulysses. Políticos, vá entendê-los! É por isso que Ulysses sempre ensinava aos novos:

– Nunca traga suas desavenças para casa. O sujeito a quem você xinga de mau-caráter, na mesa de almoço da família, poderá ser elogiado por você no jantar do mesmo dia. E quem, para a sua família, acaba sendo o mau-caráter é você.

Politicamente falando, Tancredo Neves foi o homem da vida de Ulysses. Foi o seu maior contraponto, ao mesmo tempo que foi seu grande amigo também. Meu marido costumava falar que mulher de político é "viúva de marido vivo". Eu replicava brincando que, desde que Tancredo entrou nas nossas vidas, passei a ser apenas "amante do deputado Ulysses Guimarães", e a esposa, um certo doutor Tancredo de Almeida Neves. Ulysses respirava Tancredo, acordava Tancredo, dormia Tancredo.

Quando Tancredo morreu, muito de Ulysses foi com ele. Foi nítida a transformação de meu marido. Passou a ter depressão, uma doença que mais tarde o levou a afastar-se da política. Ele perdera a sua principal referência na política. Ulysses, na sessão de homenagem ao presidente morto sem tomar posse, fez, em discurso, a mais bela declaração de amor que já vi um político fazer a outro:

– Eu admirava Tancredo. Eu amava Tancredo. Eu temia Tancredo.

Até hoje, fico arrepiada ao lembrar-me disso. Claro que cobrei dele, em brincadeira:

– Será que, quando eu morrer, vou merecer uma declaração de amor dessas?

Ulysses, a quem Jânio Quadros chamava de "O prosador das Arcadas", por ter editado um livro de poesias dos estudantes do Largo São Francisco, respondeu-me:

— Você merecerá a maior homenagem que um homem pode prestar à amada: morrer com ela.

Mas não é de Tancredo que quero falar agora. Com o golpe de 1964, os partidos foram extintos nos dois anos consecutivos, e em 1966 surgiriam o MDB e a Arena. Vice-presidente do partido de oposição, Ulysses assume o comando do MDB em 71, com a renúncia do general Oscar Passos. Institucionalmente, passa a conviver com o presidente da Arena, Filinto Müller, seu ex-colega de PSD e ex-chefe da Polícia de Vargas.

Ulysses nunca se deu bem com os presidentes que se sucederam nos comandos dos partidos da ditadura, a não ser com Filinto. Petrônio Portella? Ulysses debochava da sua empáfia. E, também, não será aqui nesses capítulos que deixarei de ser sincera: os paulistas sempre tiveram preconceitos contra os nordestinos. E Petrônio Portella, a estrela civil da ditadura, era do Piauí.

Muito do que Sarney passou, por exemplo, deve-se a esse preconceito paulista. Não estou querendo justificar os erros do governo dele. Mas não foi fácil para o Sarney enfrentar a paulistada.

Voltando a Filinto Müller, meu marido acabou se tornando confidente dele. Ulysses chegava em casa, em São Paulo, contando as histórias que ouvia de Filinto. Chamavam-lhe muito a atenção os braços enormes daquele homem de quase dois metros de altura.

Ulysses considerava Filinto exageradamente paranoico. Ele tinha medo, pavor, de morrer assassinado em emboscada ou sabotagem. Em Cuiabá, sua terra natal, sentia-se mais seguro hospedado no Hotel Centro-América, no centro da cidade, do que na casa da família. Em Brasília, protegia-se exageradamente.

Uns dois meses, ou menos que isso, da morte de Filinto, Ulysses chegando em casa:

— Mora, paranoia pega? Eu, que sou líder da oposição ao Médici, nunca tive a paranoia do Filinto. Mas, hoje, o avião balançou tanto que, pela primeira vez, pensei bobagem.

– Você acha que, para se livrarem de você, os militares matariam um avião cheio de inocentes? Só em filme!

– Ou na cabeça do Filinto – completou meu marido, concordando que estava ficando sugestionado com as histórias do senador.

Dias antes do acidente de Orly, que matou Filinto e mais 121 pessoas, entre as quais sua mulher, Consuelo, e o neto Pedro, foi a minha vez de ter um sonho esquisito. Acordei Ulysses:

– Tive um sonho esquisito. Você fazendo um curto discurso numa solenidade oficial. E, ao seu lado, Petrônio Portella, não Filinto.

Ulysses nem deu bola. O impacto daquele acidente, no qual morreram outras pessoas famosas, foi tão grande que não percebi o meu sonho transformando-se em realidade: Ulysses, no Salão Negro do Congresso, fazendo um discurso curto e formal ao lado do corpo do presidente do Senado, Filinto Müller.

Só vim a me lembrar desse sonho doze anos depois, na última *aprontação* do doutor Tancredo de Almeida Neves, depois do esforço enorme do país para elegê-lo presidente da República, quando, já anoitecendo, Ulysses despediu-se dele ao pé do seu túmulo.

CAPÍTULO 3

A MÁGOA DE ULYSSES E TANCREDO COM JK

Ao ver a lista dos promovidos, e não encontrando o nome de Castelo ao generalato, Tancredo perguntou o motivo. "O Lott me disse que Castelo é conspirador, golpista! Não vou promovê-lo", disse JK. Mas Tancredo o convenceu do contrário.

No capítulo anterior, contei a vocês como foi a minha nova vida de mulher de político e presidente da Câmara no Rio. Ulysses praticamente comandou a transição do Legislativo para a nova capital, época em que conviveu intensamente com o presidente Juscelino Kubitschek, nosso personagem deste capítulo.

O que vou contar agora poderá chocar a maioria de vocês. Tentarei me ater exclusivamente aos fatos, a maioria relatada pelo meu marido, alguns presenciados por mim e outros ouvidos de testemunhas idôneas. Falei aqui da injusta suspeita levada por Tancredo ao túmulo de que Ulysses o traíra em três momentos políticos. No caso em questão, infelizmente, não se trata de suspeitas nem injustiças, mas de uma triste realidade, que Ulysses e Tancredo esconderam a vida toda: a mágoa que tinham de JK por ter abortado o primeiro grande sonho de suas vidas – o do meu marido, chegar ao Palácio dos Bandeirantes, e o do Tancredo, ao Palácio da Liberdade, em Minas. E tudo para fazer média com o mesmo homem, mas em tempos diferentes: Jânio Quadros. Governador de São Paulo, já de olho no Planalto, Jânio tinha Carvalho Pinto como candidato à sucessão. JK não queria briga com o então governador e negou apoio a Ulysses, que nem registrou a candidatura. Com Tancredo, contava-me Ulysses, JK foi mais perverso. Delegou ao seu amigo José Maria Alkmin a missão de esvaziar sua candidatura e garantir a vitória de Magalhães Pinto, candidato de Jânio.

Como prêmio de consolação, nos estertores do governo, Juscelino colocou Tancredo no BNDE. Jânio, empossado, quis demitir Tancredo, deportando-o para a Bolívia, como embaixador. Uma história horrível.

Como já falei da renúncia de Jânio e de como Tancredo foi eleito chefe de governo depois (só me esqueci de falar que Tancredo, primeiro-ministro, fez questão de mandar o Rolls-Royce presidencial para Minas e desfilar pelas ruas de Belo Horizonte e, assim, mostrar ao seu povo que tinha mais poderes do que o governador que o havia derrotado, num revide tão sensacional que até Magalhães Pinto tirou o chapéu para o destino), vou contar por que Ulysses sempre gostou de dizer que "o dia do benefício é a véspera da ingratidão".

O episódio já foi contado pelo próprio Tancredo, mas dou a versão resumida. Tancredo, a pedido de JK presidente, vai à Escola Superior de Guerra desfazer a campanha de Carlos Lacerda contra o governo e se torna amigo do diretor, o coronel Castelo Branco. Chega a data da promoção no Exército. Uma tia do Tancredo, contraparente de Castelo, pede, via Francisco Dornelles, que o sobrinho interceda pela promoção de Castelo ao generalato. Tancredo vai a Juscelino, pede para ver a lista dos promovidos e, não encontrando o nome de Castelo, pergunta o motivo:

— O Lott (ministro da Guerra de JK) me disse que Castelo é conspirador, golpista, um mau-caráter mesmo! Não vou promovê-lo.

Tancredo o convence do contrário. E Juscelino promove Castelo a general. O curioso foi que, quando houve uma tentativa de golpe para impedir a posse de Juscelino, Castelo foi um dos primeiros a se aliar a Lott na defesa da Constituição. Meses depois, os dois militares romperam. Lott, segundo Ulysses, emprenhava muito os ouvidos do presidente da República. Dado o golpe militar, antes de assumir o comando do país, Castelo se reúne com Juscelino e Amaral Peixoto, presidente do PSD, no apartamento do deputado Joaquim Ramos, no Rio, num encontro articulado por Tancredo, com o conhecimento de Ulysses. Meu marido sempre teve faro de verdadeiro animal político.

– Essa pajelança não vai dar certo – disse Ulysses a Tancredo.

Tenho de explicar quem foi Joaquim Ramos. Apresentei a fachada do edifício em que moramos na avenida Atlântica. Hoje, está muito caidinho o prédio. Se o prefeito Eduardo Paes soubesse o que se passou ali, tombaria o edifício; parte da história do país foi traçada naquele prédio, onde, como já disse, moravam Moura Andrade e Nereu Ramos, irmão do Joaquim. A família Ramos dominou, durante décadas, a política de Santa Catarina. Meu prédio ficava praticamente ao lado da "Casa de Pedra", do Assis Chateaubriand, por onde desfilavam personalidades das mais importantes da política e da sociedade do Rio. Joaquim Ramos era um deles. Joaquim e Walter Moreira Salles eram sempre os dois primeiros da lista dos "dez mais elegantes" do Ibrahim, da revista *O Cruzeiro* ou *Manchete*, não sei bem qual delas. Só lembro que o chefe do Ibrahim era o Hélio Fernandes, com quem Ulysses brincava:

– Jamais farei parte dessa lista. Mesmo com os cuidados da Mora, é raro o dia em que não saio de casa com sapatos trocados. Eu invejo o Joaquim e o Moreira Salles.

Era esse o Rio de Janeiro.

Voltemos ao famoso encontro. Castelo achava fundamental ter o voto de Juscelino na eleição indireta pelo Congresso. Tinha razão: lembro perfeitamente que o "sim" de Juscelino foi o mais aplaudido pelo plenário. Do PSD, só Tancredo não votou. Apesar de amigo de Castelo, era líder do governo deposto. Foram quase 80 abstenções entre 500 parlamentares, mais ou menos. Não me cobrem exatidão. Sou fraca em lembrar números. O encontro em si foi um desastre. Juscelino ficava acintosamente olhando o relógio, numa cena de constrangimento para o anfitrião e de total desrespeito ao novo chefe da nação.

– O Amaral disse depois para o Tancredo e para mim que não sabia onde botar a cara de vergonha – contou-me meu marido.

Ulysses custou a me revelar os motivos nada republicanos da ansiedade de JK, que, se ouviu, nem prestou atenção na coisa mais importante dita por Castelo naquela noite. O chefe do comando revolucionário garantiu a JK que governaria só até 1º de janeiro de 1966, data em que terminaria o mandato de Jânio, se ele não tivesse renunciado.

— Nem um dia a mais, nem um dia a menos. E as eleições, como determina a Constituição de 1946, serão realizadas em 3 de outubro do ano que vem. E é possível, perfeitamente, que esse candidato venha a ser o senhor.

O próprio anfitrião diria mais tarde que, após ter ouvido tudo isso, Juscelino foi embora. Definitivamente, não eram amigos. É que, na definição de Ulysses, amigo é o sujeito com quem você conversa sem olhar no relógio. O que vem em seguida é consequência desse episódio e o da promoção forçada de Castelo Branco. Praticamente às vésperas da cassação de JK, Castelo chama Tancredo para uma conversa e revela que cassaria o ex-presidente. Estarrecido, Tancredo reage:

— Se Juscelino não o tivesse promovido a general, talvez o senhor não estivesse sentado nessa cadeira.

O marechal-presidente, pulando de lado, como se a estivesse devolvendo aos legítimos donos, os civis, berra:

— Ele não fez mais do que a obrigação! Não podia passar-me a carona! Tinha que seguir o almanaque do Exército!

E, Tancredo, já se acalmando:

— Marechal, aqui entre nós, o único almanaque militar que o presidente Juscelino conheceu chama-se marechal Henrique Batista Duffles Teixeira Lott. Ele peitou o Lott para promovê-lo!

Foi aí que Castelo, como disse Ulysses ao saber da conversa, deu xeque-mate.

— Doutor Tancredo, deixe de ser modesto. Quem me promoveu foi o senhor. Fiquei sabendo disso após sua conversa com o presidente Kubitschek.

Tancredo, pálido, se perguntou: Quem contou? Melhor, quem traiu JK? Era tarde para tentar descobrir, mas Tancredo tinha certeza de que fora o ajudante de ordens substituto. O titular estava doente. Tancredo corre para o sítio de Juscelino em Luziânia, dá a informação da cassação, sem revelar a fonte, e é quase expulso pelo escritor e poeta Augusto Frederico Schmidt, amigo de Castelo e de Juscelino:

– Sai daqui, ave agourenta! Castelo me disse: "Minhas mãos hão de secar se eu cassar o presidente Juscelino Kubitschek!"

No dia 3 de junho de 1964, JK antecipa-se e lê seu último discurso como senador pelo estado de Goiás, escrito pelo próprio Schmidt.

Ulysses sempre implicou com aquele discurso:

– Juscelino nunca deveria ter lido aquilo. É um pedido de desculpas à ditadura. Lembra-me Nelson Rodrigues: "Perdoa-me por me traíres."

Cinco dias depois, Castelo cassa Juscelino. Ninguém entendeu. Coube então a uma mulher – com quem pouco ou quase nada convivi, mas sabia da sua forte e corajosa personalidade – desvendar esse mistério: Coraci Pinheiro, então primeira-dama de Minas. Quando ela e o marido, o governador Israel Pinheiro, receberam Costa e Silva para um café da manhã no Mangabeiras, Coraci desabafou:

– Nunca vou perdoar o Castelo por cassar Juscelino.

E Costa e Silva, enchendo o peito de orgulho:

– Quem o cassou fui eu, minha senhora! Castelo só assinou!

Coraci, mostrando a bravura da mulher brasileira:

Que alívio! Eu sabia que Castelo, como um democrata, seria incapaz de praticar tal ato!

CAPÍTULO 4

O PIOR MOMENTO DA VIDA DE LULA

E, já que o assunto é Lula, permitam-me dizer que a história de amor dele com a Marisa é um conto de fadas. Marisa foi babá na casa de um sobrinho de Portinari, mas nunca imaginaria um dia ter à sua volta obras do artista.

Eu estava sentada no sofá do escritório, vendo novela, quando Ulysses me telefona assustado:

– Mora, o Lula foi levado às pressas para o Sírio-Libanês e parece que o caso é grave, muito grave!

Perguntei então:

– Você está indo para lá?

Meu marido, normalmente calmo, parecia ofegante:

– Vou, vou! Mas acabo de falar com o Cutait, e eles vão tentar fazer a cirurgia de madrugada.

Esse diálogo é absolutamente verdadeiro. E aconteceu numa terça-feira, 27 de maio de 1988. Lembro-me muito bem desse momento. Eu estava conversando com umas amigas, enquanto na televisão passava a novela... *Vale tudo*, pode ser? Agora não sei! Ou era *Bebê a bordo*? Era uma dessas duas, não importa.

Perguntei ao meu marido:

– Infarto?

– No início pensei, mas os sintomas de dores abdominais fortes e febre indicavam crise aguda de apendicite. Como é que o Lula deixou chegar a esse ponto? Mora, se ele não for operado daqui a pouco, ele morre!

Permitam-me uma pausa só para informar-lhes que, por uma dessas ironias do destino, quem, quatro anos depois, quase morreu do mesmo diagnóstico foi o meu marido. E, ao contrário de Lula, não foi por descuido, mas por barbeiragem médica: com crise de apendicite igualzinha à de Lula, Ulysses recebeu a única medicação que não poderia tomar naquele momento: laxante! Mas conto isso depois.

Voltemos ao diálogo:

– Calma, Ulysses, o Lula não vai morrer. Ele é forte. Me diz uma coisa: quantos anos o Lula tem?

– Mora, o Lula é um garoto. Tem apenas 42 anos. Fará 43 em outubro, junto comigo, no mesmo dia, dia 6. Mas, como só foi registrado no dia 27, ficou como data de aniversário.

Enfim, o resultado de tudo isso está em um belo depoimento de Lula sobre aqueles seus momentos de agonia. Antes de lê-lo para vocês, convém esclarecer que quem salvou a vida de Lula, na ocasião, foi uma competente equipe médica chefiada pelo Cutait.

Não o filho, mas o pai, Daher Cutait, excelente médico. Vamos ao depoimento:

– Acho que a própria Marisa vai entender bem o que eu quero dizer e nem ficará enciumada: quando acordei da cirurgia, estava lá segurando, apertando a minha mão o Ulysses Guimarães, não ela. Era a presença dele naquele instante de que eu mais precisava. Fui arrancado da Constituinte com um diagnóstico muito preocupante. Ulysses segurando a minha mão era eu voltando à vida, ao Congresso. Essa cena nunca vai sair da minha cabeça.

Eu choro todas as vezes que leio essa parte do depoimento de Lula sobre as relações pessoais entre os políticos. Ele revela, também nesse depoimento, que visitou a Roseana e o próprio Sarney muitas vezes nos hospitais e nunca divulgou.

Lula sempre foi muito solidário com os amigos nas doenças e nos momentos de dor da perda de seus parentes. Que o digam as famílias de Miguel Arraes, Carlos Wilson e Ricardo Fiúza, só para ficarmos entre os pernambucanos. E quem também vai se esquecer da sua presença no velório da Ruth Cardoso? No velório do Severo Gomes também Lula chorou abraçado a Ana Tavares, então assessora de Fernando Henrique e muito amiga do Severo.

Ufa! Vou tomar um fôlego, pois estou pura emoção! Ainda bem que avisei que as minhas histórias seriam de amor, a visão de uma mulher muito amada, que ouvia diariamente as mais inusitadas e belas declarações de amor. Ulysses, vocês sabem, desejava ser poeta e poeta parnasiano. Dizia que a ele se aplicava a definição dada a Flaubert, autor de *Madame Bovary*: "Lambe as palavras como a vaca lambe a cria."

Os discursos e as frases do meu marido são verdadeiras peças literárias. Ulysses sempre foi um homem intenso. Dizia, por exemplo:

– Eu só sei fazer política. Política é paixão. Sou apaixonado pelo poder. Tenho tesão pelo poder!

Na sua primeira entrevista de candidato a presidente, emocionou Marília Gabriela:

– Amo tanto a Mora que, se houver mesmo, como dizem, outra encarnação, eu quero nascer já casado com ela.

Eis aí o meu Flaubert, meu prosador das Arcadas, aluno de Mário de Andrade. Neste episódio, eu contaria outros casos de doenças e outros telefonemas chocantes de Ulysses, como este:

– Mora, não consigo dormir. O Teotônio chamou a mim, Arraes, o Raphael de Almeida Magalhaes e o Zé Costa para, com a maior calma do mundo, nos dizer: "Senhores, estou com um bichinho aqui dentro do peito."

Deixarei o tema "doenças" para depois. Fiz questão de contar esta história só para dizer que o pior momento da vida de Lula foi aquela madrugada de 28 de maio de 1988, quando, realmente, esteve entre a vida e a morte. Depois daquilo, é como dizem os espanhóis: *Que vengan los toros!*

Hoje, estou tomada pelo amor drummondianamente celebrado no centenário do poeta maior. Ah, Drummond, Carlos Drummond de Andrade e seu "E agora, José?", título recorrente de Ulysses, nos desacertos de Sarney. Ulysses estava no exercício da Presidência da República quando Drummond morreu e fez questão de ir ao seu velório. Meu marido conheceu Drummond chefe de gabinete de Gustavo Capanema. Vejam o time de amigos do Capanema, o ministro da Educação que mais durou no cargo: Mário de Andrade, Portinari, Bandeira, Villa-Lobos, Cecília Meireles, Lúcio Costa, Vinicius de Moraes, Afonso Arinos e muitos outros.

Ulysses gostava de Drummond, mas era, como a presidente Dilma, essencialmente João Cabral de Melo Neto, o poeta cerebral.

E, já que o assunto é Lula, permitam-me dizer que a história de amor dele com a Marisa é um verdadeiro conto de fadas. Marisa foi babá na casa de um sobrinho de Portinari, mas nunca imaginaria um dia morar no Palácio e ter à sua volta obras do artista. A forma como eles se conheceram, dentro de um sindicato, tudo isso é belo!

Casados há 37 anos, viveram dramas semelhantes: a primeira mulher de Lula chamava-se Maria. O marido de Marisa, Marcos.

A mulher de Lula também era operária. Marisa trabalhava, se não me engano, como operária de uma fábrica de bombons. Marcos, motorista de caminhão, carregava areia para construções durante o dia e, à noite, fazia bicos no táxi do pai, para aumentar a renda da família.

Maria estava grávida de nove meses e Marisa, de quatro. Maria, certo dia, começou a sentir dores de parto e foi atendida num precário hospital da rede pública. Marcos, certa noite, trabalhando, foi assaltado e morto por bandidos. Maria morreu na mesa de parto junto com o filho. Viúvos, Marisa e Lula se casaram. Se houver segunda encarnação, esses dois também nascerão já casados, como Ulysses e eu.

CAPÍTULO 5

1977 – O ANO DO RETROCESSO

Geisel dizia governar sob uma "democracia relativa", mas acabou mostrando sua garra de ditador. – O governo vive rotulando nossa "democracia". Se não existe o substantivo, pouco importa o adjetivo! – gritava meu marido.

Se eu pudesse determinar os anos mais importantes politicamente para o meu marido, por certo os de 1973 e 1977 estariam entre eles. Paradoxalmente, não coloco em primeiro lugar os chamados "anos dourados" de Ulysses, o período de 1985 a 1988, quando ele era mais conhecido como "tetrapresidente" e "o condestável" da República. Não que eu os renegue. Pelo contrário. Mas Ulysses sempre se sentiu melhor como oposição, arriscando a vida em defesa da democracia.

Os anos escolhidos por mim se cruzam em embates perigosamente magistrais. Deixarei para depois o ano de 1973, quando Ulysses saiu pelo país pregando sua anticandidatura à Presidência da República, numa campanha mambembe, proibido de falar no rádio e na televisão e censurado nos jornais. Percorreu todo o rio Amazonas, pregou nas tabas indígenas. Discursava em cima de caixotes de feiras. Cortavam-lhe a luz e ele andava com lamparinas. Jogavam-lhe em cima cavalos e cachorros e homens armados de metralhadoras.

1973 foi um ano difícil, mas foi o ano da vida de Ulysses. Vinicius de Moraes, em show a que assisti, amaldiçoou 1973 e o mandou para "aquele lugar". Gritou o poeta:

– Maldito seja, 1973. Você levou nossos três Pablos: Neruda, Picasso e Casals.

Ah, não fosse cristã, eu também amaldiçoaria você, 1977. Se, para as mulheres, foste o ano em que a primeira delas, Rachel de Queiroz, chegou à Academia Brasileira de Letras, eu te amaldiçoo por Clarice Lispector, Maysa Matarazzo e Maria Callas. E o mundo te condena por Chaplin, Groucho Marx e Elvis, embora, para muitos, este não tenha morrido.

Foi o ano do retrocesso político, de tentativas de golpes militares, de cassações e do fechamento do Congresso. A ditadura quis cassar meu marido. Com medo da repercussão internacional, tentaram lhe tirar o mandato no pouco que ainda restava do estreito caminho da legalidade: o Supremo Tribunal Federal.

– Mora, Tancredo ouviu de um general que a ditadura tem medo de mexer com duas pessoas neste país: Dom Hélder Câmara e Ulysses Guimarães – repetia meu marido.

O presidente de então, general Geisel, tinha ódio a Ulysses. E vice-versa. A relação Ulysses/Geisel merece vários capítulos. Prometo!

Geisel dizia governar sob uma "democracia relativa", mas acabou mostrando sua garra de ditador.

– O governo vive rotulando nossa "democracia". Se não existe o substantivo, pouco importa o adjetivo! – gritava meu marido pelo país afora.

Em vez da prometida "abertura gradual, lenta e segura", Geisel fechou o Congresso com o pretexto banal da derrota da votação da reforma do Judiciário.

Agora, como é que a oposição chefiada por meu marido caiu nessa armadilha é um mistério que não entendo até hoje.

Vejam bem: estava em discussão a chamada "reforma do Judiciário", um tema importante para os magistrados, mas tecnicamente árido para a sociedade, que estava ao largo do assunto, indiferente mesmo. Ulysses chegava em casa falando em "predicamentos da magistratura" e eu não entendia nada.

A sociedade, o povo brasileiro, completamente alheio a isso tudo. O Congresso todo só falava nisso. E as conspirações corriam soltas nos quartéis – eram as famosas "cassandras e vivandeiras" das quais eles próprios falavam.

Estávamos, pelo calendário, às vésperas da realização da primeira eleição direta de governadores. Como o MDB, colhendo frutos da anticandidatura de meu marido, obtivera a maior vitória contra a ditadura na eleição do Congresso, em 1974, derrotando a Arena em 16 estados, 1978 era uma espécie de luz no fim do túnel.

Mas Geisel já tinha demonstrado suas intenções "democráticas": nas eleições municipais de 1976, amordaçara a oposição com a famigerada "Lei Falcão" – só podiam aparecer fotos de candidatos mudos na TV. Ulysses até brincava:

– Mora, se um estrangeiro aparece aqui e vê isso, vai achar que só tem terroristas no Brasil. Claro, a TV só mostra retrato.

Além da Lei Falcão, Geisel já tinha cassado alguns vereadores do MDB gaúcho. O deputado federal Marcos Tito, coitado, foi cassado porque leu da tribuna, como discurso seu, um manifesto do PCB. Ninguém reparou, mas apareceu um dedo-duro chamado Sinval Boaventura, que o delatou. Foi horrível! Mesmo sendo da ditadura, os parlamentares arenistas tinham uma certa compostura: envergonhavam-se quando viam colegas da oposição arrancados da vida pública.

Pois bem, no meio disso tudo, estava a bendita "reforma do Judiciário". O MDB reuniu o Diretório Nacional e fechou questão contra a aprovação da reforma.

Na véspera dessa reunião, Tancredo chamou Ulysses e os líderes Franco Montoro e Alencar Furtado. Contou tudo o que sabia da conspiração militar contra Geisel. Combinou-se que, na reunião do Diretório, só o Tancredo falaria, alertando que não era hora do confronto.

No dia seguinte, a confusão foi tanta que Ulysses não teve como cumprir o combinado. O senador Paulo Brossard entrou arrasando. Fez um discurso sobre o refrão "este projeto não é bom" e levou o partido ao delírio. O deputado Fernando Lyra, então do grupo dos "autênticos", chamou Tancredo de covarde. Coitado do Tancredo! A deputada Cristina Tavares, da ala mais radical da oposição, acabou cedendo seu espaço para ele discursar. De nada adiantou.

Resultado foi que, 19 dias depois, as previsões de Tancredo se confirmaram: Geisel fechou o Congresso e editou o "pacote de abril", que, entre outras anomalias, acabou com o sonho da eleição de governador, criou a figura do senador biônico, reduziu de 2/3 para maioria simples o quórum para aprovação de emendas constitucionais, ampliou a Lei Falcão para as eleições federais e determinou o mandato de seis anos para o seu sucessor.

Reaberto o Congresso, Alencar Furtado fez um discurso violento contra a ditadura, mas acabou sendo cassado por um outro, exatamente por causa deste trecho:

– O programa do MDB defende a inviolabilidade dos direitos da pessoa humana para que não haja lares em prantos; filhos órfãos de pais vivos – quem sabe – mortos, talvez. Órfãos do talvez ou do quem sabe. Para que não haja esposas que enviúvem com maridos vivos, talvez; ou mortos, quem sabe? Viúvas do quem sabe ou do talvez.

Dizem que Geisel não queria cassar o Alencar, mas estaria refém da linha-dura, comandada pelo seu ministro do Exército, Sylvio Frota. Mas quem agitava mesmo os quartéis era aquele tal de Hugo Abreu. Parece que Frota tinha uma lista de quase cem comunistas servindo à administração pública e ameaçava prendê-los. Hugo Abreu queria que cassassem também Ulysses. Cassaram o Alencar e, aí, as coisas pioraram para a oposição que estava aqui e lá fora. O governo uruguaio expulsara Brizola do seu território. Antes que Geisel aventasse a ideia de deixá-lo entrar no Rio Grande do Sul, desde que confinado lá, a linha-dura ocupou a fronteira, e Brizola teve de ir para os Estados Unidos e, de lá, para Portugal. E aí se foi a "democracia relativa".

No dia 12 de outubro, Frota caiu. Com a aparente queda dos conspiradores, no dia 30 de novembro, o Supremo absolveu meu marido por unanimidade.

Se 1977 foi um ano difícil para Ulysses, o mesmo não se pode dizer do seu "concubino" Nelson Carneiro, com quem dividiu por anos um apartamento funcional. Aprovada pelo Congresso, em junho, no meio dessa confusão toda, a lei do divórcio foi promulgada por Geisel no apagar das luzes nem tão claras daquele maldito ano de 1977.

Desde 1951 que Nelson tentava aprovar a emenda constitucional. Nem ele tinha mais esperança de um dia aprová-la. Mas acabou pegando carona num dos casuísmos do governo Geisel.

Portanto, pensem duas vezes antes de terminar um casamento. O divórcio não é coisa do diabo. É coisa da ditadura.

CAPÍTULO 6

ULYSSES, O "JURILA" E OS "TRÊS PATETAS"

Mas foi na promulgação da Constituição que meu marido lavou a alma e provocou um delírio coletivo, ao esconjurar:
– Temos ódio à ditadura!
Ódio e nojo!

Coube ao jornalista Carlos Chagas, logo no início do governo Sarney, desvendar o grande mistério que até hoje provoca discussões jurídicas no país: por que Sarney, e não meu marido, assumiu a Presidência da República, com o impedimento de Tancredo Neves?

Foi num almoço na casa do nosso amigo Afrânio Nabuco, em Brasília, ao qual Sarney chegou atrasado, vindo de uma inauguração em Goiás, que o jornalista, puxando Ulysses para um canto, perguntou baixinho, suavemente, quase sussurrando:

– Agora que tudo já passou – e veja a cara do Sarney, todo feliz ali ao lado dos ministros militares –, diga aqui para nós, doutor Ulysses, por que o senhor não assumiu a Presidência?

Ulysses olha para os lados, como se estivesse preocupado que alguém ouvisse aquela conversa, e responde quase no mesmo tom da pergunta:

– Porque o meu Pontes de Miranda me cutucava com a sua espada, dizendo: "Não é você, é o Sarney! É o Sarney! É o Sarney!"

A sorte de Ulysses é que o general Leônidas Pires Gonçalves, ministro do Exército escolhido por Tancredo, até hoje interpreta a frase do meu marido como elogio.

A única pessoa que, até então, sabia da conversa "constitucional" entre o pobre advogado formado nas Arcadas do Largo São Francisco e o general-jurista era eu.

Naquela fatídica noite da internação do Tancredo, meu marido, que era o presidente da Câmara, o então presidente do Senado, Humberto

Lucena, o senador Fernando Henrique Cardoso e o próprio general Leônidas deixaram o hospital escondidos e foram bater à porta da casa do então ministro-chefe da Casa Civil da Presidência da República, Leitão de Abreu. Naquela conversa, já explorada e contada em prosa e verso, selou-se o destino de Sarney e, consequentemente, o de meu marido.

Claro que não dormi naquela noite. Ulysses chegou com muita fome e perguntou o que tínhamos para o jantar. Não tínhamos nada, absolutamente nada. Estávamos em dias de gala: jantares e almoços formais, com a chegada de chefes de Estado para a posse.

Lembrei-me de que havia um bacalhau na geladeira. Numa das raras vezes que vi Ulysses recusar comida:

– Bacalhau, não, Mora. A última vez que comi, eu consegui dormir, mas o bacalhau, não.

Optou por uma xícara de chá. Acho que estava ainda sugestionado pela internação do amigo, que nem diagnóstico tinha.

– Mora, o Laviola, mordomo de Tancredo, me contou que ele come até três mangas à noite. E só consegue dormir depois de tomar um copo de leite quente!

Para quem come feijoada na madrugada, era o roto falando do esfarrapado. Meu marido, enquanto tomava o chá, foi me contando tudo o que acontecera aquela noite, principalmente sua conversa com o "Pontes de Miranda".

E eu perguntei:

– E a conversa com Leitão?

Ulysses me conta que o chefe da Casa Civil de Figueiredo também achava que era ele e não Sarney que deveria assumir. Mas, em algum momento da conversa, percebeu algo estranho no olhar do ministro, o que o assustava muito.

– Mora, o Leitão me olhava de um jeito esquisito. O seu discurso me era favorável, mas seus olhos, não!

(Como já disse aqui, de olhar meu marido entende.)

Ah, se eu soubesse que a minha resposta iria fazer com que Ulysses deixasse a xícara de chá cair sobre o tapete que ganhei da minha amiga Maria da Glória Archer, juro que não teria dito o que disse:

— Você se lembra daquele jantar na casa da Vera Brant, quando você disse que Pedro Aleixo só chamava o Leitão de Abreu de "Jurila", por ele ter assessorado a Junta Militar?

Tentando me ajudar a limpar o tapete apenas com um gesto de intenção, Ulysses, finalmente, vê a ficha cair:

— Eu contei uma piada. Nunca neguei a competência do Leitão. Sempre o respeitei.

Eu, ainda debutante em Brasília, já aprendera os códigos da corte, mais até que meu marido, que ajudou a criá-la:

— Ulysses, o poder não tem parede. É como dizem nossos colunistas sociais: aqui, tudo se sabe e se vê, até o que não houve. O Marchezan (Nelson Marchezan) não veio te dizer que o Figueiredo te odeia porque você o chamou de analfabeto?

— Será que alguém foi me intrigar com o Leitão?

Claro que falaram. Na verdade, o problema do Leitão em relação ao meu marido tinha outras motivações: Ulysses sempre se referiu à Junta Militar como "Os Três Patetas". E o chefe da Junta foi o então ministro do Exército, Lyra Tavares, casado com Isolina, irmã do Leitão. O pseudônimo de Lyra Tavares, que o fez entrar para a Academia Brasileira de Letras, era "Adelita".

Gente, o antimilitarismo do Ulysses é que sempre atrapalhou sua vida. Meu marido nunca gostou dos militares, no que, aliás, sempre foi muito bem correspondido.

Se Figueiredo não queria dar posse a Sarney por motivos domésticos da ditadura, os militares nunca aceitariam meu marido na Presidência da República. Não preciso me estender muito sobre isso. Basta citar os fatos.

Numa das comemorações do 31 de Março, Ulysses divulgou nota comparando o general Geisel a Idi Amin Dada, provocando enorme crise política. O MDB, basicamente, era dividido entre "moderados" e "autênticos". Ulysses, ligado aos moderados, funcionava como pêndulo entre várias correntes que se abrigavam nas asas do bipartidarismo.

Naquele momento, todos os seus colegas da chamada "cúpula pessedista", que comandava o MDB, brigaram com ele. Amaral Peixoto e Tancredo Neves eram os mais exaltados. E foi aí que jogaram meu marido nos braços dos "autênticos", de onde ele nunca mais saiu.

Internamente, a ditadura entrou em crise também: cassar ou não cassar Ulysses. Era a velha história que já contei aqui: cassar meu marido seria um escândalo internacional. Os militares tentaram pegar Ulysses mais na frente, quando o processaram lá no "pacote de abril" de 1977.

Durante a Constituinte, numa entrevista em São Paulo, Ulysses voltou a se referir à Junta Militar como "aqueles Três Patetas". Acredito até que a entrevista em si poderia ter causado o mal-estar que causou, mas o bicho pegou mesmo foi na chegada a Brasília.

Vocês vão me permitir, antes, uma explicação: sem Ulysses, a Constituinte não funcionava. Quando, por um motivo ou outro, ele ficava ausente, ao reassumir a presidência era sempre aplaudido. Isso virou rotina. Só que, na volta da entrevista sobre "Os Três Patetas", Ulysses não foi aplaudido: foi ovacionado, quase carregado pelo plenário.

Mas meu marido ainda tinha contas a acertar. Ulysses era tão obsessivo na luta contra a ditadura que, para vocês terem uma ideia, logo após o encerramento da primeira campanha eleitoral depois da ditadura, de 1989, para presidente da República, o *Jornal do Brasil* publicou uma pesquisa sobre o conteúdo dos discursos dos candidatos: Ulysses foi o que mais falou contra ditadura, torturas e mortes. Foi ele que encerrou a campanha eleitoral fazendo uma justa e linda homenagem àquele estudante da UnB, Honestino Guimarães. Lula, Brizola e Covas não sabiam quem tinha sido Honestino Guimarães. Nem eu. Ulysses sabia.

Mas foi na promulgação da Constituição que meu marido lavou a alma e provocou um delírio coletivo, ao esconjurar:

– Temos ódio à ditadura! Ódio e nojo!

E naquela festa de congraçamento nacional, do chamado reencontro do Estado com a Nação, Ulysses grita:

– A sociedade foi Rubens Paiva, não os facínoras que o mataram!

Ao ouvir isso, um dos chefes militares se retirou da solenidade. Foi um horror!

E, por uma dessas ironias do destino, vem agora o ex-senador Jarbas Passarinho, com a autoridade de ex-vice-presidente da Constituinte, revelar que, por um gesto impositivo, totalmente arbitrário e fora da lei, coube ao meu marido determinar o 13º salário dos militares. E a revelação vem com espanto do próprio Passarinho:

– É curioso que esse benefício tenha vindo do homem que chamou a Junta Militar de "Os Três Patetas" e o presidente Geisel de "Idi Amin".

Nem eu sabia que, de "bicho-papão", Ulysses se transformaria em "Papai Noel" dos militares.

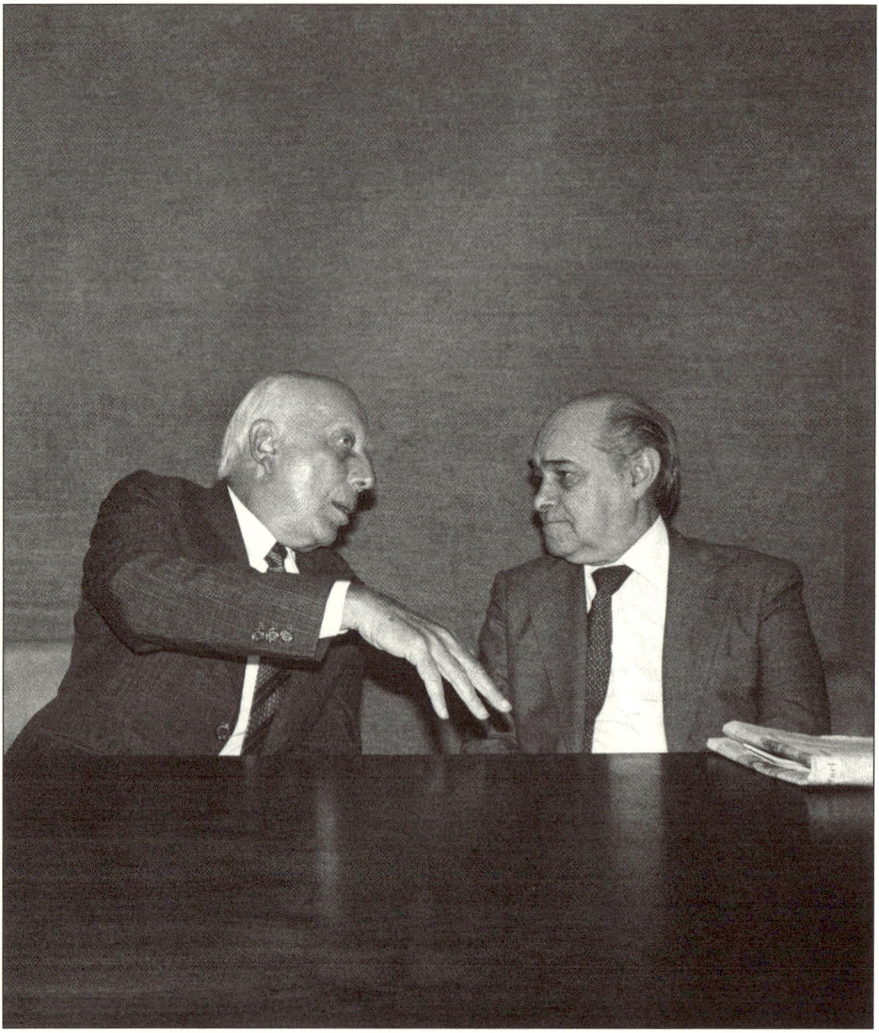

CAPÍTULO 7

AS REVELAÇÕES DE TANCREDO A ULYSSES

Fiquei sabendo que o presidente João Goulart iria receber uma homenagem dos sargentos. Considerei o fato da maior gravidade e fiz tudo para frustrar essa solenidade, sem nada ter conseguido.

Pretendia contar a aventura da minha viagem à Ásia na estranha condição de primeira-dama do país. Mas, ao mexer no meu baú, encontrei uma raridade: um depoimento praticamente inédito de Tancredo Neves sobre os fatos mais marcantes da sua vida pública.

Digo praticamente inédito porque, fora o relato de como encontrou Getúlio ainda agonizante, citado pelo *O Globo*, as revelações de Tancredo foram feitas a uma publicação restrita de Brasília na presença do meu marido, que mais tarde as recebeu do entrevistador e as guardou como relíquias.

O impactante depoimento de Tancredo confirma algumas histórias que já contei aqui. É um presente de ouro puro que dou a vocês como presente antecipado de Natal. Ei-lo:

Suicídio de Vargas: "Getúlio morreu nos meus braços e nos de sua filha Alzira. Quando entramos no seu quarto, cenário da traumatizante tragédia, ainda o encontramos com vida, com o seu corpo pendente em parte para fora do leito. Ele estava agonizando. Do seu coração jorrava um jato intenso de sangue. Acomodamo-lo na cama, quando ele lançou um olhar circunvagante à procura de alguém. Por fim, fixou em Alzira e expirou. Até hoje não consigo me libertar da profunda emoção e do terrível impacto dessa inesquecível ocorrência."

Cassação de Juscelino: "O saudoso presidente, que sempre me honrou com a sua amizade, logo em seguida à eclosão do Movimento Revolucionário de 1964, mostrava-se muito intranquilo quanto à minha permanência na vida pública.

"Ele tinha como certa a cassação do meu mandato, em virtude de informações fidedignas que lhe chegavam, ao mesmo tempo que se considerava seguro, em face das ameaças revolucionárias. Ele havia dado o seu voto à eleição do presidente Castelo Branco, o que eu não fizera a despeito da estima e admiração que sempre tive por aquele marechal.

"É que eu vinha de ser o líder na Câmara do governo João Goulart, que a Revolução depusera. Não tinha, pois, condições morais de votar no chefe dessa Revolução. Sentamos no plenário, lado a lado, o presidente Juscelino Kubitschek e eu. Iniciada a votação, disse para ele:

"– Veja o que é a política. Eu tenho tudo para votar no marechal Castelo Branco e não vou fazê-lo. O senhor, ao contrário, nada tem para sufragá-lo e vai fazê-lo.

"Juscelino me retrucou:

"– O marechal Castelo Branco é um homem de honra e me deu a sua palavra, na casa do Joaquim Ramos, de que não alteraria o processo sucessório.

"Juscelino Kubitschek já era candidato do PSD à Presidência da República. Os fatos posteriores vieram a demonstrar o quanto ele estava enganado.

"Quando recrudesceram os boatos das cassações do mandato do presidente Juscelino, e as informações que eu recebia provindas da Vila Militar, no Rio de Janeiro, eram das mais idôneas, fui procurá-lo para adverti-lo e tomar as providências que pudessem impedir a consumação da medida extrema. Disse-lhe então:

"– A minha cassação não tem a mínima importância. Serei apenas mais um. Mas a sua, com o seu passado de ex-governador e ex-presidente da República e de líder máximo da comunidade mineira, com a sua imensa projeção internacional, será um profundo abalo para o Brasil e uma arrasadora humilhação para Minas Gerais, cujas consequências eu considero a médio e a longo prazo imprevisíveis. Tudo devemos fazer para impedi-la.

"Quando conversávamos, chegava à casa de Juscelino o poeta Augusto Frederico Schmidt, homem da sua intimidade e confiança. Posto a par do assunto da nossa conversa, Schmidt deu vaza ao seu temperamento emotivo e explodiu, numa de suas objurgatórias:

"– Este assunto, a partir de agora, fica proibido nesta casa. Estive ontem demoradamente com Castelo Branco. Ele garantiu, com os dentes cerrados, que a sua mão se secaria, mas que ele não assinaria a cassação do presidente Juscelino Kubitschek.

"Recebemos a informação com natural e compreensível euforia e fomos almoçar, possuídos da maior felicidade. No dia seguinte, a *Hora do Brasil* surpreendia e chocava a nação.

"Sempre achei que a participação do presidente Castelo Branco na cassação do presidente Juscelino Kubitschek não foi uma decisão de sua vontade, mas um ato que lhe foi imposto, por injunções inevitáveis da Revolução. E essa convicção se me aprofunda no espírito quando o marechal, justificando a cassação, assumiu textualmente que a sua responsabilidade pelo ato era não a de um 'participante', mas de um chefe compelido a conjurar numa grave situação."

Queda de Jango: "Seu governo vinha cedendo às pressões populistas, e o seu programa de reformas era aproveitado para as agitações de todos os tipos. Nos campos e nas cidades, a exacerbação dos espíritos na luta ideológica criava os mais graves problemas ao presidente e a seus ministros no tocante à manutenção da ordem.

"A rebelião dos marinheiros marcou o ápice dessa crise. Procuramos então o presidente e juntos analisamos a delicada conjuntura. Ele me pediu sugestões, e eu lhas dei: a expulsão dos marinheiros rebelados dos quadros da Marinha e a consequente abertura de inquérito para apurar e definir responsabilidades; a extinção do PUA – Pacto de Unidade Sindical, uma articulação sindical – e dos Grupos dos 11 de Brizola. E o provimento efetivo do Ministério da Guerra por um general de Exército que inspirasse confiança às Forças Armadas (o ministro efetivo, Jair Dantas, estava hospitalizado, e o expediente do Ministério da Guerra, entregue ao chefe de seu gabinete, um distinto general de brigada).

"O presidente recusou as minhas sugestões, achando que, se as adotasse, estaria se despojando de parcelas consideráveis de sua autoridade. Discutimos e não chegamos a nenhum acordo.

"Nesse dia fiquei sabendo que o presidente João Goulart iria receber uma homenagem dos sargentos. Considerei o fato da maior gravidade e fiz tudo para frustrar essa solenidade, sem nada ter conseguido.

"O Abelardo Jurema, que era ministro da Justiça de João Goulart, no seu livro *Sexta-feira 13*, dá um depoimento vibrante, sincero e fidedigno do que então se passou. Derrotado nos meus alvitres, deixei o Rio em demanda de Brasília, para aguardar os acontecimentos, que já me pareciam incontroláveis.

"Ao chegar a Brasília, tive notícia da insurreição dos generais Mourão e Guedes, em Minas Gerais, e da posição assumida pelo general Kruel, em São Paulo.

"Pelo telefone, convoquei o presidente João Goulart para vir a Brasília, sede do governo, onde qualquer providência teria o cenário natural ao seu desdobramento.

"O presidente aceitou o meu apelo. Fui recebê-lo no aeroporto, e ele foi logo me dizendo: 'As suas previsões se confirmaram. No dia de hoje só tenho um ponto para comandar uma resistência em defesa do meu mandato e do povo, é o Rio Grande do Sul.'

"Fomos para o Torto, onde encontramos já alguns amigos que também o aguardavam. Ficou decidido que o presidente e sua família deveriam seguir com urgência para o Rio Grande do Sul, enquanto Almino Afonso e eu redigiríamos uma proclamação do presidente à nação.

"Fomos levá-lo ao aeroporto, onde o avião presidencial o aguardava para transportá-lo a Porto Alegre. Uma decepcionante surpresa nos aguardava: o avião presidencial havia sido sabotado e não se conseguia pôr os seus motores em funcionamento.

"Não foi encontrado um só mecânico que se dispusesse a reparar o defeito. Depois de longa espera, foi tomada uma iniciativa: havia no aeroporto o outro avião, antigo e precário, que, não obstante, oferecia autonomia de voo até Porto Alegre, mesmo levando mais tempo.

"Alguns amigos do presidente entraram nesse avião. Lembro-me bem do seu ex-ministro da Agricultura, o pernambucano Osvaldo Lima Filho, que foi, na emergência, de extrema bravura e lealdade para com o seu amigo já praticamente deposto.

"Anoitecia quando deixamos o aeroporto em direção ao Congresso, onde prevíamos uma sessão tumultuosa. Pelo caminho encontramos a tropa mineira que vinha para ocupar Brasília. Por questão de minutos, não surpreenderam o presidente João Goulart e seus amigos no aeroporto.

"Quando chegamos ao Congresso, o ambiente era tenso. O presidente Auro Moura Andrade havia reunido as principais lideranças, reunião da qual eu não participei, mas fui informado de que iria fazer uma declaração do impedimento do presidente João Goulart, sob o pretexto de que havia abandonado o governo e o território nacional.

"O assunto não seria objeto de deliberação do plenário, como acontecera nos impedimentos dos presidentes Café Filho e Carlos Luz. O impedimento se declarava através de simples comunicação do presidente Moura Andrade, como de fato aconteceu. Num esforço supremo de impedir esse golpe do Congresso, obtive de Darcy Ribeiro, chefe da Casa Civil, um ofício ao presidente Auro Moura Andrade comunicando que o presidente João Goulart achava-se em território nacional, no Rio Grande do Sul, para onde transferira a sede do governo. A sessão já havia sido iniciada, e o presidente do Congresso já se preparava para a comunicação do impedimento quando eu lhe entreguei o ofício.

"Leu o documento. Ficou perplexo e suspendeu a sessão por dez minutos. Não esperou que esse tempo se expirasse e já havia rearticulado as lideranças, e todas foram unânimes em que não se devesse dar consideração maior ao documento.

"Ao declarar impedido o presidente em nome do Congresso, sem que a sua decisão pudesse sequer ser discutida, o tumulto se apossou da Casa: palavrões, insultos, vias de fato e a tentativa de agressão ao presidente Auro Moura Andrade.

"Tudo se processou em uma imensa e ampla confusão, e os ânimos exacerbados dificilmente se continham. Assim, Mazzilli foi empossado presidente, num espetáculo degradante e indigno do Parlamento brasileiro."

CAPÍTULO 8

"PRIMEIRA-DAMA" EM MISSÃO OFICIAL

Geisel e Ulysses! Os dois ali, diante do caixão de Tancredo, derrotados pelo destino, olhos nos olhos, como se estivessem passando em revista a história que viveram juntos, em trincheiras opostas. Nenhuma palavra. Só olhos nos olhos.

Vou falar agora da minha viagem à Ásia, na estranha condição de primeira-dama do país, em dezembro de 1985. Poucos sabem, mas, por quase 20 dias, o Brasil viveu sua segunda experiência parlamentarista, por decreto do presidente José Sarney.

Sarney queria, com toda a razão, livrar-se de meu marido para tentar fazer o seu primeiro ministério (o que tinha era herança do Tancredo), aproveitando-se da lei de desincompatibilização. A mesmíssima coisa que tenta a presidente Dilma em seu mandato.

Ulysses, na verdade, já tinha programado uma viagem ao exterior. Sarney, então, muito gentil, enviou mensagem a todos os governos dos países que visitaríamos, informando que meu marido estava em missão como chefe de Estado.

O "chefe" de governo fez mais ainda: achou nossa viagem muito curta e a esticou, enviando Ulysses para o Vaticano, como emissário de uma carta ao papa.

A viagem foi muito oportuna. Meu marido já apresentava sinais gritantes de estafa. O ano tinha sido terrível: doença e morte de Tancredo, que Ulysses emendou com a campanha municipal.

Se pudesse escolher uma cena daquele ano, eu escolheria aquela que, pelo menos para mim, marcou o fim da ditadura no meu país: o aperto de mão entre o general Ernesto Geisel e Ulysses, no velório de Tancredo, no Palácio do Planalto.

Pela primeira vez, Ulysses, que passou a vida toda dizendo não ser "rampeiro", subiu a rampa.

Geisel e Ulysses! Os dois ali, diante do caixão de Tancredo, derrotados pelo destino, olhos nos olhos, como se estivessem passando em revista a história que viveram juntos, em trincheiras opostas. Nenhuma palavra. Só olhos nos olhos e apenas um gesto: as mãos estendidas.

Meu Deus, que cena!

O gesto foi aquele. O símbolo foi aquele. Figueiredo não deu posse a Sarney. Mas o destino escreveu a história à sua maneira. Figueiredo e Sarney não tinham nada a ver com aquele acerto de contas. Eram coadjuvantes do mesmo lado, da mesma origem. O assunto tinha que ser resolvido entre o general da ditadura e o líder da oposição.

Enfim, embarcamos para a Ásia depois de todas essas fortes emoções. Fomos diretamente para a China e, de lá, para o Japão, a Coreia do Sul, Hong Kong, a Tailândia e, finalmente, para a Itália.

A nossa comitiva era enorme, e foi se desfazendo no meio do caminho, até chegarmos a Roma num grupo de cinco casais. Convém citar apenas os mais unidos: Severo Gomes e Henriqueta, Heráclito Fortes e Mariana, e Afrânio Nabuco e Maria Rita. Reputo ter sido essa a viagem mais longa e interessante da minha vida.

Com Ulysses guindado à condição de chefe de Estado, éramos recebidos com pompas e circunstâncias: tapetes vermelhos, tropas perfiladas e bandas de música.

Nosso mascote era o Severo Gomes, um pândego. Em Pequim, zombava muito do desligado do meu marido, a quem só chamava de "o nosso grande timoneiro":

– Ulysses, só você para vir aqui na China e encher a boca: "Só com eleições diretas, livres e populares é que se constrói uma nação verdadeiramente democrata." Acorda, Ulysses! Isto aqui é uma ditadura.

Hilário foi o encontro do meu marido com o presidente chinês, Li Xiannian, muito extrovertido e simpático, que nos hospedou na famosa Dayoutai, na ilha dos Pescadores. O presidente Li mal apertou as mãos de Ulysses e já foi falando mal do Reagan, com quem tinha conversado em recente viagem aos Estados Unidos:

– Fui pedir aos americanos para que deixassem a América Central decidir seu próprio destino, e eles só sabiam me responder: "É melhor o senhor falar primeiro com os soviéticos."

Ulysses, sempre desligado, elogiou o trânsito de Pequim, em mais uma gafe registrada por Severo:

– Dizem que o trânsito aqui é caótico, mas eu achei melhor do que o de São Paulo. Chegamos rápido até aqui.

Enquanto o Severo punha as mãos no rosto, fingindo-se envergonhado, o presidente chinês rebate:

– O senhor só conseguiu chegar até aqui porque, como chefe de Estado, está escoltado, mister Guimarães.

Ulysses lembrou ter visto muitas bicicletas pelas ruas de Pequim e foi logo tentando vender nossos automóveis. O chinês rejeita:

– A China já importou carros demais. A importação de carros de passeio é excessiva. Os chineses são esquisitos: nossos carros são muito bons, mas só queremos andar em carros japoneses.

Aí, foi a vez de o presidente Li tentar vender seus produtos ao meu marido. Teve seu merecido troco:

– Mister Li, quem sou eu para contestar a milenar sabedoria do seu país, mas trocar seu petróleo por nossas madeiras e minérios não é um bom negócio da China.

Nesse mesmo dia, fomos, por insistência do Afraninho e do Heráclito, jantar na recém-inaugurada filial do famoso restaurante parisiense Maxim's de Pequim. Ulysses fez um discurso contra:

– Gilberto Amado tem razão: brasileiro não sabe se comportar fora do país. Vamos ao Maxim's pedir *consomée* de barbatana de tubarão?

Ulysses brincou, mas até que a sopa de barbatana de tubarão foi o prato menos exótico que comemos lá. Comigo aconteceu quase a mesma coisa que com a Marisa Letícia, na sua primeira visita à China. Quando lhe ofereceram carne de cachorro, Marisa perguntou à chinesinha que a servia:

– Au-au?!

E a mocinha:

– Au-au!

Marisa insiste:

– Au-au?

– Au-au!

– Au-au-au?

– Au-au-au!

Deixemos essa conversa onomatopeica e vamos aos encontros oficiais.

Com o primeiro-ministro Zhao Ziyang, que já conhecia meu marido, a visita foi quase uma farra. Àquela altura, Severo e o senador Cafeteira, que também integrava a comitiva, já tinham quebrado o rígido protocolo chinês. E Bocayuva Cunha, outro irreverente membro da nossa delegação, andava com um cantil de uísque debaixo da farda do Exército chinês, o único agasalho capaz de segurar a temperatura de mais de 20 graus negativos.

Só descobri que o Bocayuva escondia o "ouro" por causa da imensa roda que se formava em torno dele nas nossas curtas visitas a locais desprotegidos de calefação. Ulysses era o mais assanhado de todos:

– "Boca", vamos tomar uma na veia!

E eu:

– Credo, Ulysses, parece linguagem de botequim!

O "na veia" era tomar doses puras de uísque, numa talagada só. Pareciam crianças.

Acho até que foi nesse clima que a gloriosa comitiva foi ao encontro do primeiro-ministro, um homem muito diferente, até fisicamente, do presidente Li. Mas, na hora dos negócios, todos eram chineses.

Tudo ia bem até o *premier* perguntar o que os brasileiros teriam a oferecer à China. O primeiro a pedir a palavra para responder foi o senador Hélio Gueiros, do Pará:

– Somos famosos pelos nossos minérios, nosso principal produto de exportação!

O deputado Prisco Vianna proclama:

– Sou da Bahia. Nosso principal produto de exportação é o cacau!

E coube ao senador Cafeteira encerrar triunfalmente a audiência:

– O principal produto do Maranhão, meu estado, é o presidente José Sarney. Mas não acho que ele seja produto de exportação. Ele é "invendável" e "inemprestável".

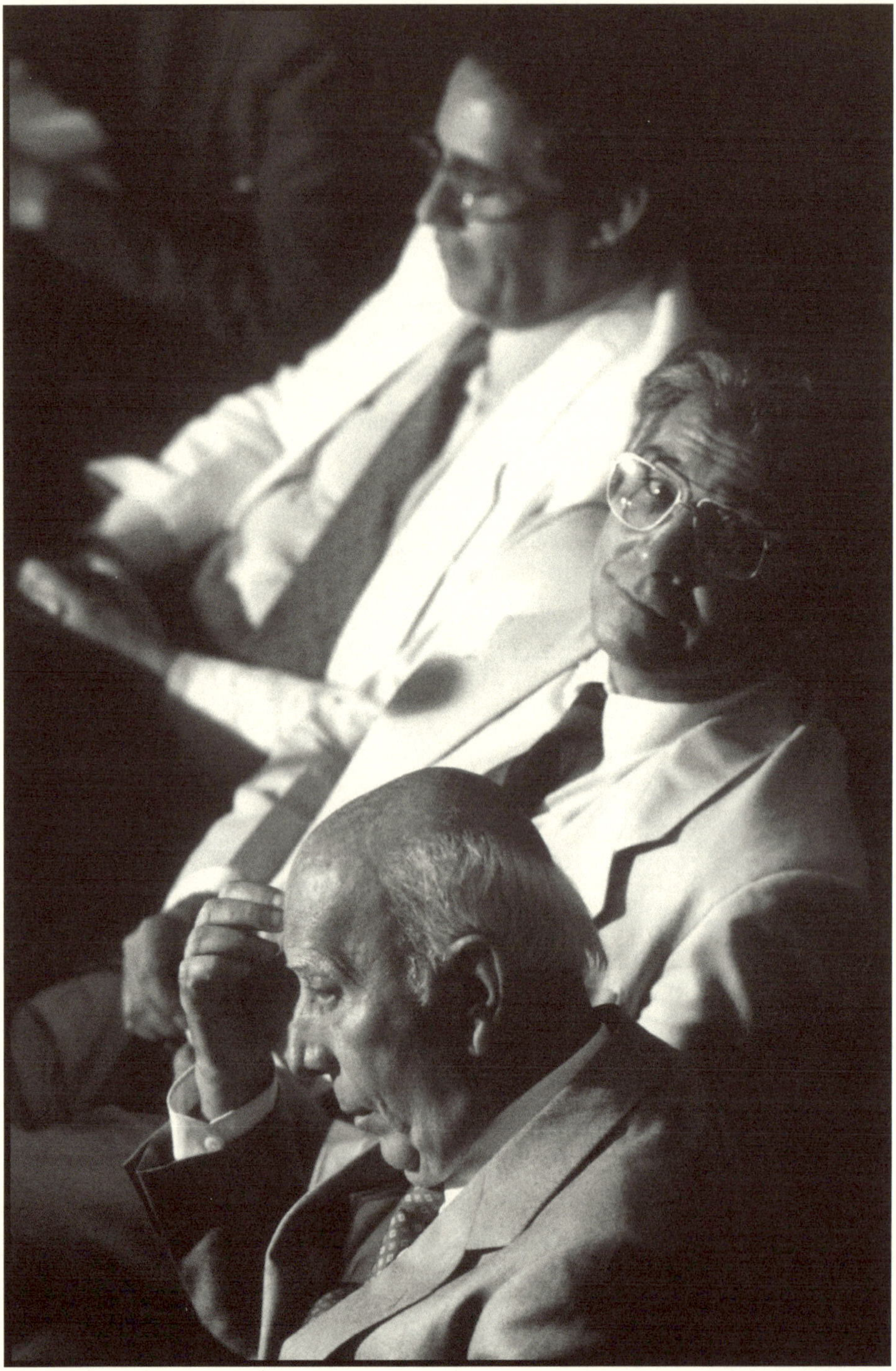

CAPÍTULO 9

EM 1985, CAMPANHA E DEPRESSÃO

Nosso candidato (FH) era favorito. Tínhamos o engajamento de todos que tinham participado das campanhas cívicas. O outro lado representava literalmente a volta do passado populista na sua expressão máxima: Jânio.

Falávamos, no capítulo anterior, da minha viagem à Ásia na surreal condição de primeira-dama por decreto do Sarney, para que Ulysses pudesse ser recebido com as honras de chefe de Estado nos países por nós visitados. E dizia que essa viagem fora providencial para amenizar o estresse daquele doloroso ano de 1985.

Depois da agonia e morte de Tancredo, é provável que a campanha municipal de 85, quando meu marido percorreu o país inteiro pela oitava vez, tenha representado o início de um profundo desgaste emocional que levaria Ulysses, no ano seguinte, à depressão.

Sem dúvida, as eleições municipais daquele ano – as primeiras para as capitais depois do fim da ditadura – foram muito desgastantes. A campanha na capital de São Paulo foi muito complicada, traumática, e suas feridas expostas drenaram tanto que, a partir dela, tornou-se inevitável a divisão do PMDB, com aves voando para construir outros ninhos.

O nome com o qual o PMDB concorreu à prefeitura de São Paulo não poderia ter sido melhor: Fernando Henrique Cardoso. Acontece que, à revelia do próprio candidato, um dos coordenadores da campanha, Sérgio Motta, nome até então pouco conhecido na própria cozinha do PMDB, arvorou-se em ser dono da campanha. Comprou uma briga com Orestes Quércia e, de quebra, isolou Mário Covas do comitê. O partido, como instituição, também foi expurgado.

Mesmo assim, o nosso candidato era favorito. Tínhamos o engajamento praticamente de todos os representantes da sociedade civil que tinham participado das campanhas cívicas: Constituinte e eleições diretas. O outro lado representava literalmente a volta do passado populista na sua expressão máxima: Jânio Quadros.

Na reta final, a campanha foi ficando difícil para o PMDB, mesmo com toda a mobilização popular. O Chico Buarque, muito fofo, fez uma paródia da sua música "Vai Passar" para falar do "candidato fujão" (Jânio fugia dos debates). O comício de encerramento foi uma beleza. Os formadores de opinião pública davam como certa a vitória de Fernando Henrique. Mas Ulysses, esse animal político, já sabia da derrota. Logo após o comício de encerramento, meu marido e um grupo de políticos, inclusive lideranças de outros estados que vieram a São Paulo prestigiar nossa festa, já comentavam a derrota, no restaurante do hotel Maksoud. Com todos os convidados à mesa, menos o candidato, Ulysses, ao lado de Mário Covas, sentenciou:

— Senhores, perdemos a eleição e por uma questão estúpida, típica de amadores. Perdemos a eleição porque brigamos com o voto. O voto tem nome e sobrenome: Orestes Quércia.

Mário Covas completou:

— Fernando Henrique nem tem culpa, coitado. O Sérgio Motta, na sua insana vaidade, isolou-o de todos nós.

Por tudo que ocorreu depois, somos obrigados a acreditar no destino. Sabe-se lá o que teria acontecido a Fernando Henrique se ele tivesse se sentado na cadeira de prefeito somente na hora certa?

O Fernando Henrique sempre foi um homem charmoso e sedutor. E ousado! É que vocês, naquela célebre entrevista dele a Míriam Leitão, na *Playboy*, só prestaram atenção na confissão de ter experimentado maconha.

E nem ligaram para o resto:

— Do PMDB, eu sou o mais preparado para ser presidente da República!

Assim que li, mostrei a Ulysses:

— Olhe aqui o Fernando Henrique dizendo que é melhor do que você, Montoro, Tancredo e Covas, juntos.

Juntos, já é provocação minha!

Nessa entrevista, Fernando Henrique foi bruxo:

— Eu sei que estou preparado para ser presidente da República. Mas não faço disso uma obsessão. Eu não sou infeliz como o Paulo Maluf, que só pensa em ser presidente da República. A única coisa que sei do meu destino é que amanhã estarei em Paris.

O mais inacreditável de tudo isso é que dez anos mais tarde, praticamente, em pleno processo de impeachment de Collor, Ulysses, nas escadas do restaurante Piantella, encontra-se com Fernando Henrique, com quem mantém o seguinte diálogo:

— Fernando, meu caro, falo como brasileiro, não como político paulista. A sua permanência no Parlamento é tão importante para o país que, se eu fosse você, não me arriscaria a tentar a reeleição no Senado, mas buscaria uma vaga garantida de deputado.

E o sempre gentleman:

— Ulysses, não tenho problema nenhum em disputar uma vaga de deputado. Você sempre foi deputado e é mais importante do que o Senado inteiro. Serei candidato a deputado federal.

O destino não deixou.

Voltemos às eleições de 1985. Lembro-me bem de que, sem festas, Ulysses acompanhou os resultados das eleições daquele ano em casa, sozinho. Fiquei muito preocupada com o seu isolamento. Um silêncio tenebroso ao anoitecer, até que Luni, meu cachorrinho de estimação, começou a latir muito. Não errava no faro:

— Tem repórter aí fora, Ulysses. O alarme disparou. — Meu marido já estava esperando a visita de dois jovens repórteres, coincidentemente de jornais do Rio.

Geralda serviu-nos uma sopa. Os meninos estavam constrangidos com o desânimo do meu marido. De repente, toca o telefone. A nossa Geralda cochicha alto com o meu marido. Todos ouvimos um "é ele".

Exposto pela "discrição" da empregada, Ulysses levanta-se da cadeira e traduz a senha doméstica:

– "Ele" é "ele". Só me aparece para dar notícias ruins.

Nem eu entendi.

Voltando à mesa, Ulysses conta:

– Não falei? Era o doutor Sarney, docemente constrangido com a derrota do PMDB para o PT em Fortaleza.

Sopa fria, Ulysses não se importa, sorve-a assim mesmo. Os repórteres correm aos telefones (não existia ainda celular) e ligam para suas redações, dando a notícia.

Na hora do café, vem a bomba! "Ele", novamente, ao telefone, e Ulysses resume para nós a conversa:

– O PT ganhou também em Goiânia. Lula derrotou Iris Rezende.

Ninguém acredita. Ulysses liga para Iris, que confirma a derrota. O PMDB dorme derrotado em Goiânia, mas, no dia seguinte, assim, do nada, acorda vitorioso.

Meu marido desce do quarto com seu sestro habitual: um dedo dentro do ouvido, sacudindo as orelhas.

– Qual é a pulga? – perguntei.

– Iris me tirou da cama agora para dizer que tinha se precipitado. Nós ganhamos em Goiânia.

Estupefata, quis saber. E meu marido, com um sorrisinho envergonhado nos lábios:

– Ele disse que foi milagre de Deus!

Nesse mesmo dia, embarcando para Brasília, Ulysses encontra um Lula enlouquecido em Congonhas:

– Ulysses, se preciso, vou até a ONU! Estou indo para Goiânia! Vou denunciar ao TSE, ao Supremo: o Iris roubou as eleições! O Iris roubou!

E meu marido, um louco cochichando no ouvido do leão enfurecido:

– Foi Deus!

CAPÍTULO 10

DA CHINESINHA
À BÊNÇÃO DO PAPA

Quis saber como aquela jovenzinha, que não sabia pronunciar uma só palavra em português, conseguiu cantar uma das mais lindas músicas do nosso cancioneiro. A chinesa a aprendera com o pai militar numa base na África.

A minha viagem à Asia, era disso que falávamos quando, no capítulo anterior, interrompi a minha narrativa para lembrar da traumática derrota de Fernando Henrique Cardoso à prefeitura de São Paulo, em 1985.

E, para que a maioria de vocês entenda melhor o que vou dizer agora, convém relembrar que só estou aqui como personagem principal de uma história porque aprendi com o meu marido a falar com os olhos. Na política, só os líderes podem falar com os olhos.

Então, agora, vocês podem imaginar o que significou para mim a mais simples e, ao mesmo tempo, maior homenagem recebida na China, por onde começamos a minha viagem.

Visitei uma escola de música e dança, em Pequim, e, de repente, uma jovem chinesa resolve cantar uma música para mim. Nunca imaginaria ouvir isto:

Kalu, Kalu
Tira o verde desses óios di riba d'eu
Kalu, Kalu
Não me tente se você já me esqueceu
Kalu, Kalu
Esse oiá despois do que se assucedeu
Cum franqueza só n'um tendo coração
Fazê tal judiação
Você tá mangando d'eu

Com franqueza só não tendo coração
Fazê tal judiação
Você tá mangando d'eu

Emocionada, quis saber como aquela jovenzinha, que não sabia pronunciar uma só palavra em português, conseguiu cantar uma das mais lindas músicas do nosso cancioneiro.

A chinesa explicou que aprendera essa música com o seu pai, um militar que servira na base militar chinesa de um dos países de língua portuguesa na África.

Somente agora os brasileiros despertam para o fato de que a China está dominando a África – a África é o objetivo final da China. E eles já estão lá há muito tempo, com a agressividade do tigre asiático. Mas esse não é assunto meu. Só toquei nele porque Renato Archer, amigo do peito de Ulysses e ex-mentor do Celso Amorim, vive sendo cobrado por San Tiago Dantas por causa da patuscada do ex-discípulo aí embaixo.

– O Celso Amorim, meu caro chanceler, nunca teve essa posição, mas se adaptou logo à política terceiro-mundista sem resultados do PT – justifica sempre o Archer.

San Tiago Dantas, que a maioria de vocês certamente não conhece, foi um dos maiores gênios deste país, tanto que o sonho de Tancredo Neves sempre foi o de escrever um livro sobre ele. San Tiago foi o criador da política externa independente. Foi chanceler e ministro da Fazenda. Na verdade, o que ele ensinou a Renato Archer, este não conseguiu transmitir ao Amorim.

Enfim, deixemos essas questões chatas de política externa de lado, e voltemos ao que nos interessa.

Enquanto a chinesinha cantava, eu olhava para o Ulysses; seus olhos brilhavam de emoção. Depois, me explicaria as razões:

– Quando presidente da Câmara pela primeira vez, havia um deputado que era samba de uma nota só na defesa da divulgação da nossa música no exterior: Humberto Teixeira, autor dessa música e grande parceiro de Gonzagão.

Portanto, leitores, sempre que ouvirem "Kalu", se puderem, lembrem-se de mim e de meu marido, o amor agradece, imensamente. E ouvir "Kalu" na China é a realização do sonho de Humberto Teixeira.

Gozado: nós, ocidentais, brasileiros, falamos da China como algo extremamente distante: quando crianças, aprendíamos em casa que, se a gente cavasse um buraco enorme até o fundo da terra, a gente sairia na China.

Pasmem, então, com a saudação do presidente Li Xiannian ao meu marido:

– Mister Guimarães, desde meninos aprendemos que, se cavarmos fundo a terra, vamos chegar ao seu continente, ao seu país, ao seu São Paulo.

Eu, particularmente, adorei a China e o seu povo. Na data da nossa visita, a China era ainda um país muito pobre. Haviam decorrido nove anos da morte de Mao Tsé-tung. E só com a morte de Mao a China começou a sua mudança. O Deng Xiaoping começou o seu capitalismo socialista em 1978. A nossa viagem, portanto, ocorreu numa época importante para a transição da China.

A China estava sob a cortina de bambu. Muitos locais não eram abertos aos estrangeiros. Em 1985, o ritmo do capitalismo ainda era muito lento. A programação do lazer, por exemplo, era toda ela patrocinada pelo Estado.

Quando falei do nosso encontro com o primeiro-ministro Zhao Ziyang, contei que, em seguida, fomos jantar na filial chinesa do famoso Maxim's de Paris. Só não disse da dificuldade que enfrentamos: a entrada era limitada e controlada pelo Estado.

Reparei que o povo chinês é muito ingênuo. Respeita a tradição e o chamado poder convencionado. Tem um ideal igualitário. Contou-me a guia que o chinês dá valor à Justiça e não tem medo da autoridade. Seu sonho é a simplicidade: ter uma família unida, um trabalho seguro. Tem certo desprezo à corrida pelo dinheiro. Ou, pelo menos, tinha à época em que estivemos lá. O questionamento que hoje o mundo faz da China é justamente o de até onde vai essa sua corrida ao capitalismo.

E essa preocupação já não faz parte do meu mundo. Só sei que, de lá, fomos ao Japão, à Coreia do Sul, a Hong Kong, à Tailândia e, finalmente, a Roma.

Chegamos ao Aeroporto Leonardo da Vinci três dias depois que terroristas palestinos o invadiram, atirando na multidão, matando 16 pessoas e ferindo outras 99.

Nem tentem imaginar o caos do nosso desembarque. Apenas somem isso ao nosso atraso para a audiência com o papa João Paulo II. E, tampouco, vou citar outros contratempos da nossa aventura, a não ser o fato de as minhas companheiras de viagem terem se esquecido de trazer o véu para cobrir a cabeça durante a audiência com o papa.

– Meninas, como é que vocês vão cobrir seus pecados para não assustarem o Sumo Pontífice? – zombava Severo Gomes.

Para Severo, que passou a viagem toda zoando das pessoas e das situações vividas, aquela falha injustificável era mais do que um prato cheio. Ele estava simplesmente excitado com o ridículo da situação.

Mas quem é cristão não morre pagão. Tive uma ideia genial, que resolveu o problema na hora. Meu feito mereceria o justo reconhecimento da comitiva toda, não tivesse a minha amiga Henriqueta Gomes revelado ao seu pândego marido a origem do véu lindo que ostentava:

– Severo, olha só que véu lindo!

– Onde vocês conseguiram isso?

– Criação da estilista Mora Guimarães.

– Como assim?

– Ela teve a genial ideia de cortar as nossas meias e transformá-las em véu!

– Henriqueta, você está querendo me dizer que o papa abençoou suas peças íntimas?!

CAPÍTULO 11

NATAL E A FALTA QUE FEZ UMA BICICLETA

Em compensação, você hoje é o homem mais poderoso do seu país, mais até do que o próprio presidente da República.

Intencionalmente, a minha história deste capítulo é uma história de Natal e ainda sobre a minha viagem à Ásia, em 1985. Estávamos em Hong Kong. Ulysses e Severo decidem passar a véspera do Natal daquele ano em Macau, uma possessão portuguesa que seria devolvida à China quatro anos depois e distante uns 60 quilômetros de onde estávamos.

Fomos numa embarcação superlotada de passageiros. Os homens da comitiva tiveram de viajar em pé e, nós, mulheres, sentadas. O "barco" era semelhante aos que cortam a região amazônica.

Sentou-se ao meu lado uma das pessoas mais interessantes que já conheci: Mariana Fortes, mulher do então deputado Heráclito, filha do empresário Cornélio Brennand e sobrinha do artista plástico Francisco Brennand, representantes de uma das mais tradicionais famílias pernambucanas.

Mariana tem uma personalidade muito forte, nunca agressiva, porém cortante na hora de dizer a verdade. Vivia pondo o Heráclito na linha, por causa da sua irreverência semelhante à do Severo. Heráclito tinha medo da Mariana. Ela o controlava com um simples olhar ou cara feia e, constantemente, também com uma ameaça física, que virou o bordão da nossa viagem, pelo sotaque nordestino e pronúncia pausada, clara e quase cantada:

– Quer tomar um beliscão em pú-bli-co!

Eu achava aquilo uma grande e inocente declaração de amor, quase materno. E a reação não era diferente: sempre que Mariana corria atrás do marido para cumprir a ameaça, este se escondia atrás do Ulysses, que se divertia com a situação.

Eu ainda não informei a vocês sobre um repórter que acompanhou, profissionalmente, a nossa viagem. No início, a sua simples presença já seria algo constrangedor, apesar de ele ser amigo do meu marido. Nós o tratávamos com muito respeito e, também, até com carinho. Coitado, as coisas davam certo com todos nós, menos com ele, que chegava sempre atrasado aos compromissos e sempre com uma história nova a contar, cada uma mais esdrúxula que a outra.

Mariana começou a implicar com o rapaz. Um dia, perdeu mesmo a paciência e foi cobrar logo do Ulysses, que o convidara para a viagem:

— Doutor Ulysses, me diga uma coisa: onde é que o senhor foi arranjar esse apalermado?

Pronto, o repórter, que já tinha recebido outros apelidos na viagem, passou a ser chamado por esse nome, tanto que, sempre na sua ausência, naturalmente, até Ulysses perguntava:

— Cadê o apalermado?

Como vocês estão percebendo, Mariana era uma espécie de inspetora da comitiva. Todos tínhamos um medo sentimental dela e, principalmente, nós, mulheres, uma certa inveja do controle absoluto que ela exercia sobre o marido. A minha amiga Henriqueta tentou imitá-la e se deu mal. Claro, nem o general Geisel, de quem Severo fora ministro, conseguiu controlá-lo, tanto que o demitiu numa circunstância que ainda contarei aqui para vocês. Na primeira investida contra o marido, Henriqueta levou uma advertência do Severo:

— Henriqueta, eu não sou Heráclito.

E o Heráclito caía na provocação e tomava satisfações com Severo:

— O senhor não sou eu por quê, senador?

— Sempre fui baixinho, o tampinha da escola. Não tenho essa sua estatura física imperial. Aliás, andei reparando, nessas visitas aos templos budistas, o quanto você parece com o Buda! Heráclito, você é nosso Buda!

Aí o tempo fechava. Mas logo os dois voltavam a se falar.

Falei tudo isso para que vocês entendam o contexto do que aconteceu durante o nosso deslocamemto até Macau. Como já disse, a Mariana viajava ao meu lado. De repente, ela resolve puxar conversa com Ulysses, que estava um pouco distante da gente, chefiando a equipe que viajava em fila, apoiada nos pegadores do barco:

— Doutor Ulysses, no chuveiro do seu banheiro, tem água quente?

— Tem, sim, minha cara. No seu quarto com certeza tem. Nosso hotel é muito bom.

— Se tem, está com problemas. Tentei consertar e não consegui!

— E onde estava o Heráclito que não consertou?

— Pensa que não o chamei? Mas ele nem me deu atenção. Estava lá, todo concentrado, sentado no troninho.

Ao ouvir isso, Ulysses vira-se para a comitiva e cochicha em voz alta:

— Imaginem a cena, senhores!

Mariana abaixa a cabeça e me diz:

— Me ajude, dona Mora. Não posso rir. Se eu rir, Heráclito pede o divórcio.

Enfim, chegamos ao nosso destino. Macau é um sonho. E descobri por que Severo e Ulysses queriam tanto estar naquele local. Teria sido ali que Luís de Camões escrevera sua obra-prima: *Os Lusíadas*. Severo, em tom solene, anuncia que iria declamar trechos da poesia de Camões, que aprendera nos seus tempos de colégio. Sobe numa imensa pedra do mar, abre a boca e dela saem as coisas mais horríveis que um ser humano poderia dizer – uma versão absolutamente imoral, pornográfica, chula mesmo de *Os Lusíadas*. Foi a única vez que eu vi Ulysses ser contundente com um amigo, em apenas duas palavras:

— Chega, Severo!

Passeando pela cidade, Ulysses parou diante de uma vitrine decorada com motivos natalinos e, pela primeira vez, me revelou:

— Acho o Natal triste. Eu sempre sonhei com Papai Noel trazendo a minha bicicleta. A maior frustração da minha vida é a de nunca ter tido uma bicicleta.

Emocionada, dei um longo e forte abraço no meu marido e falei:

— Em compensação, você hoje é o homem mais poderoso do seu país, mais até do que o próprio presidente da República.

Mas Ulysses estava muito tocado e nada o comovia:

— De que adianta ter todo esse poder, se eu nunca tive uma bicicleta?

O apalermado ouviu e, anos mais tarde, publicou essa história no jornal.

Eu nunca vi uma matéria ter tanta repercussão como essa. O incrível é que muitas fábricas e lojas de bicicletas começaram a mandar para a nossa casa caixotes de bicicleta.

Naquele Natal de 1988, realizamos sonhos de muitos "Ulyssinhos", doando bicicletas para orfanatos e outras instituições de caridade.

Uma importante fábrica queria até que Ulysses se deixasse fotografar pedalando na ciclovia do Lago Sul. Claro que ele recusou, gentilmente, sem precisar mentir:

— Não sei nem andar de bicicleta. Mas não publiquem isso. Ano que vem, serei candidato à Presidência da República, e um homem que não sabe dirigir uma bicicleta não saberá também dirigir um país. Se bem que Figueiredo foi um grande motoqueiro. — Meu marido viveu o suficiente para ver Collor pilotando até avião a jato.

CAPÍTULO 12

ULYSSES A COLLOR: "SÓ USO DROGAS COMPRADAS LEGALMENTE."

Não houve na política brasileira pós-ditadura, acredito – e torço, também, para que jamais haja –, um homem público mais exposto, na sua intimidade e doença, do que meu marido.

Aprendi com meu marido a não ter ressentimento. Na atividade de Ulysses, o ressentimento é mortal. Tanto que ele costuma dizer que não faz política com o fígado, nem guarda mágoa na geladeira.

Sinto necessidade de dizer isso para poder entrar no tema mais delicado de todas as histórias que tenho para contar aqui: a doença de Ulysses, em maio de 1986. Mais grave que ela foi a maneira como a mídia, em sua maioria, a tratou, de forma totalmente sensacionalista, desrespeitosa e desumana.

Por tudo o que Ulysses representou para o país, acho até hoje que ele não mereceu tamanha crueldade, massacre mesmo, diria. E vocês verão que eu não exagero, à medida que eu for mostrando os fatos.

Por mim, eu não trataria desses fatos agora. Mas, diante dessa avalanche de doenças que atinge tantos políticos do continente, o drama vivido pela nossa família volta à lembrança. Mais cedo ou mais tarde, eu teria de abordar esse tema, então que seja agora, por mais doloroso que tenha sido para Ulysses e para a nossa família.

Não houve na política brasileira pós-ditadura, acredito – e torço, também, para que jamais haja –, um homem público mais exposto, na sua intimidade e doença, do que meu marido. Mais que isso, Ulysses foi ridicularizado, virou motivo de chacota. Sua doença foi usada politicamente pelos seus adversários, dentro do próprio governo. Boletins médicos informais e criminosos eram divulgados dentro do gabinete presidencial, já como obituário. Lembro-me bem de que Orestes Quércia, enquanto meu marido era tratado nos Estados Unidos, saía de uma audiência do Palácio do Planalto lamentando com os jornalistas:

– Não publiquem isso, mas avisem suas redações. O presidente da República me disse que o doutor Ulysses não volta.

Mas meu marido, graças a Deus, voltou e meses depois veio a ser o homem mais poderoso do país.

Histórias bizarras, absolutamente inverossímeis, principalmente sobre comportamentos inadequados de Ulysses dentro do avião presidencial que o levou aos Estados Unidos, saíam de dentro do poder.

Foi, realmente, uma tentativa sórdida de desmoralização pública. A vida pública e pessoal de meu marido foi marcada pela correção. Como então destruir a carreira política de um homem acima de qualquer suspeita? O momento era aquele, ainda mais quando a pessoa está sofrendo, momentaneamente, de distúrbios psicológicos, doença que acarreta vários tipos de preconceitos.

Os que não acompanharam ou não se lembram mais desses fatos devem estar se perguntando: mas que doença foi essa?

Meu marido foi vítima de um tratamento clínico equivocado para depressão e, por isso, dado como louco! Demorou-se a descobrir as causas reais da sua confusão mental: intoxicação medicamentosa.

A mídia começou a especular que fora um pequeno edema, depois – e por semanas – trabalharam, apenas os jornais e revistas, com a existência de um tumor maligno no cérebro. A verdade é que Ulysses alternava momentos de grande euforia e de profunda depressão.

Meu marido sempre teve um comportamento muito peculiar: extremamente desligado com tudo. Não tinha senso de direção, andava com sapatos e meias de cores diferentes. Tancredo, maldosamente, quando o Congresso ainda funcionava no Rio, o apelidou de "o vago simpático".

Tancredo não deixava de ter razão. Ulysses nunca conseguiu ir a lugar nenhum sem ajuda de terceiros, geralmente um funcionário do gabinete que o acompanhava. Vejam este episódio: durante parte da sua vida em Brasília, Ulysses morou com o Nelson Carneiro, na chamada quadra dos senadores. Ele chegava ao aeroporto, e Aluízio, seu motorista, já estava lá à sua espera, todas as segundas-feiras. Um dia, antecipou a viagem, mas não avisou o motorista. Pegou um táxi e seguiu para o Plano Piloto. Depois de alguns momentos, o taxista inicia com Ulysses este diálogo surreal:

– E então, doutor, vamos para onde?
– Para casa!
– E onde é sua casa?
– Eu moro com o Nelson Carneiro!
– E onde é a casa do Nelson Carneiro?
– Não sei. Mas você deve saber, não?
– Infelizmente, não sei.
– Então me leve para o Congresso Nacional. Lá eles sabem!
– Hoje é domingo, doutor! O Nelson trabalha lá?
– Sim! E trabalha muito. É o senador que mais legisla neste país!
– O Nelson é senador? É o homem do divórcio?! Ah, os senadores moram numa quadra só! Vamos lá!

Então, como se vê, foi muito difícil as pessoas perceberem que, de fato, ele tinha algum tipo de perturbação mental. Descobriram quando Ulysses, ao desembarcar na Base Aérea, rompeu o protocolo e deu continência ao corneteiro!

Como já disse, não foi fácil. Mesmo nos momentos de extrema exaltação, Ulysses parecia estar normal, não fosse a exagerada sinceridade, incompatível com seu estilo pessedista de ser. Na véspera de sair de cena, para ser submetido a um tratamento de desintoxicação medicamentosa, Ulysses teve um dia muito agitado. Fora ao Rio para as solenidades do Dia da Vitória, e recebeu o então embaixador dos Estados Unidos na ONU, general americano Vernon Walters, no Palácio do Planalto. Walters, na saída, fez gracinha sobre a pífia manifestação de protesto por sua presença no país. Quando soube, Ulysses não quis nem saber, deu uma espinafrada no visitante. Foi um escândalo, logo minimizado pelas declarações de um outro Ulysses, aplaudindo a decisão de um jogador, se não me engano, Leandro, de se desligar da Seleção, em solidariedade ao colega Renato Gaúcho, cortado por Telê Santana.

Claro que falarei mais, aqui, sobre a doença de Ulysses. Eu tentava esconder dele os jornais e revistas. Era um bombardeio terrível. Meu marido deu a volta por cima. Superou totalmente esse drama. Da minha parte, volto a dizer: não guardo mágoas, mas algumas decepções, inclusive de pessoas que não podiam ter feito o que fizeram, até pela grandeza dos cargos que ocupavam na época.

Relevei tudo isso, até porque a mídia que o consagrou na ditadura como principal opositor daquele regime nefasto, que o massacrou na doença, soube reconhecer a grandeza do meu marido na sua morte, com homenagens lindas, comoventes.

E, também, não nego que fiquei muito confortada quando, durante o processo de deposição do presidente Collor, no qual meu marido era chamado de "O Senhor *Impeachment*", o Jô Soares perguntou, no seu programa:

– Ulysses, o presidente Collor te chamou de gagá e disse que você só vive à base de remédios.

– É verdade, Jô! Infelizmente, passei uma fase tomando remédios. Mas os meus remédios, as minhas drogas, eu as comprava legalmente, nas farmácias, com receitas médicas e controladas.

CAPÍTULO 13

A AGONIA PÚBLICA DO DOUTOR ULYSSES

Se cumprimentava alguém com euforia, estava louco; se o fazia comedidamente, estava em forte depressão. Tudo o que ele fazia não era considerado normal. Meu marido passou a ser responsável até pelos erros alheios.

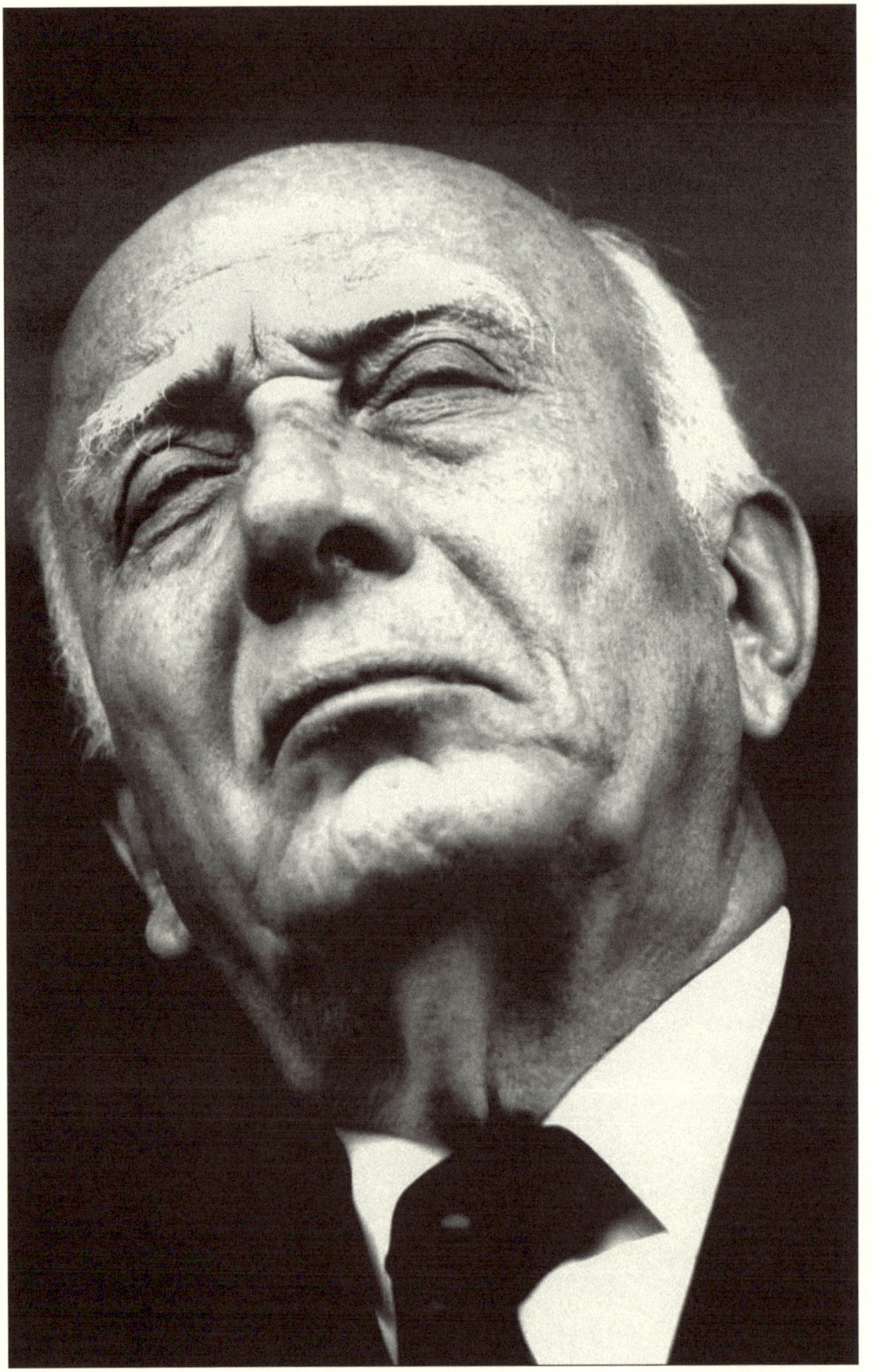

As especulações eram muitas: estafa, câncer no cérebro já com metástase pelo corpo todo, atrofia cerebral, esclerose, hérnia de hiato diafragmático, gastrite crônica, prolapso de válvula mitral, artrose cervical, depressão e até miastenia, uma doença degenerativa progressiva que provoca a perda da capacidade de contração muscular. Medicamentos?

Anafranil e carbonato de lítio passaram a fazer parte do dia a dia dos leitores, telespectadores e ouvintes. Lítio, acredito, entrou para o dicionário político.

Foi assim! Durante meses, a mídia dividiu sua editoria de política com a de saúde. Era a volta frenética da cobertura jornalística de mais um político doente. Só que, dessa vez, era a outra face da valiosa moeda do PMDB: depois de Tancredo, Ulysses Guimarães.

Como sempre, nessas ocasiões, aparecem logo os especialistas de plantão. As entrevistas são sempre as mesmas. Mudam os nomes, mas os sabichões falam sempre "em tese" – aí, eu me recordo novamente de uma das frases preferidas do meu marido: "Com o 'se', você bota Paris dentro de uma garrafa."

Tudo isso não apenas incomodava, mas aumentava a depressão de meu marido. Tínhamos, como já disse aqui, que esconder os jornais e revistas. Mesmo assim, de vez em quando, eu entrava no nosso quarto e flagrava Ulysses aos prantos, com uma ou outra reportagem nas mãos, lendo sobre suas gafes e as "teses" médicas.

Senhoras e senhores! Não, por mais que tentem, não conseguirão imaginar o que representava para mim ver o meu marido daquele jeito! O homem que, na Bahia, derrubou armas apontadas contra ele e chutou cães treinados para atacar, chorando, ao pé da cama.

E o massacre era permanente. Não nos davam trégua. Não havia ainda a Globo News, mas um turbilhão de programas vespertinos – alguns populares, outros sensacionalistas – nas TVs abertas, ao vivo. Entre uma receita de bolo e uma entrevista com uma mulher espancada pelo marido, aparecia um especialista para falar da ou das doenças de meu marido. Eu tranquilizava Ulysses, dizendo:

– Ulysses, se esses médicos do "em tese" fossem bons, primeiro, estariam cuidando de você ou das centenas de pacientes que deveriam ter. Veja: são cinco da tarde. Se não estão nos consultórios, é porque os consultórios devem estar às moscas. São médicos de novela, Ulysses!

Meu marido, realmente, estava gravemente enfermo. A intoxicação medicamentosa acabaria levando-o à morte se não tivesse sido detectada e tratada a tempo. O que nos incomodava já não era mais a invasão de privacidade, até porque homens públicos não a têm, infelizmente. Mas a forma como tudo acontecia: se Ulysses cumprimentava alguém com euforia, estava louco; se o fazia comedidamente, estava em forte depressão. Tudo o que ele fazia não era considerado normal. Meu marido passou a ser responsável até pelos erros alheios.

Acham que estou exagerando? Então vou contar a vocês o motivo, o estopim que levou meu marido a ser afastado de suas funções. Sei que vocês não vão acreditar. E é inacreditável mesmo.

O chamado "condestável" da também chamada Nova República, o homem mais poderoso do país naquele momento, de quem Delfim Netto dizia ser "o pau do circo", foi declarado incapacitado no dia em que anunciou que o deputado Siegfried Heuser iria ao exterior em missão oficial pela Câmara. Dois dias antes, o próprio Ulysses havia informado a morte de Siegfried em um acidente no Chile.

Não vou nem mais repetir aqui o que já contei sobre o jeito desligado de um homem que não conhecia nem o caminho de casa. Quem conhece o mínimo do processo legislativo sabe que o presidente das sessões, nas questões protocolares, segue o roteiro dos funcionários que o auxiliam na Mesa. O funcionário, desatento, seguiu a burocracia e não cancelou a autorização do morto. E quem pagou o pato foi meu marido. Entenderam agora?

Leitores, embalada nessa história do cuidado que os políticos devem ter na hora de ler documentos que lhes passam, permitam-me uma pausa, agora, sobre a doença de meu marido, para contar um caso semelhante, esse sim, cômico. Um pouco antes de Ulysses ficar doente, veio a primeira reforma ministerial do Sarney. Meu marido tinha sido colega de faculdade do Abreu Sodré. Certa noite, aquele repórter apalermado da viagem – lembram? – telefonou para Ulysses:

– Tenho um furo. Sabe quem vai ser chanceler? Abreu Sodré. Mas o jornal pediu para eu confirmar com o senhor.

– Se botar, é barriga. Só se Sarney estiver louco. Sodré é folclore!

Meu marido tirou o pão da boca do apalermado. No dia seguinte, todos os outros jornais confirmaram o nome do Sodré, menos o do apalermado. Fiquei com pena.

Meses depois, numa recepção a um chefe de Estado estrangeiro, o Sodré protagoniza uma das cenas mais impagáveis do folclore político brasileiro. Nessas solenidades, os convidados recebem antes cópias dos discursos dos oradores. Quando chegou a vez do nosso chanceler fazer a saudação ao visitante, Sodré trocou o discurso e tascou:

– Excelentíssimo senhor ministro das Relações Exteriores, Abreu Sodré, foi com grande emoção que coloquei os pés neste belo país...

E foi indo, não percebeu que estava homenageando a si mesmo. Eu não me lembro mais quem era o chefe de gabinete do Itamaraty. Se não me engano, era o Fred Araújo, um rapaz simpático e muito inteligente.

Se não foi, fica sendo. O Fred, desesperado, cutucava, puxava o paletó do Sodré. E o chanceler nem aí:

– Creia-me, chanceler Sodré, deste país, que visito pela primeira vez, levarei as mais gratas lembranças. Desejo que Vossa Excelência, ministro Sodré, transmita ao presidente deste país, José Sarney, meus cumprimentos por estar conduzindo o processo de redemocratização do Brasil com muita determinação e coragem.

Só por esse pequeno trailer já dá para vocês perceberem como deve ter sido a gestão do Sodré no Itamaraty. Abreu Sodré era amigo pessoal do presidente da República. E, quando surgiu a oportunidade de fazer um ministério só seu, Sarney, numa prática republicana comum, nomeou alguns amigos também.

Dilma, minha querida presidente, a quem não tive a honra de conhecer pessoalmente, quando a senhora tiver a honra de nomear o seu próprio ministério, por favor, leve em consideração esta frase do meu marido: "O bom político, geralmente, é mau amigo e mau parente."

Bem, retornando ao doloroso drama da doença de Ulysses, devo recordar o que já disse aqui: o que quase matou meu marido foi aquele maldito remédio para diarreia, contraindicado no caso de apendicite aguda.

E vejam como a ciência revolucionou conceitos e mudou a qualidade de vida: todas as especulações sobre doenças mentais se casavam porque Ulysses já era considerado muito velho. Ele estava com 69 anos de idade.

CAPÍTULO 14

ULYSSES: "ESTOU CERCADO, EU ATACO."

Sempre no comando das principais campanhas durante a ditadura e a redemocratização, o líder da oposição se notabilizou por não ficar a reboque dos fatos e dar a volta por cima diante de traições e derrotas iminentes.

Meu marido sempre teve uma capacidade imensa de se sobrepor aos fatos. Nunca ficava a reboque deles. Dizia, com razão, que a sua filosofia era a do herói francês: "Estou cercado, eu ataco."

Não há um episódio importante da política brasileira, durante a ditadura e depois dela, que não esteve sob o comando de Ulysses: campanha da Constituinte, da Anticandidatura, das Diretas, do Tancredo, do Impeachment de Collor e, a última de que participou, a do Parlamentarismo. Os nomes de todas essas campanhas acabariam antecedidos pela palavra "Senhor". Assim, meu marido foi do "Senhor Constituinte" ao "Senhor Parlamentarismo".

A primeira vez que se falou em Constituinte como bandeira de oposição à ditadura foi durante a criação do grupo dos "autênticos" do MDB, em 1971, em Recife. O grupo recém-criado divulgou um documento chamado de "Carta de Recife", defendendo a convocação imediata de uma Assembleia Nacional Constituinte, livre e soberana. Tancredo Neves, que liderava a chamada corrente dos moderados, reagiu:

– Falar em Constituinte nesta hora é o mesmo que jogar um pano vermelho na cara dos militares.

Meu marido fechou com os autênticos. E, dois anos depois, fizeram um acordo com Ulysses de apoiar sua anticandidatura contra a do general Geisel, em 1973, desde que, às vésperas da eleição pelo Colégio Eleitoral, meu marido renunciasse e denunciasse ao mundo as barbaridades da ditadura militar. O vice de Ulysses foi o então presidente da Associação Brasileira de Imprensa (ABI), jornalista Barbosa Lima Sobrinho.

PRESIDENTE OS EVANGELICOS ORAM POR UM
GOVERNO DE JUSTIÇA E PAZ SOCIAL
ESTÃO
BIBLIA

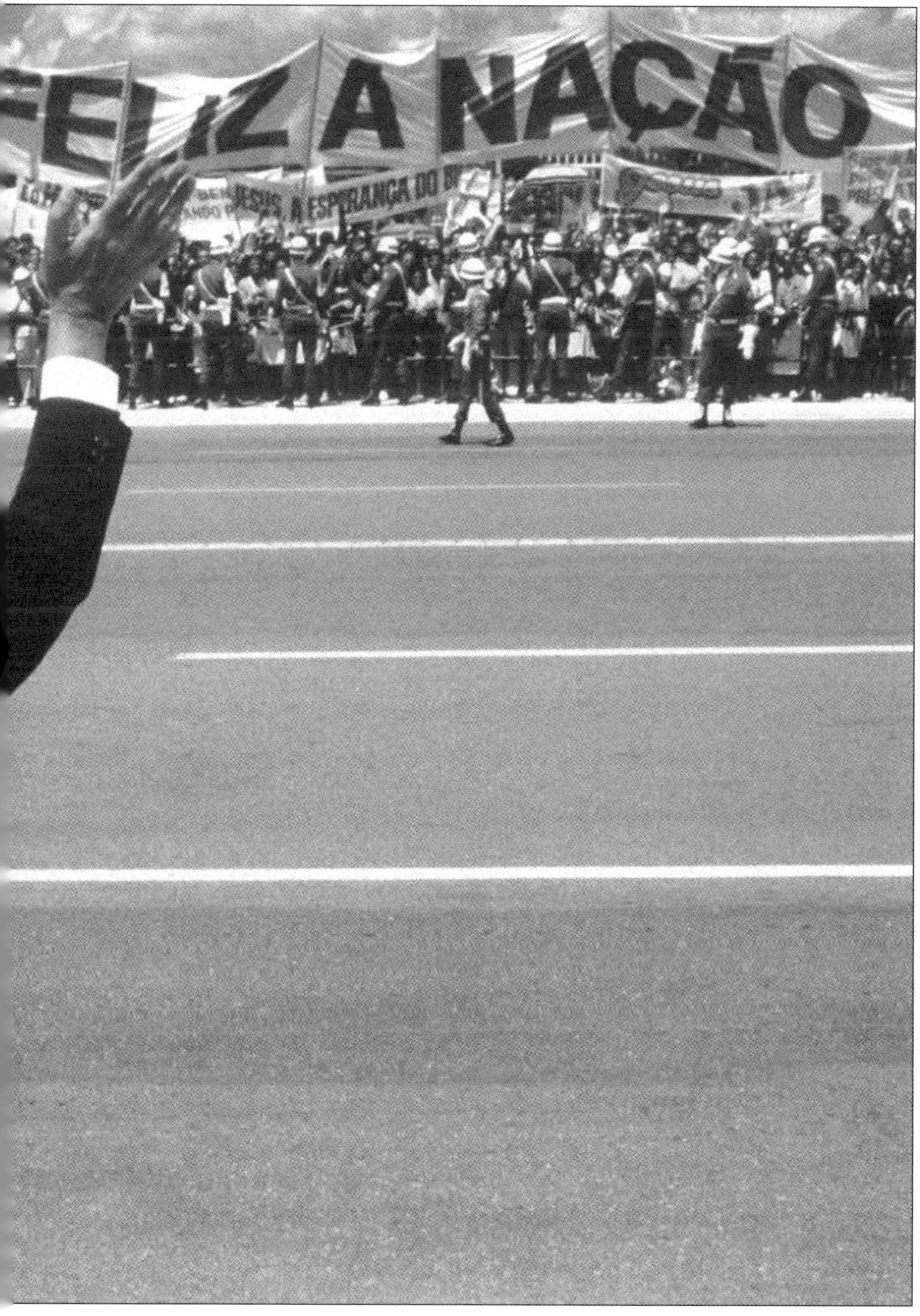
A NAÇÃO
JESUS, A ESPERANÇA DO

A campanha da anticandidatura foi um movimento lindo. Ulysses e Barbosa Lima percorreram o país inteiro, inclusive toda a região amazônica, de barco. O discurso de lançamento da campanha é uma das mais belas peças oratórias que conheço. Ulysses deu um nome poético a esse antológico discurso: "Navegar é preciso".

Pulo as outras campanhas para chegar à de Tancredo Neves. Em plena campanha das Diretas, mas a poucos dias da sua votação, meu marido, embarcando para São Paulo, numa tarde de quinta-feira de abril de 1984, é abordado por Lula. Ulysses tinha na sua cola o agora já conhecido de vocês repórter apalermado. Lula pergunta a meu marido se poderia contar-lhe um segredo na frente do repórter.

— Pode! Amanhã ele publica como reminiscência.

E Lula conta a Ulysses que todo o PMDB de São Paulo o estava traindo, já conspirando pela candidatura de Tancredo. E que fora chamado para uma conversa com esse grupo, que trabalhava por Tancredo, na tentativa de conseguir o apoio do PT.

Lula, um dos poucos políticos que sempre chamavam meu marido de "você", abriu o verbo:

— Eu fiquei pasmo e perguntei: "Mas e o velhinho, o que vocês vão fazer com ele?" Responderam que você era o nosso Winston Churchill: já deu o que tinha que dar para o país.

Ulysses reagiu com um sorriso pálido, deu um tapinha nas costas de Lula, agradeceu o aviso e sumiu no portão de embarque.

Depois da votação e derrota das Diretas, o apalermado acompanha Tancredo numa reunião de governadores da Sudene e, de lá, segue com ele num jatinho até Belo Horizonte para cumprir uma missão oficial: um relatório confidencial sobre o *day after* da derrota. Na ditadura, eram comuns esses relatórios.

Tancredo, sabendo nas mãos de quem esse relatório iria parar, abre o jogo e confirma tudo o que Lula falou para Ulysses e acrescenta mais um nome da turma do meu marido que já trabalhava pela sua candidatura: Pedro Simon. O apalermado ficou mais apalermado ainda com a revelação.

Como eram informações confidenciais, o apalermado não as publicou, mas foi autorizado a escrever em *off* que Tancredo seria mesmo candidato. Dias depois, o repórter encontra-se com Ulysses jantando com Pedro Simon no então Tarantella, hoje Piantella. Meu marido comenta:

– Li sua matéria com Tancredo falando em *off*, mas, se ele pensa que será candidato passando por cima de mim, está enganado, né, Pedro?

E Pedro, já com os dois pés dentro da candidatura de Tancredo, mais veemente ainda que Ulysses:

– Tancredo está louco se pensa que vamos apoiá-lo!

Semanas depois, Ulysses repete o herói francês: cercado por todos os lados, assume a coordenação da campanha de Tancredo.

Bem, já contei aqui, no primeiro capítulo, como ajudei Ulysses a enfrentar os vinte e tantos governadores que queriam impedir sua candidatura. Contei, inclusive, que Pedro Simon, escalado para pedir a desistência de meu marido, foi o primeiro a titubear com a minha presença.

Ulysses gostava muito do Pedro. Tiveram uma forte e desagradável discussão às vésperas de Ulysses sumir no mar, foi numa reunião para discutir a participação do PMDB no governo Itamar.

Meu marido estava muito incomodado com a possibilidade de José Serra vir a ser ministro da Fazenda de Itamar, o que aumentaria o domínio tucano no governo. Pedro exasperou-se:

– Você está ultrapassado. Itamar não é Sarney, em cujo governo você mandava e desmandava. Collor tem razão: você está gagá!

Mas não é desse Pedro Simon que eu quero me lembrar. Quero me lembrar do amigo de Ulysses, o Pedro Simon das grandes jornadas. E quero fazê-lo para encerrar este episódio com um fato muito engraçado.

Com meses de atraso, já quase no final da campanha eleitoral, Pedro foi a São Paulo dizer a Ulysses o que não conseguiu dizer naquela fatídica reunião dos governadores em Brasília.

O Pedro jantou conosco e, depois, foi para a varanda conversar com Ulysses. Meu marido gostava do jeito do Pedro de conversar com os braços e mãos para cima, gesticulando muito. O Severo Gomes costumava brincar que Pedro Simon falando parecia Elis Regina cantando: os gestos eram parecidos.

Da sala de TV, eu ouvia o Pedro quase gritando e sentia o aroma perfumado do seu cachimbo.

De repente, ouço o Pedro, muito exaltado, dizer:

— Terminada a Constituinte, você deveria ter feito que nem o doutor Getúlio: se mandava para Rio Claro. Assim como buscaram o doutor Getúlio em São Borja, todos nós iríamos atrás de ti em Rio Claro. O Arraes, Quércia e eu seríamos os primeiros.

Não ouvi a resposta do Ulysses. Mas senti que a conversa com Pedro tocara muito meu marido, tanto que ele não conseguiu dormir direito essa noite. Em determinada hora, não aguentei:

— Foi a conversa com o Pedro, não?

Depois de um longo silêncio, meu marido responde, mas com outra pergunta:

— Você ouviu?

— Sim! Você acha que eles iriam te buscar em Rio Claro?

Ulysses me contesta:

— Mora, então você não ouviu nada!

— Ouvi tudo, sim senhor!

— Mora, o Pedro queria me buscar em São José do Rio Preto!

— Eu não estou surda! Eu ouvi Rio Claro!

— Eu também tive essa impressão, quando ouvi pela primeira vez. Mas, depois, ele repetiu outras vezes: Rio Preto! Ele não queria me achar nunca.

CAPÍTULO 15

"RUIM COM QUÉRCIA, PIOR SEM ELE."

Quércia influenciou e, na maioria dos casos, financiou campanhas de governadores e prefeitos do Oiapoque ao Chuí. Não há um inimigo seu, entre tantos que teve, que, em algum momento, não tenha lhe beijado a mão.

Agora eu vou falar de Orestes Quércia. Um dos mais polêmicos políticos brasileiros. É impossível falar da história recente do país sem falar de Quércia. Ele influenciou a política brasileira, para o bem e para o mal, mas, curiosamente, sua história ou, mais que ela, sua fama é pouco conhecida fora de São Paulo.

Mas saibam os senhores que Quércia influenciou e, na maioria dos casos, financiou campanhas de governadores e prefeitos do Oiapoque ao Chuí. Não há um inimigo seu, entre tantos que teve, que, em algum momento, não tenha lhe beijado a mão. Que me desmintam todos, a maioria viva e atuante.

E não falo isso para justificar o fato de Quércia ter patrocinado a candidatura de meu marido à Presidência da República, em 1989.

Pelo contrário, Quércia nunca morreu de amores por Ulysses, embora sua entrada e ascensão na política tenham sido atribuídas injustamente ao meu marido.

Quando Quércia assumiu o controle do PMDB em São Paulo, todos os líderes derrotados por ele, Montoro, Covas e Fernando Henrique, cobraram de Ulysses. Lembro-me bem de uma conversa ríspida desses três com meu marido. Ulysses foi firme. E sabia quando deveria sê-lo. Covas chegou a ser indelicado, e meu marido devolveu na mesma moeda:

– Covas, sabe como se chama isso? Incompetência! O PMDB todo estava nas mãos de vocês três, principalmente nas suas. Quércia foi mais competente que vocês. Tomou-lhes o partido!

Quando Quércia foi candidato a governador na sucessão do Montoro e o partido tentou debandar, Ulysses disse aquela célebre frase:

– Ruim com ele, pior sem ele.

Claro que Quércia não gostou. E nunca perdoou Ulysses.

Até Severo Gomes, irmão de Ulysses, que se demitira do governo Quércia por causa daquela complicada importação de computadores de Israel, vivia cobrando de meu marido:

– Ulysses, o país te deve muito. Mas tudo o que você fez e fará ainda é pouco diante do mal que você causou: Orestes Quércia.

Não vou aqui fazer a defesa de Quércia. Apenas citarei dois fatos muito significativos que mostram algumas coisas boas feitas por Quércia. Cito-os por questão de justiça.

As principais lideranças políticas do PMDB e do PSDB não queriam o *impeachment* de Collor, a começar pelo meu marido e pelo então senador Fernando Henrique Cardoso. O PMDB tinha o comando político da nação: as presidências da Câmara e do Senado, sem contar os governadores.

Lula, num surpreendente gesto de grandeza e sabedoria política, aproxima-se do Tasso Jereissati, então presidente do PSDB, e o convence a aderir à CPI do PC. Mas, sem o apoio do PMDB, não haveria CPI coisa alguma. Tasso, outro grande articulador político, que havia entrado na política pelo PMDB, começa a acenar para Quércia. Lula e ele se reúnem com o presidente do PMDB. Quércia, convencido, bate na mesa: "Truco!"

Sem Quércia, não haveria CPI. Não haveria *impeachment*.

Querem mais? Essa foi por vias transversas: se não fosse o senhor Orestes Quércia, não haveria candidatura Fernando Henrique. O candidato de Fernando Henrique, do então presidente Itamar Franco e do PMDB e do PSDB era o então ministro da Previdência, Antônio Britto. Britto esperava o apoio de Quércia, que não veio. A solução foi Fernando Henrique, que era a segunda opção de Itamar Franco.

Quércia e Fernando Henrique viviam às turras. Já no governo Collor, Quércia, um dia, desabafou com o apalermado:

— Eu nunca tive raiva do Fernando Henrique. Ele é que tem ódio de mim. É compreensível: intelectual não gosta de caipira.

Fernando Henrique respondeu:

— Intelectual gosta, sim, de caipira. Intelectual não gosta é de ladrão!

Pronto, começou uma guerra que quase termina em morte, não tivesse havido a intervenção de meu marido.

Orestes Quércia foi implacável com o meu marido. Derrotado na eleição presidencial, Ulysses tinha a sua maior trincheira, a presidência do PMDB. Quércia, em 1991, defenestrou meu marido do cargo que ocupava desde 1971. Meu marido saiu, mas de cabeça erguida, como disse no discurso de despedida:

"— Na política, mais difícil do que subir, é descer. É descer não carregando o fardo podre e sujo da vergonha. Descer não desmoralizado pela covardia. Não descer com as mãos esvaziadas pela preguiça e pela impostura. Não descer esverdeado pelas cólicas de inveja aos que nos emulam, que nos sucedem ou superam.

"Vou livre como o vento, cantando e transparente como a fonte.

"Desço.

"Vou para a planície, mas não vou para casa. Vou morrer fardado, não de pijama."

Meu Deus, como os discursos de meu marido eram proféticos!

Ao assumir o comando do PMDB, Quércia foi bombardeado por uma série de denúncias.

Não conseguiu terminar seu mandato. Renunciou.

Ou melhor, desceu! Desceu carregando o fardo das denúncias. Desceu com as mãos esvaziadas pelos ataques. Desceu para não ser desmoralizado pela expulsão.

E, em vez de descer com um discurso belo e poético como o de meu marido, desceu divulgando uma nota à imprensa, de certa forma até espirituosa para as circunstâncias:

"Enquanto os adversários fazem um barulho muito grande, os companheiros, salvo algumas exceções, fazem um silêncio ainda maior – isso para não mencionar os que se dizem fiéis e tentam me apunhalar pelas costas."

Meu Ulysses, não! Vejam a parte do discurso de despedida do meu marido reservada a mim:

"Desta tribuna mando um beijo à Mora. Beijo de amor e gratidão.

"Tantas vezes saí de casa, podendo não voltar. Tantos não voltaram. Não saía dividido entre a família e o ideal. Saía inteiro. Porque não vi lágrimas nos olhos, nem lamúrias ou apelos de prudência nos lábios de Mora. Repetidas vezes, quando chega a prudência, desaparece a coragem."

Lindo, não? E a bela convocação dos seus heróis?

Leiam:

"Nossos mortos, levantem-se de seus túmulos. Venham aqui e agora testemunhar que os sobreviventes não são uma raça de poltrões, de vendidos, de alugados, de traidores. Venham todos!

"Venham os mortos de morte morrida, simbolizados em Juscelino Kubitschek, em Teotônio Vilela, em Tancredo Neves.

"Venham os mortos de morte matada, encarnados pelo deputado Rubens Paiva, o político; Vladimir Herzog, o comunicador; Santo Dias, o operário; Margarida Alves, a camponesa.

"Não digam que isso é passado. Passado é o que passou. Não passou o que ficou na memória ou no bronze da história."

CAPÍTULO 16

ABANDONADO PELO PMDB

A candidatura de meu marido foi soterrada pela ameaça do Nelson Jobim, outra cria de Ulysses: – Se o senhor insistir em disputar com Ibsen, eu me lanço candidato, derroto o senhor e elejo o Ibsen.

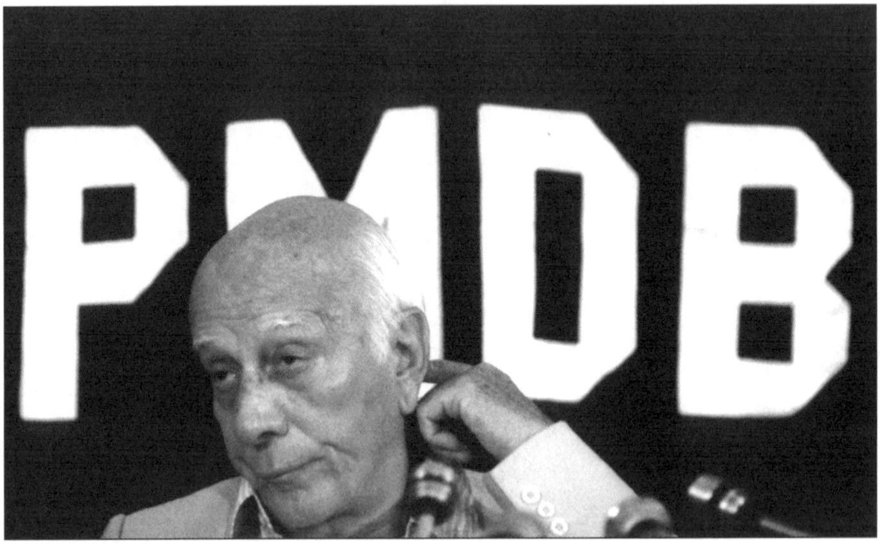
PMDB

Defenestrado por Orestes Quércia da presidência do PMDB no dia 24 de março de 1991, a partir daí meu marido enfrentou situações constrangedoras provocadas pelo próprio partido. Sua vida mudou e, consequentemente, a minha também. Amargamos o sabor do abandono, das traições e de outros sentimentos mesquinhos.

Mas resistimos, bravamente. Ulysses tinha a mim, e eu, a ele. Os amigos desapareceram. A famosa turma do *poire* – amigos e alguns áulicos que se reuniam em torno dessa aguardente de pera suíça – desapareceu.

Acontece que Ulysses já estava num estágio tal da vida pública que não precisava mais de cargo para manter a sua liderança. Sempre foi um líder nato. Se o PMDB, a sua cria, o seu filho, virou-lhe as costas, meu marido era, paradoxalmente, cortejado e festejado pelos adversários e até pela mídia.

Quando Ulysses estava no auge do seu poder institucional, acolheu, protegeu e favoreceu a ascensão de muita gente. Não vou cobrar. Vou citar nomes de grandes "ulyssistas" daquele momento de glória, contando fatos, sem julgar seus comportamentos.

Certo dia, Ulysses, na hora de dormir, vira-se para o outro lado da cama e balbucia um nome estranho, que não entendi. Perguntei-lhe:

– Ulysses, você está falando sozinho ou resmungando?

Eu sabia bem o que ele estava fazendo. Era quase um cacoete: fingia estar falando sozinho só para atrair minha atenção e curiosidade. Repetiu o nome de forma bem pausada para eu ouvir.

– Ge-ne-bal-do!

– O que tem Genebaldo, Ulysses?

– É um nome gozado!

E repetiu de novo:

– Ge-ne-bal-do!

Eu perguntei:

– Você está estranhando apenas o nome ou também a pessoa?

– Os dois. Esse rapaz foi chegando, jeitoso, e agora está meu íntimo.

– Quem o trouxe para a sua convivência? – perguntei.

– Uma porção de gente, ele está totalmente enturmado com o Cid Carvalho e o Ibsen Pinheiro.

– E o que você acha mais engraçado nele, além do nome?

– O fato de ele ter sido criado por um padre!

Estranhei. Ulysses nunca teve preconceito contra padres. Conviveu com vários deles no Parlamento, como o padre Godinho e o padre Nobre, por exemplo.

– Mora, o Genebaldo foi educado por um padre que fez voto de pobreza.

– E o que tem isso?!

– Tudo o que esse moço parece querer é não continuar pobre.

Esse era Genebaldo Correia, um baiano, baixinho, todo manhoso, que entrou na política pela ditadura, foi prefeito de Santo Amaro da Purificação e acabou líder do PMDB. Vangloriava-se de ser amigo da dona Canô e colega de colégio do Caetano Veloso, de quem dizia guardar relíquias fantásticas. E as tinha mesmo – algumas delas foram mais tarde publicadas no jornal *O Globo*.

O que aconteceu depois é que meu marido acabou adotando o Genebaldo e, com ele, o Cid Carvalho, uma herança do nosso querido Renato Archer, de quem Ulysses andou afastado por mais de 20 anos. E se reencontraram já no início da década de 1980.

Cid Carvalho, baixinho que nem Genebaldo, era metido a articulador político: articulava suas vantagens, valendo-se de suas relações. Aproximou-se de meu marido, até conseguir, na Constituinte que ampliou os poderes da Comissão de Orçamento, tornar-se um dos líderes de um esquema que mais tarde seria conhecido como "os anões do Orçamento".

Genebaldo e Cid Carvalho. Os dois foram usados por Quércia para tirar meu marido da presidência do PMDB.

Genebaldo não se contentou com a traição. Parece que a ordem que recebia era para destruir meu marido. Ulysses, arrancado da presidência do PMDB, tentou disputar a presidência da Câmara. Mas o partido fechou com Ibsen Pinheiro, apadrinhado de Genebaldo, e a candidatura de meu marido foi soterrada pela ameaça do Nelson Jobim, outra cria de Ulysses:

– Se o senhor insistir em disputar com Ibsen, eu me lanço candidato, derroto o senhor e elejo o Ibsen.

O repórter apalermado, depois que tudo passou, perguntou a Ulysses se ele estava decepcionado com Jobim. Meu marido respondeu:

– Jobim não me traiu. Apunhalou-me o peito, não as costas.

Genebaldo, não. Sua traição teve requintes de crueldade. Sem a presidência da Câmara, outro cargo de muita importância era a presidência da Comissão de Constituição e Justiça. Genebaldo trabalhou contra e tirou-a de Ulysses.

Havia uma outra comissão de grande visibilidade, principalmente porque estávamos no ano da Rio-92: a Comissão de Relações Exteriores. Sabem como meu marido assumiu o cargo de presidente? Graças à generosidade do então líder do PFL na Câmara, Luís Eduardo Magalhães.

Surpresos? Eu não! Esse jovem sempre foi fascinado por Ulysses. Quando foi presidente da Assembleia Legislativa da Bahia, Luís Eduardo recebeu meu marido no aeroporto, com tapete vermelho. Sensibilizado, a partir desse gesto, Ulysses encantou-se com o filho do seu adversário Antônio Carlos Magalhães.

Indignado com a perseguição do PMDB a meu marido, Luís Eduardo acabou fazendo uma troca com Genebaldo e, em vez de nomear alguém do PFL, indicou Ulysses para presidir a Comissão.

O carinho desse rapaz por meu marido era comovente. Ele sabia que Ulysses não se dava com o pai, mas isso não interferia nas suas relações. Por causa do Luís Eduardo, ACM e Ulysses pararam de se hostilizar e, na crise da CPI do PC, até se reuniram para tentar evitar o pior. ACM e meu marido, logo no início das investigações, achavam que a destituição de Collor levaria o país ao imponderável. ACM gostou da proposta de Ulysses e saiu contando-a por aí, por achá-la inusitada:

— O doutor Ulysses quer que o Congresso tutele o Collor. Que lhe dê um boletim e tome suas lições semanalmente. Se ele não fizer o dever de casa, aí sim, leva bomba e é expulso do colégio!

Olhem como era o Luís Eduardo: quando a morte do meu marido não tinha sido sequer oficializada, apresentou uma resolução dando ao plenário da Câmara o nome de Plenário Ulysses Guimarães. Fez isso rápido, com medo de o PMDB sugerir o nome do piloto do helicóptero.

O pai, então governador da Bahia, homenageou-me com o nome de uma escola estadual de Salvador.

E o Ge-ne-bal-do? A última notícia que tive dele era que estava presidindo a Fundação Ulysses Guimarães, também na Bahia.

Meu marido, hoje, é apenas um retrato na parede da sede do PMDB, no Congresso. Mas não dói!

CAPÍTULO 17

"SEVERO GOMES NÃO É AMIGO, É IRMÃO!"

Quando digo que Severo se sentia melhor nos ambientes loucos e desvairados da Pauliceia, não exagero. Os salões e as mansões só lhe traziam problemas.

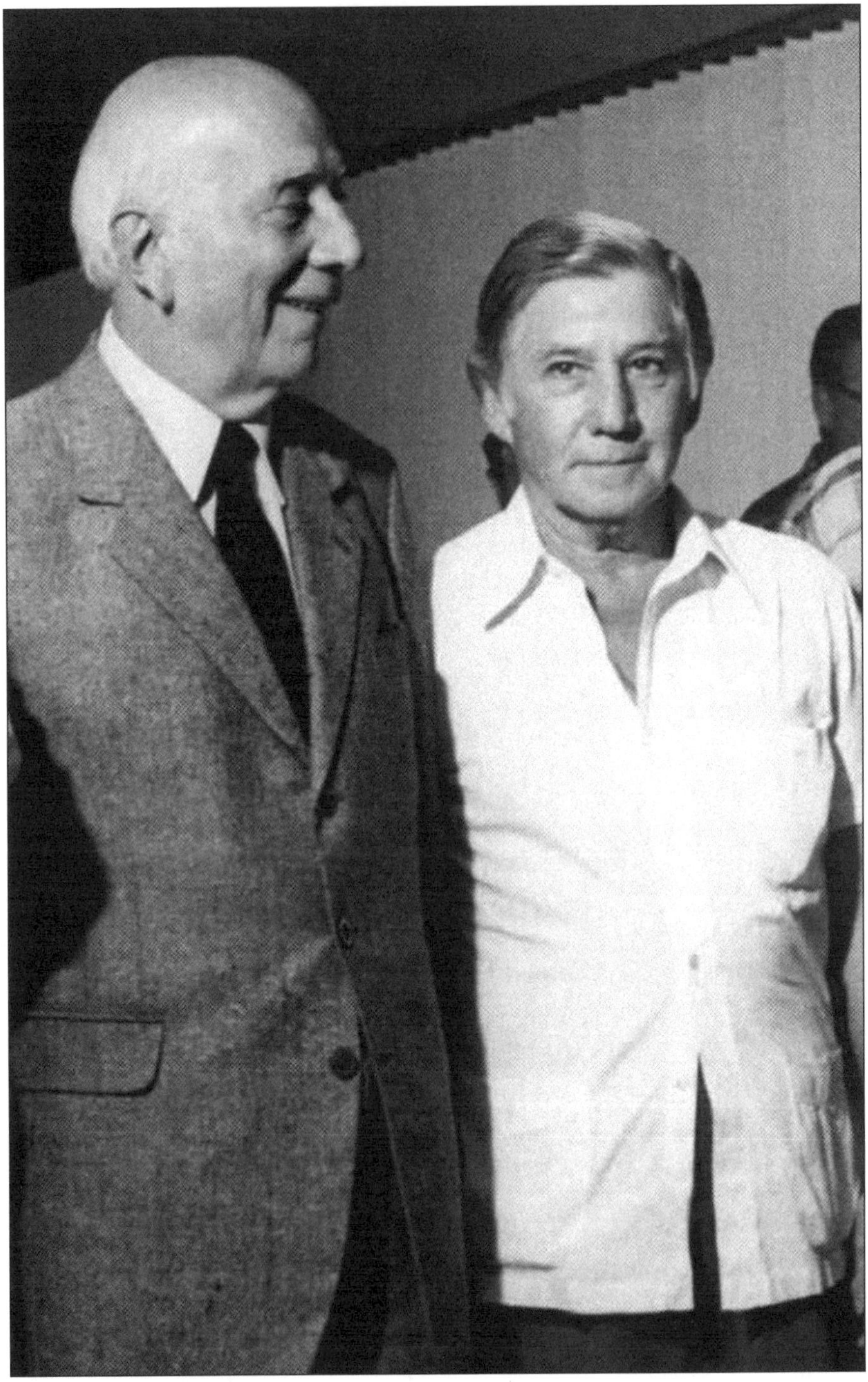

Não se pode falar de Ulysses sem se falar em Severo Gomes. Mas, como definir Severo Gomes? É impossível, absolutamente impossível.

Antes, porém, devo explicar aos mais novos quem foi Severo Gomes. Quem sabe, a partir daí, eu consiga, também, passar a ideia do que representou esse homem para o processo de redemocratização do país.

Meus jovens, Severo Fagundes Gomes foi um grande empresário brasileiro, que sempre defendeu o empresariado nacional e os direitos humanos, a despeito de ter sido ministro de dois governos militares – o do marechal Castelo Branco e o do general Geisel. Homem extremamente culto, elegante.

Severo frequentava os salões da aristocracia paulista e o chamado *underground* cultural, os becos e botecos sujos de São Paulo, onde se sentia em casa, apesar da origem milionária. Seu pai foi o fundador da Tecelagem Paraíba, depois chamada de Cobertores Parahyba. Sua família, uma das primeiras criadoras de búfalos do país.

Quando digo que Severo se sentia melhor nos ambientes loucos e desvairados da Pauliceia, não exagero. Os salões e as mansões só lhe traziam problemas, inclusive o maior deles, apontado como estopim da sua demissão do cargo de ministro da Indústria e Comércio do governo. Numa dessas festas, discutiu com um amigo do ex-presidente Médici, a quem teria chamado de "fascista".

Severo era odiado pelos empresários de comunicação. Os jornais, em sua quase totalidade, exigiam sua demissão em editoriais, por causa das suas posições nacionalistas e, principalmente, depois que vetou a venda da mais importante fábrica de refrigeradores brasileira, a Consul, para um grupo estrangeiro.

Mas os jornais foram impedidos de divulgar a verdadeira causa da sua demissão – essa briga de que falei há pouco, ocorrida numa grande festa do empresariado brasileiro, na casa de Rodolfo Bonfiglioli. O jornalista Hélio Fernandes, dono da *Tribuna da Imprensa*, o único que desrespeitou essa ordem, teve a edição do jornal apreendida e foi ameaçado de prisão.

Falei e pronto. Agora deixem eu contar as histórias desse pândego, desse peralta chamado Severo Gomes, marido da minha grande amiga Henriqueta.

Descobri agora uma maneira de definir Severo Gomes. Como não tinha pensado nisso antes, meu Deus?! Fernando Henrique, a quem Severo só chamava de "o nosso maconheiro", por causa da célebre entrevista a Míriam Leitão, contou, certa vez, a Ulysses, uma história definidora do nosso personagem, que o repórter apalermado registrou:

– A maior reunião da SBPC (Sociedade Brasileira para o Progresso da Ciência) foi em Brasília, em 1976, realizada num clima de tensão e muitos debates políticos. Havia rumores de que a ditadura mandaria prender vários de nós, entre eles o Florestan Fernandes e a mim. Nesse clima, fomos convidados pelo Severo para um almoço em sua casa. No meio do almoço, Severo bota um disco na vitrola, puxa a Henriqueta pelo braço e nos convida a acompanhar o casal na dança. Severo era ministro do governo que nos ameaçava prender. Eu disse para Ruth, minha mulher: "Não pense que isto é o Brasil. Isto é Severo Gomes!"

Severo foi o nosso guia da viagem à Ásia e à Europa, que narrei aqui. Só não revelei que ele foi também o grande "conselheiro sentimental" do apalermado, que sofreu muito em suas mãos, mas também aprendeu coisas que universidade nenhuma ensina. Ulysses, certa vez, em discurso num jantar em sua homenagem, falou desses ensinamentos:

— Severo Gomes não é amigo, é irmão! Irmão que escolhi para a vida toda. Severo é uma enciclopédia ambulante. Sabe de tudo, principalmente da vida conjugal e extraconjugal da sociedade paulista.

Ulysses se preocupava muito com as aulas do coração que o Severo dava para o apalermado. Nessa própria viagem, Severo nos usou como figurantes de um jantar do repórter com uma colega, então correspondente em Roma, Monica Falcone, uma das moças mais lindas que conheci. Era tudo farra do Severo.

Em outra ocasião, o "mestre" Gomes tentou ensinar o "aluno" a conquistar uma bela repórter recém-chegada a Brasília, chamada Mônica Waldvogel:

— Você sabe o que significa "Waldvogel"? É "pássaro da floresta". Vou ensiná-lo a conquistá-la.

Era um encontro social, quase formal, um jantar que Severo conseguiu transformar num grande baile. Chegou para a Henriqueta, que estava sentada junto comigo e com Ulysses, e avisou:

— Vou tirar aquela moça para dançar, mas profissionalmente. Estou em missão de cupido. Vou amansar o "pássaro da floresta".

Botou um disco e puxou a repórter para dançar. A moça, assustada, e sem entender nada, aceitou.

Logo nos primeiros passos, Severo tropeçou e se estatelou no chão. Recomposto, virou para o aluno:

— Desista, o pássaro é indomável!

E, aí já emendou uma história com a outra e contou de um ministro militar do Sarney, ruim de pontaria, que caçava perdizes perto da sua fazenda, mas levava soldados para abatê-las. Severo era um contador de casos, essencialmente. Até suas histórias repetidas eram interessantes: ele ia botando cacos, quando percebia que o interlocutor já a conhecia.

Numa delas, antológica por sinal, Severo conta que foi convidado para um jantar fechadíssimo em torno do grande escritor e poeta argentino Jorge Luis Borges, no Palácio dos Bandeirantes. Não eram mais do que dez pessoas, entre elas o governador, por sinal um dos melhores que São Paulo já teve, sua mulher e uma filha.

De repente, em um daqueles seculares segundos de silêncio, no sombrio ambiente palaciano, a primeira-dama interveio:

– "Seu" Borges, a minha menina aqui também é poeta, como o senhor.

(Severo conta tudo isso com gestos e até efeitos sonoros, imitando o poeta batendo forte com a bengala no chão, ao ouvir tamanha insanidade.)

Se surdo estava, mudo também permaneceu o "seu" Jorge Luis Borges.

O governador, mortificado, tem um ataque de tique nervoso e começa a balançar e esticar o pescoço, igualzinho ao Cesar Maia e, agora, ao filho Rodrigo. E a primeira-dama, então, parte para o ataque:

– "Seu" Borges, ela está me cutucando para eu não pedir, mas vou pedir: o senhor deixa ela ler um trecho de um poema lindo que ela fez para o pai?

Se o Severo, que era Severo, diz ter ficado rubro, imaginem os outros convidados!

O poeta rosna um "sim", que mais parecia um "não". Montado o palco, o contador da história assume o seu lado de ator e interpreta o papel da filha do governador. Severo abre os braços, já totalmente possuído pela "poeta" e grita:

– Pai! Pai! Ó pai!

E não passa disso. E nem precisava. E encarna em seguida o papel da mãe coruja:

– "Seu" Borges, com sinceridade, o que achaste?

E o poeta, com um olho fechado e outro bem aberto, mira o vazio e responde:

– É uma obra comprometida!

E a primeira-dama:

– Não alcancei! Não entendi. O que o senhor quer dizer com isso?

E o "seu" Borges responde em bom espanhol:

– *Es una mierda!*

CAPÍTULO 18

ULYSSES À PM BAIANA: "VIOLÊNCIA ESTÚPIDA, INÚTIL E IMBECIL."

Depois de romper o cerco policial, meu marido, Tancredo e outros bravos heróis do MDB conseguiram entrar na sede e, de uma janela, fizeram discursos inflamados para uma plateia de soldados com armas apontadas em sua direção.

Quando a edição do *Fantástico* do dia 14 de maio de 1978 mostrou cenas do meu marido enfrentando fuzis e metralhadoras da Polícia Militar da Bahia, experimentei um misto de orgulho e pavor. Orgulho por ver Ulysses jogando para o alto as baionetas que se cruzavam para impedir sua passagem. E pavor por perceber, 24 horas depois, que, por muito pouco, não me tornara viúva na noite anterior.

Graças ao Senhor do Bonfim, continuei sendo apenas uma "viúva de marido vivo", como costumava me chamar meu marido. Ulysses deve, e muito, sua consolidação política de líder da oposição à ditadura aos cavalos do então governador de Pernambuco, Moura Cavalcanti, em 1973, e aos cachorros do governador Roberto Santos, em 1978.

Cavalos e cachorros eram as armas preferidas da ditadura para combater meu marido. Mas essas duas agressões ganharam o mundo, tiveram repercussão internacional e, repito, fortaleceram a liderança política de Ulysses.

Meu marido, acompanhado dos então líderes do MDB na Câmara, Tancredo Neves, e no Senado (interino), Roberto Saturnino, foi à Bahia lançar a candidatura do economista Rômulo Almeida ao Senado. Além de todo o MDB baiano, fazia parte também da comitiva o deputado Freitas Nobre (SP).

O evento estava marcado para as 20h, na praça Dois de Julho, em frente à sede do partido, no Campo Grande. A PM cercou a praça desde as 14h, impedindo a concentração de populares. Ao todo, eram 400 homens armados, 30 viaturas e dezenas de cães. Mas toda a Polícia Militar estava de prontidão nos quartéis.

A operação foi comandada pessoalmente pelo então secretário de Segurança Pública, Luís Arthur de Carvalho, e pelo comandante da PM baiana, coronel Filadélfio Damasceno.

Depois de romper o cerco policial, Ulysses, Tancredo e outros bravos heróis do MDB conseguiram entrar na sede e, de uma janela, fizeram discursos inflamados para uma plateia de soldados com armas apontadas em sua direção.

Meu marido – só de lembrar, eu me arrepio toda –, com camisa rasgada e molhada de suor, posta-se na janela e discursa à PM da Bahia. A voz de Ulysses ecoa pela praça, provocando um impressionante silêncio naquela balbúrdia toda. Só se ouviam os latidos dos cães.

"Soldados da minha pátria!"

Assim clamou solenemente o líder da oposição brasileira, dirigindo-se à tropa, como se fosse seu comandante. E prosseguiu:

"... Que foram aqui convocados – contra a consciência de vocês, que são do povo – para impedir que o povo aqui chegasse. Mas agora vocês nos ouvem como assistência e são juízes de que quem defende vocês somos nós, porque a verdadeira autoridade não vem dos homens, vem da lei, que é igual para todos e não pode discriminar os brasileiros. Enquanto ouvíamos as vozes livres que aqui se pronunciaram, ouvíamos também o ladrar dos cães policiais lá fora! O que se falou aqui é a linguagem da nossa história, dos nossos Tiradentes, dos nossos mortos e dos nossos cassados, em cuja frente está o exemplo extraordinário de Alencar Furtado. O ladrar, essa manifestação zoológica, é do arbítrio, do autoritarismo que haveremos de vencer, não nós do MDB, mas o povo brasileiro. Meus amigos, foi uma violência, foi! Mas uma violência estúpida, inútil e imbecil. Saibam que baioneta não é voto, e cachorro não é urna."

Antes do meu marido, falou Tancredo Neves, apontando para os soldados:

"Eu não sei se a Bahia se comprime para conter-se neste recinto ou se estas paredes se ampliam para conter aqui a Bahia, porque a Bahia aqui está, no seu sentimento, na sua vocação libertária, no seu inconformismo, contra o arbítrio, na sua fidelidade aos valores dos direitos humanos. Tiraram-nos a televisão, tiraram-nos o rádio, tiraram-nos a praça pública e agora tentam nos tirar até os recintos fechados, mas não conseguirão extirpar o MDB do coração do povo (palmas). Não conseguirão porque hoje o Movimento Democrático Brasileiro é a própria consciência da nação. E não conseguirão porque no coração de cada brasileiro, na sua sístole e diástole, dizem apenas: viva o Movimento Democrático Brasileiro!

"É que nós somos instrumentos da restauração democrática em nossa pátria. Nós somos aquela trincheira onde se encontram aguerridos todos aqueles que lutam por uma pátria livre. Por uma pátria mais nobre, mais justa e mais humana. A nossa luta é, sobretudo, contra o arbítrio que nos oprime. E, por mais candentes, por mais veementes, por mais calorosas que sejam as minhas palavras na sua condenação, eu não conseguiria superar este espetáculo degradante que hoje se apresenta no cerco desta sede partidária, com toda a sua violência ostensiva, no cinismo alvar de suas metralhadoras, dos seus fuzis, das suas bombas de gás lacrimogênio e dos seus cães ferozes e famintos! Famintos, minto eu! Comem da melhor carne! Bebem do melhor leite. Carne e leite que faltam à mesa do trabalhador brasileiro."

Vejam! Ulysses e Tancredo poderiam ter morrido nessa confusão. Nenhum deles deixou barato a violência policial. Foram à tribuna denunciar tal arbitrariedade.

Esse episódio é muito curioso. O governador, politicamente enfraquecido, alegara a Tancredo que havia perdido o controle da PM no estado. Tudo porque havia se recusado a posar com o seu futuro sucessor no Palácio da Ondina, Antônio Carlos Magalhães.

Roberto Santos fora escolhido governador contra a vontade do ACM, e, logo nos primeiros anos de mandato, os dois romperam. Quando soube que ACM iria sucedê-lo, Roberto Santos praticamente rompeu com a ditadura. E recusou-se a tirar foto ao lado do seu sucessor. A partir daí, perdeu totalmente sua condição de governador.

Ulysses, em nota, sabendo da delicada situação do governador, isentou-o pelo episódio. Mas Tancredo, não!

Em discurso como líder do MDB, depois de condenar a violência policial, Tancredo provocou Roberto Santos:

"Voltaremos à Bahia, senhor presidente e senhores deputados, novamente, dentro em breve, para prosseguir na nossa pregação e esperamos que, dessa vez, o governador da Bahia, senhor Roberto Santos, professor universitário, que sempre fez praça dos seus sentimentos democráticos – mas que acabou se revelando, nos episódios de sábado, chefe de beleguins armados –, esteja à altura das suas responsabilidades e se porte em consonância com o passado de grandeza e de opulência democrática do seu glorioso estado."

Por ironia do destino, dois anos depois, o "chefe de beleguins armados" estava no Partido Popular (PP), partido que Tancredo fundaria, com a extinção do MDB. E, meses depois, acompanharia Tancredo na incorporação do PP ao PMDB. Resumindo, o governador que jogou cachorros em cima do meu marido passou depois para o nosso lado. Às vezes, essas coisas me deixam totalmente desorientada. É melhor não querer entender.

Ah, só um detalhe: já nem cito o Ulysses porque sou suspeita, mas o discurso de Tancredo também foi de improviso, no calor do momento. Nada escrito.

CAPÍTULO 19

"GIL E CAETANO ÀS AVESSAS"

Certo dia, Ulysses recebe a visita de Gilberto Gil, então vereador do PMDB. Impressiona-o, muito, a cultura, elegância e, sobretudo, a "pele alva" do rosto do artista. É que Gil estava fardado de autoridade pública, com terno e gravata.

Certo dia, Ulysses recebe a visita de Gilberto Gil, então vereador do PMDB em Salvador. Impressiona-o, muito, a cultura, elegância e, sobretudo, a "pele alva" do rosto do artista. É que Gil estava devidamente fardado de autoridade pública, com terno e gravata.

Admirador das palavras, meu marido parnasiano encantou-se com o rico vocabulário do Gilberto Gil. Ulysses deu-me um exemplo:

– Certamente, para me provocar, um repórter, na saída, perguntou-lhe o que achava da candidatura de Quércia à Presidência da República. Sabe o que Gil respondeu?

Respondi ao meu marido o que me parecia o óbvio naquela circunstância:

– Elogiou Quércia, mas disse que preferia você.

– Mora, o Gil, apesar de estar aparentemente iniciando carreira política e, talvez por isso, não é político. Não carrega, ainda bem, o cacoete do elogio fácil e falso.

– Então o que foi que ele respondeu?

– A mim, nada! Não lhe perguntei nada. Ele respondeu foi ao repórter. Veja que resposta! Resposta de gênio, de artista: "O Quércia é, digamos assim, uma alternativa insinuante."

– "Alternativa insinuante?" – perguntei.

– Sim, dona Mora! O Quércia é "uma alternativa insinuante". Não é maravilhoso isso?

Tirando todo o deslumbramento do meu marido diante do artista, Ulysses, o político maior do país naquele período, aprendeu uma grande lição do vereador iniciante. Foi quando falaram no nome de Waldir Pires, e Ulysses contou da enorme amizade que os unia, lamentando apenas a existência de alguns ruídos que se sobrepunham ao relacionamento entre ambos, talvez prevendo, sem saber, que, mais tarde, para ser candidato à Presidência da República, teria que disputar votos com o então grande amigo.

Gilberto Gil ensinou a Ulysses uma maneira prática de resolver isso, para sempre:

– O Caetano Veloso e eu, por exemplo, não permitimos ruídos no nosso relacionamento. Tudo o que ele pensa de mim, tudo o que ele acha errado em mim, diz, primeiro, a mim. Pode até dizer aos outros, depois. Mas, primeiro, diz a mim. Caetano, também, jamais ouvirá algo que penso dele a não ser por mim.

Meu marido não disse ao Gil, naturalmente, mas, em casa, me alugou muito com o paralelo que estabeleceu entre a dupla Gil & Caetano e Ulysses & Tancredo:

– Mora, comigo e Tancredo também nunca houve ruídos no relacionamento. Sempre fomos um Gil & Caetano às avessas. Tudo o que ele sempre pensou de mim nunca me disse, e eu, em consequência, nunca também lhe disse o que sempre pensei dele. Deixamos essa incumbência aos amigos em comum.

Em parte, Ulysses tem razão. Tanto que, logo no início destes nossos encontros, registrei que Tancredo levou para o túmulo três mágoas injustas contra meu marido. Achou que, por três vezes, em eleições internas de partido, Ulysses negou-lhe os votos. Se eles tivessem tido um relacionamento permanentemente franco, tais equívocos não se perpetuariam e talvez a união dos dois tivesse trazido ainda mais benefícios públicos do que os muitos que trouxeram pelo país. E mais: com certeza, a história do país teria sido outra.

Mesmo assim, meu marido e Tancredo, em momentos graves da história que viveram e ajudaram a construir, tiveram algumas conversas francas. Lembro-me de algumas: na extinção do MDB, quando os dois se separaram politicamente para criar seus novos partidos; nos atentados à OAB (morte de dona Lyda Monteiro), em 1980, e ao Riocentro, no ano seguinte; incorporação do PP ao PMDB, em 1982.

Tancredo e Ulysses entraram para a vida pública quase juntos. Conviveram intensamente no PSD e, como eu já disse aqui, também foram vítimas do Juscelino na mesma época. Fundaram o MDB. Ulysses ficava como pêndulo entre as duas correntes – a dos "autênticos" e a dos "moderados" –, mas inclinava-se sempre para a primeira. Tancredo era o próprio líder dos moderados.

Os exilados que viviam no exterior, particularmente Leonel Brizola e Miguel Arraes, não gostavam de Ulysses. Meu marido fazia viagens ao exterior e nunca os visitava. Achavam que Ulysses usurpava a função de principal líder da oposição à ditadura, função que achavam que era deles. E, não vou esconder, também, que meu marido se sentia ameaçado em sua liderança com a perspectiva do retorno desse pessoal, até porque sabia que lutariam pela criação do multipartidarismo, fragmentando o MDB. O MDB, até então, era uma frente que abrigava partidos proscritos e projetos de partidos.

Brizola, lá fora, já se reunia para retomar o antigo PTB, cuja legenda acabou perdendo para Ivete. O grande enigma era Miguel Arraes. Graças aos esforços de Jarbas Vasconcelos, principalmente, Arraes acabou vindo e se filiando ao MDB. Para Ulysses, era um problema externo a menos, mas, internamente, começaram aí suas maiores discussões com o "doutor Tancredo de Almeida Neves" (lembram? era assim, pelo nome completo, que meu marido costumava chamar o correligionário, quando as coisas não andavam bem entre eles).

Ulysses impôs Arraes a Tancredo goela abaixo. Mas também Tancredo sabia usar – e como! – a filosofia "estou cercado, eu ataco" do herói francês. Vejam que bela saudação sua à chegada de Miguel Arraes ao MDB:

"O meu MDB não é o MDB de Miguel Arraes e o MDB de Miguel Arraes não é o meu MDB."

Pronto!

Foi a senha para a debandada de Tancredo e dos moderados para criar o chamado PP junto com os dissidentes da Arena. Entre os novos correligionários de Tancredo no PP estavam Magalhães Pinto, Herbert Levy e vários outros banqueiros.

Tancredo, quando criticou Arraes, já estava com o discurso pronto. Subiu à tribuna, dias depois, apenas para lê-lo. Disse que seu novo partido "funcionaria como força de contenção do arbítrio e de neutralização dos impactos da radicalização das oposições". E alfinetou a aliança Ulysses-Arraes:

"Recusamo-nos a qualquer compromisso direto ou indireto com aquelas áreas do pensamento político que se dizem democráticas, para com mais segurança atraiçoar e liquidar a democracia."

O pior estava por vir. Dias antes, quando anunciou a criação de um novo partido de "oposição confiável", Tancredo recebera uma pronta resposta do meu marido.

— Ou é oposição ou não é! Oposição "confiável" é oposição furta-cor. Oposição confiável, sim! Confiável ao povo, não ao regime.

Pois bem, nesse discurso de lançamento do PP, Tancredo, com veemência, ironia e elegância, deu o troco a Ulysses:

— Não têm o direito de esperar a confiabilidade do povo os que se associam aos que renegam a sua fé, a sua pátria e o seu amor à democracia. Não aceitamos, por fidelidade ao Brasil, a conivência ou a cumplicidade com essas forças.

Vocês acham que os ruídos entre os nossos tropicalistas Ulysses e Tancredo acabaram aí? Não percam os próximos capítulos.

CAPÍTULO 20

DUELO DE TITÃS
POR ESPÓLIO DO MDB

*Tancredo, na sua ironia, dizia
que meu marido, de tanto ser
perseguido pelas polícias militares
dos estados, estava agora
comandando a "Polícia Militar
De Brasília", numa referência
à nova sigla.*

Terminei o capítulo anterior dizendo que, com a extinção do MDB, as brigas entre Tancredo e meu marido pelo espólio estavam apenas começando, com aquele, cá para nós, magnífico manifesto do lançamento do malfadado Partido Popular.

Esse documento, por sinal, é pouco conhecido e pouco explorado pelos analistas e historiadores. Em linhas gerais, representou uma espécie de movimento "Cansei" da elite brasileira conivente com a ditadura, reunindo políticos de centro com um segmento muito importante, embora sempre malvisto, o dos banqueiros.

Como o chamado "partido dos banqueiros" não resistiu à gestação, Tancredo, depois, escondeu esse documento como a mulher esconde um aborto.

Tanto o manifesto de Ulysses, esperneando contra a extinção do MDB, como o de Tancredo, anunciando a criação de um novo partido, chamam a atenção pela semelhança de argumentos sobre o papel heroico desempenhado por essa legenda durante a ditadura.

Eu não resisto e ilustro isso com trechos dos dois manifestos, exaltando o glorioso MDB. De Ulysses:

"O MDB, como voz política da nação, fala a seus homens e mulheres; aos trabalhadores; aos estudantes; à Igreja; à imprensa, ao rádio e à televisão; ao empresariado que não se alugou aos interesses internos e externos colonizadores; aos escritores e aos artistas; às entidades de classe, nomeadamente os sindicatos, a OAB, a ABI e a CNBB, aos exilados, todos eles, para que não se demitam do dever de defender o partido que decisivamente defendeu seu resgate do ostracismo, porque ousou proferir a palavra anistia, impronunciável e maldita pela opressão; aos democratas, a seus correligionários e dirigentes, para que mobilizem a nação contra a impostura. (...)

"Quando operários, estudantes, padres, jornalistas, artistas e militares foram perseguidos, presos, torturados, assassinados, cassados e banidos, quando os veículos de comunicação foram censurados, o Movimento Democrático Brasileiro não se aterrorizou com o temor, não se omitiu, não se calou, não se desonrou como cúmplice pelo silêncio covarde e conivente."

Agora, Tancredo:

"Orgulhamo-nos de haver fundado e de termos militado e lutado nas fileiras do Movimento Democrático Brasileiro. Ele escreveu uma página memorável na nossa história republicana. Derrotou a ditadura e conteve o arbítrio. Salvou as liberdades democráticas em nossa terra e não deixou que se apagasse, no coração do povo, o amor da justiça e do Direito. Durante a longa noite do liberticídio que se abateu sobre a nossa gente, foi a lâmpada votiva, permanentemente acesa, diante do altar da Pátria.

"Clamou, sem cessar, para a consciência nacional, quando brasileiros eram sacrificados ou desapareciam. Sofreu com os exilados e torturados. Humilhou-se com os poderes da representação nacional, quando parlamentares eram cassados, mas, sem se deixar abater, voltava à luta com mais decisão e coragem. Forçou as aberturas, impôs a anistia e redimiu para a dignidade da existência democrática toda uma Nação."

Reparem – e a maldade não é minha, é do meu marido – que, nesse documento, lido da tribuna em dezembro de 1979, Tancredo já decretou o fim da ditadura. Historicamente, também, foi a primeira e, talvez, única vez que se referiu ao regime como sendo uma "ditadura". Usou a expressão só para decretar seu fim, num governo que mal estava começando. Voltemos às brigas, nos seus lances mais interessantes, a começar pela disputa de espaço, dessa vez, físico, no prédio do Congresso. O PP acabou desalojando Ulysses do gabinete que ocupava desde que assumira a presidência do MDB, em 1971. Meu marido reclamou:

– Isto aqui nem gabinete é. É um pronto-socorro dos perseguidos. O meu telefone é o maior serviço de utilidade pública do país. Se, por exemplo, estourar uma greve dos bancários e seus líderes ligarem para cá? Quem vai atender? O Magalhães Pinto ou o Setúbal?

Tancredo, na sua ironia, dizia que meu marido, de tanto ser perseguido pelas polícias militares dos estados, estava agora comandando a "Polícia Militar De Brasília", numa referência à nova sigla.

Ao lançar o PMDB em Minas, Ulysses e Itamar Franco, depois da solenidade, visitaram o Edgard da Matta Machado, um respeitado militante político, derrubado por uma gripe. Ao entrar no quarto do amigo, não percebeu a presença de repórteres e foi logo dizendo:

– Edgard, você está aqui neste quarto refrescado, melhor do que eu. Lá fora, o clima está quente. Depois que o nosso doutor Tancredo de Almeida Neves se aliou ao Golbery, agora tenho que enfrentar esse tal de PP e a própria ditadura.

Claro que, no dia seguinte, as manchetes eram Ulysses acusando Tancredo de estar a serviço do Golbery.

A resposta veio mais violenta ainda:

– Não desço de nível e nem faço ataques pessoais. Em política, nunca os fiz. Ser-me-ia muito fácil dizer, com sinceridade, a serviço de quem o deputado Ulysses Guimarães está, mas não o farei.

Como terminou tudo isso?

Cada um em seu partido, Ulysses e Tancredo se evitavam o tempo todo. Mas, nesse ano, recrudesceram os atentados terroristas, como reflexo de uma disputa interna entre militares.

As ações terroristas provocaram, logo no início do pluripartidarismo, reuniões dos presidentes de todas as legendas. Afinal, não era apenas o governo Figueiredo que estava em jogo, mas a própria democracia.

As brigas públicas entre Tancredo e meu marido acabariam um ano depois, com a incorporação do PP ao PMDB. Mas as internas só terminaram com a morte de Tancredo.

O fracasso do PP deixou a liderança de Tancredo, dentro da oposição, bastante arranhada. Ele voltou como uma espécie de filho pródigo, que testou e não se adaptou à vida lá fora. Antes de voltar a flertar de novo com meu marido, Tancredo usou o correio elegante. Numa entrevista em que, cuidadosamente, se referia ao papel de Ulysses no cenário político de forma quase elogiosa, mandou o seu recado:

– O PP é um partido de mineiros forte no Rio de Janeiro, e o PMDB é um partido de paulistas forte em Pernambuco.

Quando Ulysses voltou às boas com Tancredo, não me avisou, no início. Era todo dissimulado, disfarçava. Seu comportamento parecia o de um adúltero. Cheguei até a perguntar:

– Ulysses, você tem uma amante?

Antes de confessar que estava me traindo com Tancredo, contou-me uma conversa sua com o Paulo Brossard.

– Eu disse ao Brossard que a mulher tem mais caráter que o homem. O caráter do homem é fraco. Refaz uma relação com a mesma rapidez com que a desfaz. A mulher, não! A mulher tem caráter. Não esquece nunca.

– Estás me contando tudo isso para...

– Dizer que acho que o doutor Tancredo Neves está voltando para o lugar de onde nunca deveria ter saído.

Aí, não aguentei:

– Você tem razão. Eu nunca vou me esquecer!

E meu marido:

– Do que ele fez comigo?

Olhei bem nos olhos dele, respirei fundo e disse:

– Não. Não me esquecerei do que você fez com ele!

E fui conversar com as plantas. Eu adoro conversar com as plantas.

CAPÍTULO 21

O DESEJO POR UMA GRANDE DAMA

Ao se referir à grande dama do nosso teatro e exaltar suas qualidades foi que Tancredo se traiu sobre sua decisão de concorrer no Colégio Eleitoral à Presidência da República. Claro que, àquela altura, Ulysses já sabia de tudo.

Sabem como Ulysses descobriu que Tancredo seria mesmo candidato à Presidência da República pelo Colégio Eleitoral? Quando ele foi duplamente traído pelo desejo: "Se eu for presidente da República, Fernanda Montenegro será minha ministra da Cultura."

A frase foi dita na seguinte circunstância: já estávamos em abril, mês em que seria votada a Emenda Dante de Oliveira e em plena efervescência da campanha das Diretas. Tínhamos já realizado os dois gigantescos comícios, o do Vale do Anhangabaú, em São Paulo, e o da Candelária, no Rio. E o "doutor Tancredo de Almeida Neves" (sabia que eu iria pegar esse cacoete do meu marido) só pensava na festa do 21 de abril, dia da morte de Tiradentes, em Minas.

— Ulysses, desta vez, você terá de vir. Faremos uma grande festa. Vou chamar o Otto Lara (Resende) e a nossa grande dama Fernanda Montenegro.

Ao se referir à atriz e exaltar suas qualidades, foi que Tancredo se traiu com a candidatura. Claro que, àquela altura, Ulysses já sabia de tudo. De quase tudo, como nós vimos aqui.

Houve a festa, mas, infelizmente, Fernanda Montenegro não pôde ir. Tancredo parecia inconsolável, mas esperançoso:

— Eu vou fazer uma nova festa, só para condecorá-la com a Medalha de Tiradentes.

Foi aí que, aproveitando a brecha, meu marido, pela primeira vez, cutucou Tancredo sobre a sua candidatura:

— Se a Fernanda não puder ir de novo, deixe para condecorá-la no ano que vem, já no Palácio do Planalto, você como presidente da República e ela como ministra da Cultura.

Tancredo não deixava nada sem resposta. Ele já estava engasgado com os recados atrevidos e ameaçadores que recebia do meu marido:

— Só se você estiver morto, né, Ulysses? Fique tranquilo, não passarei por cima do seu cadáver.

Quando, finalmente, a data chegou, Ulysses estava ao lado do cadáver do próprio Tancredo.

Sarney, como herdeiro do trono, tentou cumprir o desejo de Tancredo Neves. Mas a divina dama da dramaturgia brasileira declinou gentilmente o convite.

Meu marido, então, com a recusa da Fernanda Montenegro, correu atrás de um outro desejo de Tancredo: Otto Lara Resende. É que, às vésperas da votação das Diretas, já em Brasília, Tancredo estava muito abatido e confessou a meu marido o motivo: a saída de Otto da Rede Globo.

— Ulysses, estive hoje à tarde com o Zezinho (José Roberto Marinho) no gabinete do Fernando Lyra (onde Tancredo montou seu QG um dia antes da votação da Dante de Oliveira) e registrei minha tristeza. Espero que ele a leve ao pai.

E Tancredo ainda contou uma história surreal a meu marido:

— Você sabia que, num dos momentos mais tensos da TV Globo, o da saída de Walter Clark, o Otto foi quem escreveu as duas cartas de despedida, a do Clark e a do Roberto Marinho?

Anos depois, Walter Clark, nosso vizinho, frequentou muito nossa casa, sempre levado pelo Afraninho Nabuco. Nunca desmentiu nem confirmou essa versão.

Bem, voltemos ao Otto. O desabafo de Tancredo ficou registrado na memória de Ulysses.

E, no governo Sarney, ao saber que meu marido o estava procurando com essa finalidade, Otto começou a fugir de Ulysses. Meu marido era fascinado por artistas e intelectuais. Para dizer a verdade, sentia-se um deles, tão à vontade que ficava entre Paulo Autran, Procópio Ferreira, Tônia Carrero, Di Cavalcanti, Menotti Del Picchia, Bibi Ferreira e muitos outros. Frequentou muito o TBC (Teatro Brasileiro de Comédia), com Ziembinski.

Convém dizer a vocês que Ulysses conviveu com as artes desde jovenzinho. Sua primeira professora de piano, dona Alzirinha, tinha sido aluna de Mário de Andrade e, quando Ulysses quis entrar para o Conservatório Dramático e Musical, ela escreveu uma carta apresentando-o ao mestre.

Meu marido adorava as aulas da professora Alzirinha, mas era o único homem da turma. E o presente para o melhor aluno do mês era uma "tirolesa".

Espero que vocês, de hoje em diante, não saiam por aí dizendo que o homem que enfrentava cachorros e metralhadoras da ditadura, quando jovem, colecionava bonecas. Uma pena que hoje ele não possa mais tocar "La cumparsita", seu maior prêmio das aulas de piano.

E, de repente, Ulysses se viu aluno de Mário de Andrade. Sua glória maior era ver a placa com o nome da rua: Rua Lopes Chaves. "Que delícia, meu Deus!"

Então, meu marido já estava acostumado com o ambiente artístico-cultural. Ulysses adorava Rubem Braga. Tancredo, não muito. Tinha umas implicâncias com o cronista capixaba:

— O Rubem, um esnobe, pedante, nunca chegou aos pés do irmão, o Newton Braga, que morreu cedo. O Newton, sim, era o verdadeiro cronista da família.

Meu marido não ligava para as coisas que Tancredo dizia e achava Rubem Braga o máximo. Vivia repetindo uma crônica dele, em que o escritor lembra que, no seu tempo, mulher se conseguia só em cabarés e, no presente, quando vê essas meninas avançadas, diz, no final do texto: "À vista do exposto, não me perdoarei nunca por ter nascido em 1914."

Meu marido se encantava com pessoas inteligentes. Parece loucura o que eu vou dizer, mas não é: Ulysses ficou quase uma semana sem dormir, em estado de êxtase com a mais longa conversa que presenciou na casa de Renato Archer, no bairro de Santa Teresa, no Rio – uma discussão entre Augusto Frederico Schmidt e San Tiago Dantas sobre Cervantes. Essas divagações inspiraram depois San Tiago a escrever um livro sobre o romancista, poeta e dramaturgo.

Ulysses adorava conviver com os amigos dos nossos filhos, Celina e Tito. Um deles, o Carlinhos Vergueiro, era praticamente nosso terceiro filho. Ele e o Tito pareciam irmãos. Foi através do Tito, que também era amigo de uma das filhas do Sérgio Buarque de Hollanda, que nós conhecemos o trabalho do Chico, parceiro de Carlinhos. Ulysses sempre foi admirador do Chico Buarque. E poucas vezes vi meu marido tão empolgado como quando viajou ao Rio para ter um encontro com o cantor e compositor.

Na volta, me contou:

– Como fã, digo que a visita foi um sucesso. O Chico me recebeu muito bem. Mas, quando comecei a falar em política, ele me interrompeu, pediu licença e voltou com uma caixa e tirou dela um charuto e me ofereceu outro. Aí não teve mais conversa política.

– Só porque você não fuma? – perguntei, toda sonsa.

– É que ele me disse a procedência, todo prosa: "Quem me mandou foi o Fidel Castro!"

Meu marido nunca perdeu a admiração pelo Chico. Gostava de todas as suas canções. Tinha predileção por "Carolina", "Vai passar" e "Pelas tabelas", entre outras. Sem contar "Apesar de você".

Curiosamente, a música que projetou e consagrou Chico Buarque era a que mais divertia Ulysses. Tudo por causa das traquinagens do "doutor Tancredo de Almeida Neves".

Numa época em que era ainda adversário político de Magalhães Pinto e inimigo mortal de José Aparecido de Oliveira, Tancredo brincava:

– Ulysses, você sabia que o Magalhães Pinto e o Zé Aparecido nunca foram da "Banda de Música da UDN"? Eles são de "A banda", do Chico Buarque. O Chico faz uma justa homenagem aos dois.

E, para provar sua tese, Tancredo saía cantarolando pelos corredores da Câmara:

"O homem sério que contava dinheiro parou/ O faroleiro que contava vantagem parou..."

CAPÍTULO 22

ULYSSES E O TERNO TAILANDÊS

Quando me deparei com aquele homem na frente, não reconheci nele o meu marido. Ele não era nenhum Walter Moreira Salles no padrão elegância. Pelo contrário, sua distração o impedia de combinar par de sapatos, quanto mais a roupa em si.

Lembram-se da nossa viagem à Ásia? Inesquecível, não? Pois em Bangcoc, na Tailândia, o que mais atraiu a atenção dos nossos meninos travessos, Severo Gomes à frente, foi a alfaiataria do *lobby* do hotel, que fazia ternos em cinco minutos.

Os rapazes sumiam, e nós, as mulheres da comitiva, nem nos dávamos ao trabalho de procurá-los. Passavam o dia acompanhando aquele espetáculo *prêt-à-porter*. Ulysses e o Heráclito Fortes eram os mais entusiasmados, pareciam crianças. Severo ficava atento à técnica dos costureiros para, segundo ele, montar um quiosque na porta do Senado e, assim, atender os que são barrados por não estar usando terno e gravata.

O único que fugia daquela atração turística era o Afrânio de Mello Franco Nabuco, na época casado com a queridíssima e bela Maria Rita, da tradicional família Oliveira Sampaio, do Rio Grande do Sul.

Por que fugia? Imagine um Mello Franco, ainda por cima Nabuco, vestir-se com grifes de quiosques? O "doutor Tancredo de Almeida Neves" costumava brincar com Afraninho:

— Meu filho, você é a síntese da aristocracia brasileira e prova cabal da definição atribuída ao Otto Lara Resende, mas que, na verdade, pertence a Agripino Griecco: "Os Nabucos só conversam com os Mello Franco, e os Mello Franco só conversam com Deus."

Façamos um corte na minha narrativa e concentremo-nos no nosso retorno dessa cansativa, porém maravilhosa, aventura. Claro que, aqui chegando, o emissário, no caso, meu marido, teria que ir ao rei prestar contas da missão.

Confesso a vocês que, naquele dia, eu estava ainda mortificada pela viagem e nem prestei atenção na roupa que Ulysses vestiu para a audiência com Sarney no Alvorada. Só me levantei da cama para ir ao encontro dos companheiros de viagem, num restaurante de Brasília, onde aguardaríamos o retorno de Ulysses.

Quando cheguei ao restaurante, já estavam todos lá, inclusive o apalermado repórter e é aí que entra, oficial e triunfalmente nas minhas histórias, o então ministro de Ciência e Tecnologia, Renato Archer, e a sua lindíssima Maria da Glória, mulher fina e recatada, e uma das minhas melhores amigas.

A partir de agora e por um bom tempo, Renato Archer começa a habitar estas páginas, pois também é muito difícil falar de Ulysses sem se referir a esse querido amigo, que nos levou para o nosso último passeio: o feriado de 12 de outubro de 1992, em Angra dos Reis.

Renato Archer significou para meu marido e, principalmente, para mim o nosso retorno ao Rio de Janeiro. Mais do que isso, para Ulysses, o descobrimento de um Rio de Janeiro que nunca havia conhecido, nem quando aqui exercera, pela primeira vez, o importante cargo de presidente da Câmara.

Vou deixar de lado, por enquanto, se é que é possível, o nosso Renato Archer, que entra aqui nesta nossa história como importante coadjuvante. Ou, como dizem os aficionados do futebol, o sujeito que foi lá, pegou a bola, fez carinho nela, beijou-a e a botou no chão para Severo Gomes fazer o gol.

A espera pelo retorno de Ulysses foi longa. O sono estava voltando, não só para mim, mas para toda a comitiva, depois de praticamente quase um mês de viagem. O que nos mantinha ainda acordados era o intrépido Severo Gomes e suas histórias geniais, que deixavam a Henriqueta rubra de vergonha. Acho até que Severo apimentava suas histórias só para provocar a Henriqueta.

De repente, quando ninguém mais esperava por ele, surge a figura do senhor Ulysses Guimarães. Não só a nossa mesa, mas o restaurante inteiro o aplaude, de pé (impressionante, raras foram as vezes em que entrei num restaurante em que meu marido não fosse aplaudido).

Mas, quando me deparei com aquele homem na frente, não reconheci nele o meu marido. Acho que já disse aqui: Ulysses não era nenhum Walter Moreira Salles no padrão de elegância. Pelo contrário, sua distração o impedia de combinar par de sapatos, quanto mais a roupa em si.

Mas quem era aquele monstro ali na minha frente? Para não assustar vocês, resumo: meu marido estava vestido daquele personagem do Renato Aragão: uma das mangas do paletó terminava na altura do cotovelo, e a outra cobria toda a mão. A única combinação correta era que as pernas da calça acompanhavam os braços do paletó: uma terminava um pouco abaixo do joelho, e a outra, graças a Deus, cobria todo o sapato, arrastando-se pelo chão. Digo "graças a Deus" porque o pé encoberto escondia o sapato marrom sem cadarço que fazia par com um sapato preto com cadarço. Conto esses detalhes de "cadarço e sem cadarço" só para ilustrar o grau de distração do Ulysses.

Nem preciso informar, vocês já sacaram, não? Meu marido estava usando um dos dez ternos de cinco minutos que mandara fazer naquele quiosque da Tailândia!

Era impossível ignorar aquela figura, e achando que os olhares não eram de espanto, e sim de admiração – e quem não distingue cor de sapato vai saber distinguir tipos de olhares? –, meu marido continuava de pé, exibindo-se, quando o mínimo de racionalidade exigia que ele se sentasse rapidamente.

E Ulysses ficou assim, até que Renato Archer "cavou" o pênalti para Severo Gomes marcar o gol:

– Ulysses, que elegância!

E o entusiasmado do meu marido:

– Você também achou?

E aí foi a vez de Severo fazer exercício de alongamento para poder bater o pênalti:

– Pera aí, Ulysses! O que quer dizer esse "também"?

– Porque o Sarney também me elogiou muito e quase o tempo todo. Disse que nunca tinha me visto tão elegante antes!

Severo não suportou ouvir, e disse:

– Ulysses, pois então peça uma caneta ao garçom e vá ao banheiro se olhar no espelho!

E meu marido:

– E a caneta é para quê?

Antes que seu marido respondesse ao meu, Henriqueta grita, num apelo dramático que chamou a atenção:

– Não! Por nossos filhos, não responda, Severo!

– Que mente a sua, mulher! A caneta é para Ulysses, depois de se ver no espelho e se lembrar dos elogios recebidos, escrever na parede do banheiro uma mensagem ao Sarney, daquelas que tem nos banheiros da rodoviária de Lins! Ou será que na de Araçatuba?

Àquela altura, já não era só o cansaço que me incomodava, mas a vergonha. O que não pensarão de mim as outras mulheres? Que sou uma esposa relapsa, que deixa seu marido sair de casa daquele jeito, ainda mais para ir ao Palácio da Alvorada?

Angustiada, já na cama, virava de um lado para o outro, pensando apenas numa coisa, numa pessoa, exatamente. Não aguentei e acordei Ulysses:

– Me diga só uma coisa: como Marly reagiu aos elogios do Sarney?

E meu marido, sem abrir os olhos:

– Mora, você sabe que a Marly é muito discreta. Só que hoje ela se revelou também tímida.

– Como assim?

– Todas as vezes que Sarney elogiava a minha elegância e pedia a sua concordância, Marly abaixava a cabeça, encabulada!

Pronto! Era o que eu precisava ouvir!

Dormi mais tranquila por saber que o país tinha uma grande e autêntica primeira-dama. Viva Marly!

CAPÍTULO 23

DAS CANOAS AO IATE *MISS BANGU*

Só com a reaproximação com Renato Archer é que Ulysses passou a conhecer o lado glamouroso do Rio, com seus intelectuais e o chamado jet set carioca. Chegamos já no fim de festa, quase no crepúsculo de uma época esplendorosa.

Renato Archer, como contei no capítulo anterior, foi quem introduziu socialmente meu marido no Rio de Janeiro, quase 30 anos depois de Ulysses ter exercido aqui, nesta cidade maravilhosa, o importante cargo de presidente da Câmara dos Deputados.

Politicamente, Ulysses sempre foi entrosado com a cidade. Primeiramente, no PSD, através de Amaral Peixoto. Já na ditadura, com o MDB, através do seu companheiro Nelson Carneiro.

Mas só com a reaproximação com Renato, depois de 20 anos afastados, é que Ulysses passou a conhecer o lado glamouroso do Rio, com seus intelectuais e o chamado *jet set* carioca. Confesso que chegamos já no fim de festa, quase no crepúsculo de uma época esplendorosa, em que o Rio, realmente, era o centro político e social do país, com um entra e sai de personalidades e celebridades internacionais que, pela frequência, eram quase íntimas dos cariocas e dos brasileiros.

Chegamos, repito, atrasados ao baile. Quando eu morava no Rio, tanto com o meu primeiro marido como, depois, com Ulysses, minha vida era muito pacata. Sabíamos, claro, de tudo que acontecia à nossa volta, principalmente das décadas de 1950 a 1970. Era um mundo totalmente diferente do nosso, que acompanhávamos por jornais, TVs e, principalmente, revistas.

Quando chegamos a esse mundo, pelas mãos do Renato, só encontramos alguns dos principais personagens da época. A época, em si, já havia ido embora.

Foram muitas as pessoas interessantes que conhecemos através do Renato, entre eles Luiz Eduardo Guinle, os irmãos Eduardo e Renato Bonjean e Joaquim Guilherme da Silveira.

Ulysses adorava a todos, mas tinha uma curiosidade específica por Joaquim, que então já havia sucedido ao irmão, Guilherme da Silveira Filho, no comando da Fábrica de Tecidos Bangu. Ulysses era fascinado pelas histórias do patriarca Guilherme da Silveira, ex-ministro de Getúlio Vargas e um dos maiores financistas do país.

Imaginem vocês, toda a história da família Silveira era reprisada a bordo do iate *Miss Bangu*. Renato costumava, de brincadeira, cobrar publicamente de meu marido as benesses dessa amizade:

– Veja, Ulysses: eu te tirei daqueles igarapés do Amazonas e te trouxe para o iate mais famoso do Brasil.

Renato referia-se ao fato de meu marido ter começado a epopeia da sua anticandidatura de barco e de canoas pela região amazônica, em 1973.

Não me perguntem por que Ulysses e Renato, que começaram juntos na ala jovem do PSD, ficaram tantos anos separados. Eu não saberei responder. Mas o Renato, na ditadura, foi secretário-geral do movimento oposicionista chamado Frente Ampla, que se aglutinava em torno de Juscelino, João Goulart e Carlos Lacerda. Por conta disso, Renato foi preso várias vezes. Ele tinha medo de expor seus amigos. Mas, aqui entre nós, a Frente Ampla, até ser proibida pelo regime, já tinha muitos adeptos do MDB, e isso incomodava meu marido.

E, depois que retomaram a amizade, esta sempre foi abalada pela forte presença, entre os dois, de uma figura chamada José Sarney. É impossível contar a história da relação entre Renato Archer e Sarney em um só capítulo. Para encurtar conversa, ouso fazer isso em um só parágrafo. Os dois, nascidos no Maranhão.

Sarney, de família muito pobre, e Renato, de família abastada, pai governador. Renato só ia à escola fazer provas. Tinha professores particulares em casa. Ao contrário, Sarney, às vezes, ia descalço para a escola pública. Renato ingressou na Marinha. Desembarcava na ilha de São Luís de uniforme branco. Don Juan desde menino, as mocinhas da cidade deliravam por ele. Se eu continuar nesse relato comparativo, vai ser um massacre. Paro por aqui, até em respeito à paciência e à inteligência do leitor.

E, com toda essa desigualdade social, Renato Archer acaba sendo ministro de Sarney. Não daria certo mesmo. Só que hoje não estou com vontade de entrar nessa espinhosa missão de relatar a vocês os altos e baixos dessa relação. Volto ao Rio para falar ainda das amizades compartilhadas com Renato. Citei, entre os amigos, o Luiz Eduardo Guinle. Pois foi na casa deste, em Angra, que passei meus últimos momentos com o meu marido. Renato fez de tudo para não irmos a Angra. Ulysses, que já tinha ido comigo lá outras vezes, adorava aquela casa. Meu marido forçou Renato a ligar para o Guinle:

– Ulysses, eu não tenho mais cara para pedir emprestada de novo essa casa – ponderava ele.

Renato fazia todos os desejos do meu marido, mas, dessa vez, os dois quase brigaram. Eu nunca tinha visto Ulysses tão obcecado por uma ideia. Foi também a última discussão entre os dois.

De todos os amigos do Renato, apenas um não se dava com meu marido, o Nascimento Brito, dono do *Jornal do Brasil*. Renato era íntimo do empresário, a quem só chamava de Maneco. Era Maneco daqui, Maneco de acolá. Isso incomodava muito o Ulysses. Por uma razão simples: na hora em que precisava do prestígio do amigo junto ao dono do "J", ele não funcionava. Todas as vezes que o jornal publicava matéria, ou registrava na famosa coluna "Informe JB" algo contra Ulysses, Renato vinha com uma promessa que já tinha virado chavão:

– Vou falar com o Maneco!

E não acontecia nada! Esse "não acontecia nada" é força de expressão. Aí é que acontecia tudo: a matéria ou a nota do "Informe JB" virava editorial, contra o meu marido, obviamente.

A questão toda era que, mesmo depois que acontecia tudo isso, Renato ainda vinha contar vantagens da sua relação com o dono do jornal:

— Ulysses, você sabe, o Maneco me conta tudo. E ele sabe de tudo. Também, né?, ele ouve todo mundo!

— Só não ouve você! — cortava Ulysses.

Renato, ministro da Ciência e Tecnologia de Sarney, logo no início começou a ter problemas com o chefe, principalmente quando começou a discussão em torno da reserva de mercado para a informática. Foi um dos momentos mais quentes dos debates ideológicos do governo Sarney. A deputada e jornalista Cristina Tavares, xodó de Ulysses, liderava a campanha em favor desta reserva de mercado, que tinha o apoio de Renato e a oposição do presidente da República. Sarney, nesse confronto, tentou ir à forra com o passado. Boicotava, desautorizava, enfim, fazia o cão com o Renato. Acho que pela sua mente vingativa devia passar um filme do passado: na matinê da rádio Timbiras, ele tomando guaraná Jesus pelo furo do prego na tampa da garrafa, para demorar mais, e o Renato sorvendo um legítimo uísque escocês. Devia ser mais ou menos por aí, sei lá!

Até que um dia, Renato, que era nosso vizinho de cerca, entra na nossa casa quase aos gritos:

— Ulysses, se você não falar com o Sarney, eu vou pedir demissão. Você tem que fazer alguma coisa.

E meu marido, piscando o olho para mim:

— Calma, Renato! Pode deixar que eu vou falar com o meu Maneco!

CAPÍTULO 24

JARBAS, O ESCOLHIDO POLÍTICO DE ULYSSES

Se meu marido pudesse escolher um sucessor político, seu herdeiro seria Jarbas Vasconcelos. Confesso que nunca entendi essa relação. Nas conversas entre os dois, o silêncio sempre predominava sobre os diálogos monossilábicos.

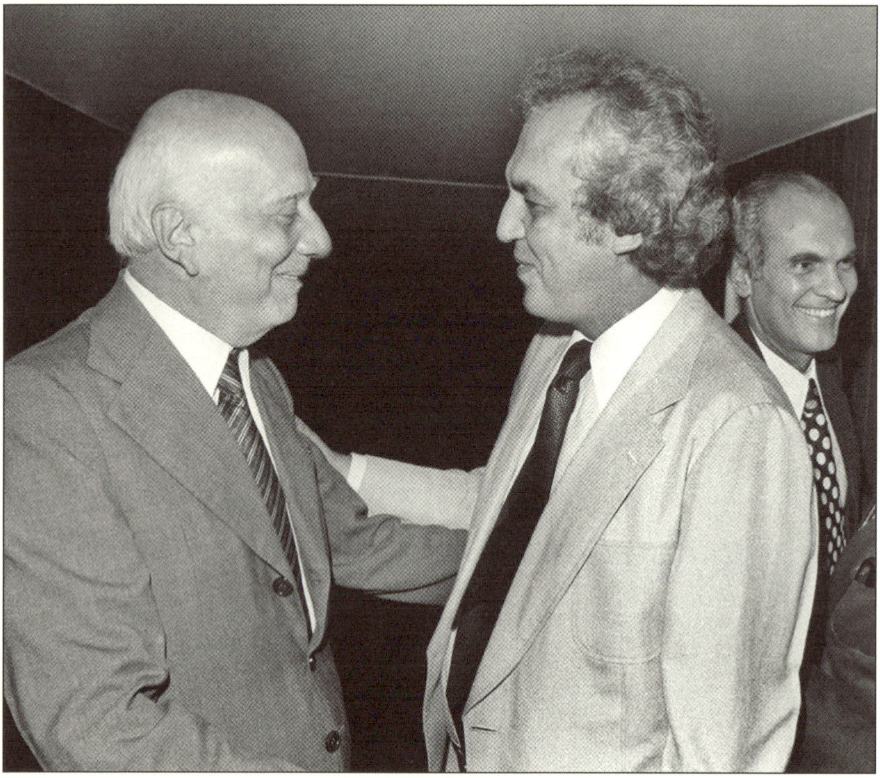

Jarbas Vasconcelos é o meu personagem deste capítulo. Os que conheceram Ulysses de verdade sabem que não exagero: se meu marido pudesse escolher um sucessor político, seu herdeiro seria Jarbas Vasconcelos.

Confesso que nunca entendi essa relação. Algumas vezes, durante a campanha presidencial de 1989, quando os dois estiveram mais próximos, assisti a algumas conversas entre eles. Sentados sempre frente a frente, o silêncio sempre predominava sobre os diálogos monossilábicos. Os dois ficavam olhando pro teto, até que um puxava o assunto. Aí era olho no olho. Eu reparava que o olhar do meu marido a Jarbas não era desafiador. Eu nem ousava me meter no meio dos dois. Mas, quando Jarbas saía, eu implicava:

– Ulysses, o que você viu nesse rapaz? Ele não sorri!

Ulysses defendia:

– O Jarbas sorri, sim. Só que seu sorriso não é de aeromoça. Eu também sou assim.

A única vez que soube que Jarbas soltou uma gargalhada foi, contou-me Ulysses, num comício em Recife. A banda do MDB liderada por Tancredo já tinha aceitado discutir a proposta de uma reforma política que a ditadura queria impor ao Congresso. Meu marido e Jarbas pediam apoio nas ruas contra o pacote autoritário. Ulysses sabia sentir a multidão. A plateia ali, na porta da Assembleia de Pernambuco, era sua. E ele não teve dúvidas e levou o povo ao delírio. No seu velho estilo cênico, meu marido começava conversando:

"Meus amigos, essa gente que aí está (nunca dizia o nome do ditador de plantão, era sempre "essa gente que aí está") inventa cada coisa. Agora, inventaram a tal de reforma. Ora, a gente reforma aquilo que é bom, um sofá, uma geladeira..."

E aí, erguia os braços, ia para a frente do palanque e gritava como alguém possuído pelo demônio:

"Reformar o arbítrio é confirmar a sua existência. Arbítrio se extirpa, como um câncer!"

E retomava rapidamente a "conversa" com a plateia, já em outro tom de voz, mais veemente:

"Essa reforma é um pecado contra a democracia. Ninguém reforma o pecado. A mulher adúltera, por exemplo, não diz a Deus nem ao padre: 'Vim reformar meu pecado. Em vez de trair meu marido todos os dias, passarei a fazê-lo apenas às segundas, quartas e sextas. E, em vez de ter dois amantes, passarei a ter um só.' Assim como o ladrão, o vagabundo, o assassino, o proxeneta, não diz ao juiz e ao delegado: 'Vou reformar meu pecado; em vez de matar e roubar, agora só vou estuprar e furtar.'"

E voltava para o palco, aos berros:

"Dizem que querem ser democratas! Democrata não trai a democracia! Essa é uma reforma adúltera, vagabunda e proxeneta!"

Ulysses me disse que Jarbas parecia um menino e não parava de gargalhar.

Estão chocados com a linguagem do Ulysses? Não fiquem, por favor! Meu marido falava a língua do povo. Na campanha contra Figueiredo, o candidato do PMDB, general Euler Bentes Monteiro, teve um diálogo com Ulysses, que ele nunca mais parou de repetir:

– Doutor Ulysses, conversando, o senhor parece que está dormindo. Quando está nos palanques, o senhor vira um demônio! Aí eu me assusto com a sua agilidade, com seus movimentos em cena! O senhor se transforma em ator!

— Mas eu sou um ator. Sabe, general, frequentei muito o TBC. Lá aprendi com o meu amigo Ziembinski que, quando o homem acredita naquilo que faz, quando tem tesão naquilo que faz, ele é ator. A política, meu caro general, está cheia de canastrões. Não se iluda, general, os quartéis também. Do contrário, o senhor e eu não estaríamos aqui, com a idade que já temos, arriscando nossas vidas. O senhor estaria tomando sua água de coco, na sacada do seu apartamento lá da Figueiredo Magalhães, em Copacabana, e eu, na fazenda do Severo Gomes, jogando bocha, tomando cachaça e falando mal do doutor Tancredo de Almeida Neves.

Voltando ao nosso personagem, aos poucos passei a prestar mais atenção nesse rapaz e comecei a notar também que, ao contrário do que eu achava de início, era muito parecido com o meu marido. Jarbas não inibia necessariamente as pessoas, mas impunha respeito, autoridade.

Jarbas presidiu o PMDB quando meu marido foi candidato. Nunca houve sequer um ruído na sua relação com Ulysses, nem no momento delicado da decisão de ir ao Colégio Eleitoral. Jarbas era contra e anunciou que não votaria em Tancredo, por causa do tipo de eleição e por causa de Sarney, não sei se nessa ordem.

Jarbas pagou, politicamente, um preço muito alto por não ter votado em Tancredo. Sua posição, claro, respingou no meu marido. Tancredo cobrou duramente de Ulysses:

— Ulysses, Jarbas é você e você é Jarbas. O voto dele não vai alterar os resultados. Mas é um voto simbólico. É um absurdo! É como se Nelson Carneiro dissesse que não vai votar em mim!

— Quando você deixou o MDB, quem foi na tua casa, Tancredo, pedir para você não cometer aquela besteira?

— A conversa não foi na minha casa, foi na Biblioteca da Câmara. Mas o Jarbas me pediu um absurdo: que eu ficasse no PMDB, mas sem o Chagas (Chagas Freitas, ex-governador do Rio).

— Então, o Jarbas não foi desleal contigo. E tudo o que ele falou aconteceu: seu projeto de partido foi um fracasso. Agora, o Jarbas colocou na cabeça que Sarney é outro projeto ruim. Cá pra nós, e se ele estiver certo?

– Não quero nem estar aqui para conferir!

E o absurdo aconteceu.

Nelson Carneiro também não votou em Tancredo. Ele foi à casa do candidato e, ainda na porta, avisou:

– Tancredo, vou te trair!

E justificou:

– Eu estava morrendo no hospital em São Paulo, nem a sonda funcionava mais. O Maluf soube e... – com voz embargada, prosseguiu – fez de tudo para aliviar meu sofrimento. Dava bronca nos médicos, trocou vários deles, pedia informações a especialistas no exterior. Enfim, fez o diabo. Quando consegui urinar, eu chorei de emoção.

E, quase aos prantos:

– O Maluf em nenhum momento pediu meu voto. Ele sabe que voto em você.

Aí entra o estadista Tancredo de Almeida Neves:

– Se, depois de tudo isso, você ainda dissesse que votaria em mim, quem não se sentiria confortável seria eu. Paradoxalmente, a nobreza de seu gesto, ao mesmo tempo que me faz sentir muito orgulhoso da sua inquestionável estima, enche meu coração de tristeza por não ser eu o agraciado pelo voto mais nobre em que acaba de se transformar a sua decisão. Um dia alguém terá de tornar público este fato para que, quando contarem a história da retomada da democracia neste país, saibam os brasileiros que é possível fazer política com dignidade.

Tancredo e Nelson deram-se um longo e forte abraço.

E Tancredo não perdeu a peraltice, ao se despedir do velho amigo:

– Não vai dizer ao Ulysses, se não ele me expulsa do partido, mas, depois de tudo isso, até eu fico com vontade de votar nesse danado do Maluf.

CAPÍTULO 25

OS FILHOS DA (RUA) MARIA ANTÔNIA

Lula e Fernando Henrique Cardoso, na definição de Caetano Veloso, são filhos da mesma rua, onde estudantes enfrentavam a polícia, protegidos por intelectuais e trabalhadores.

Já falei aqui da solidariedade entre os políticos, citando, inclusive, a vigília de meu marido no hospital esperando Lula acordar da anestesia, depois de ter sido submetido a uma cirurgia de emergência para a retirada do apêndice. Volto ao tema, hoje, pelo simples fato de ter visto nos jornais fotos da visita do Fernando Henrique ao mesmo Lula, no mesmo hospital.

Não tivessem seguido rumos diferentes a partir de 1980, a visita teria a naturalidade de um companheiro visitando outro companheiro que se curava de uma doença. Companheiros! Pois foi isso que Fernando Henrique e Lula foram, durante alguns anos, sob as bênçãos de Ulysses.

Há muitas histórias sobre essa separação. O que sei é que foram semanas, talvez até meses de debates, sobre a criação de novos partidos, a partir da extinção do bipartidarismo Arena *versus* MDB. Intelectuais, artistas, cientistas e líderes sindicais discutiam a criação de um partido autenticamente de esquerda. Muitas dessas reuniões eram realizadas na casa de Marta e Eduardo Suplicy, na época um jovem deputado estadual recém eleito pelo MDB.

Lula era, inicialmente, refratário à ideia. Achava que o novo partido seria engolido pelo MDB e que, no fundo, seria apenas mais uma sublegenda comandada por Ulysses. Deixemos o próprio ex-presidente contar como foi:

"Começou a surgir a ideia de que a gente precisava se filiar a um partido. Essa coisa demorou a rolar. Depois vieram as greves de 1979.

Criamos aí um movimento pró-PT. Tivemos uma grande reunião em São Bernardo do Campo com mais de 70 deputados do MDB. Todos que eram 'autênticos' do MDB estavam lá: Alceu Collares, Chico Pinto, Jarbas Vasconcelos, Marcos Freire, Walmor de Lucca, Airton Soares, Cristina Tavares, Fernando Lyra, Alencar Furtado, Almino Afonso e Fernando Henrique Cardoso, entre outros. Surgiram aí algumas discordâncias. Uns achavam que não podíamos ter um partido dos trabalhadores. Outros, que não era hora de criar partido algum e que devíamos ficar todos em torno do PMDB. Eu achava que o PMDB não podia representar o conjunto das classes trabalhadoras. Achava que os sindicatos não podiam ser apêndices do PMDB. Já que era para criar um partido, então vamos criar o nosso. E resolvemos criar. Aí, em 1980, fomos ficando mais importantes, e o Fernando Henrique Cardoso foi se afastando dessa ideia e já foi imaginando que o Franco Montoro, de quem era suplente, poderia ser eleito governador em 1982, e ele assumiria quatro anos de mandato. E foi se afastando da gente."

Um dos primeiros que Lula chamou para as conversas que culminaram com a grande reunião de São Bernardo foi Jarbas Vasconcelos, que vinha de um desempenho fantástico nas eleições ao Senado por Pernambuco, derrotando individualmente os dois candidatos da oligarquia, mas perdendo na soma dos votos da sublegenda. Nessa conversa com Jarbas ocorreu um incidente, que fica mais bem contado pela boca do próprio Lula, a quem passo, mais uma vez, a palavra neste instante:

"O Jarbas Vasconcelos foi um dia me visitar em casa. Eu me lembro disso como se fosse hoje. Tinha um sofazinho velho rasgado lá na minha casa. Eu tinha vergonha de que as pessoas fossem lá por causa do meu sofá. Eu botava um cobertor em cima para esconder a parte rasgada. Botava porque, certa vez, chegou de repente a minha casa o Carlos Villares, dono da Fábrica Villares, para conversar comigo, e o sofá lá, todo rasgado, e tratei logo de meter um cobertor em cima. Jarbas Vasconcelos, eu me lembro, estava sentado no sofá. Eu morava numa casinha três por três. Cada quarto tinha três por três. Eu estava lá conversando com o Jarbas, e, de repente, uma baratona deste tamanho vai passando, e o Jarbas esmaga ela toda com o pé! (Lula conta o episódio escondendo o rosto feito menino envergonhado.)"

Mas a história com Fernando Henrique começou um pouco antes. Lula, no início de 1978, já tinha despontado na carreira de líder sindical. O "malufismo" já estava também em evidência, com a vitória do azarão Paulo Maluf ao governo do estado, por um colégio eleitoral que deveria "eleger" Laudo Natel governador de São Paulo, a mando da ditadura. São Paulo respirava política em toda a sua dimensão: conchavos e traições.

Nesse contexto, totalmente perdido entre forças rebeldes que emergiam dentro do próprio partido da ditadura e o MDB, que vinha de retumbante vitória na eleição anterior, Lula parou para ver a banda passar. E agora faço uma revelação histórica dos motivos que fizeram Lula antecipar uma decisão já prevista: a de não só apoiar como também de participar ativamente da campanha de Fernando Henrique. Antes de se dirigir à sede do MDB para formalizar seu apoio a Fernando Henrique, Lula teve uma conversa reservada com Ulysses:

"Você acredita, Ulysses, que um grupo de jornalistas me chamou para almoçar só para me convencer a apoiar Cláudio Lembo! Eu me assustei muito. Era um grupo de jornalistas 'malufistas' incrustado dentro de um dos maiores jornais deste país!"

Lula deu nomes aos bois e até mostrou a localização geográfica do *bunker* malufista infiltrado na mídia. Animal essencialmente político, Lula percebeu que, nas ditaduras, não há neutralidade possível. Sentiu o perigo do assédio daqueles jornalistas, botou-os para correr e se engajou totalmente na campanha de Fernando Henrique, passando a representá-lo nas cidades em que este não podia ir.

Entre as cidades consideradas prioritárias para a campanha estava a pequena Cruzeiro, na Serra da Mantiqueira, pela importância histórica de ter sido assinado ali o armistício da Revolução Constitucionalista de 1932. Cruzeiro também era um dos redutos eleitorais do meu marido. Fernando Henrique e Ulysses não puderam ir ao comício da cidade. Mas ele, o companheiro Luiz Inácio da Silva, foi representá-los – foi a estreia triunfal de Lula num palanque eleitoral. Lula falou bonito, tão bonito que ali, naquela região, Fernando Henrique teve a maioria dos votos. E quem também se deu bem foi meu marido. É que, no meio da multidão, havia uma tímida faixa: "Vote em Ulysses". E Lula, não sei se ele se lembra disso, antes de descer do palanque, pegou o microfone: "Gente, eu ia me esquecendo de dizer uma coisa. Lá no Congresso, há um velhinho porreta defendendo os interesses de vocês. O nome dele é Ulysses Guimarães."

Depois disso, Lula e Fernando Henrique se separaram. Cada qual seguiu seu caminho. Foram adversários em duas eleições. Estão sempre brigando, mas, nas horas difíceis, estão lá de novo juntos, como na ditadura. É que eles, na definição de Caetano Veloso, são filhos da mesma rua, onde estudantes enfrentavam a polícia, protegidos pelos intelectuais e trabalhadores. E onde também podia ser vista a santa protetora daquela agitação: Maria Amélia Buarque de Hollanda, levando quitutes para o marido Sérgio e amigos que faziam vigília cívica no local. Lula e Fernando Henrique são, portanto, filhos queridos da rua Maria Antônia.

CAPÍTULO 26

XINGU: AMOR E MALDIÇÃO

Os intelectuais se dividiram entre os que foram apoiar a candidatura de Fernando Henrique e os dissidentes, liderados por Francisco Weffort, mais tarde o braço direito de Lula na construção do PT.

Eu falava da relação entre o Fernando Henrique e o Lula, e dos grandes debates travados, na segunda metade da década de 1970, entre intelectuais, estudantes, artistas e líderes sindicais ligados, de uma forma ou de outra, à Faculdade de Filosofia, Ciências e Letras da Universidade de São Paulo, na rua Maria Antônia.

Pois bem, os intelectuais se dividiram entre os que foram apoiar a candidatura de Fernando Henrique e os dissidentes, liderados por Francisco Weffort, mais tarde o braço direito de Lula na construção do PT.

Naquele momento, o meu marido já tinha também a simpatia do pessoal da Unicamp – grupo muito simpático ligado aos intelectuais do Rio, Carlos Lessa e Maria da Conceição Tavares à frente. O elo entre eles sempre foi esse menino aí, o Luciano Coutinho, que acabou ficando muito amigo do Ulysses, junto com o João Manuel Cardoso de Mello e o Luiz Gonzaga Belluzzo.

Toda essa turma foi se chegando aos poucos e acabou participando da campanha do MDB. E, assim, o chamado arco da sociedade já estava dentro daquela verdadeira "Arca de Noé".

E não faltaram os artistas. Estavam todos lá, com os intelectuais e sindicalistas no encerramento da campanha nacional do MDB, na cidade de Osasco. Estavam mais por causa do Fernando Henrique do que por Franco Montoro, o candidato oficial da legenda.

Tudo perfeito, tudo transcorrendo às mil maravilhas. E não teria dado tão certo assim se as confusões e atritos naturais entre tribos tão diferentes e divergentes não começassem a surgir naquele palanque. E o "barraco" só é bom quando vem de cima: Lula, uma das estrelas da festa, literalmente vestido com a camiseta de Fernando Henrique, discorda da orientação do comando da campanha e se recusa, terminantemente, a pedir votos para Franco Montoro.

Lula não gostava da postura de Montoro de querer falar em nome da classe trabalhadora só porque havia sido ministro do Trabalho no curto regime parlamentarista. E ameaçou descer do palanque se continuassem a pressioná-lo a pedir votos também para Montoro. Ulysses, que não morria muito de amores por Montoro, estava docemente constrangido com a situação e, então, pediu socorro ao próprio Fernando Henrique, e os dois acabaram amansando a fera. Pronto, Lula não pediria votos para o Montoro.

Mas, no palanque, nós, as mulheres, nem vimos essa confusão. Estávamos, como o público lá embaixo, maravilhadas com aquele desfile dos artistas todos cantando a musiquinha que o Chico Buarque fizera para o Fernando Henrique. Até eu sabia de cor. Era assim:

A gente não quer mais cacique
A gente não quer mais feitor
A gente agora está no pique
Fernando Henrique pra senador.

E eu toda nervosa, sendo apresentada à sóror Helena da Caridade, sucesso da atriz Eva Wilma na segunda adaptação de *O direito de nascer*, da Tupi. A novela estava no auge do sucesso, e o povo gritava tanto que a atriz quase não conseguia falar. Ulysses exigiu silêncio, e Eva Wilma arrematou:

– Quero que vocês saibam que estamos aqui como pessoas, não como personagens!

E o povo nem ligava para isso e, quanto mais a atriz dizia que era uma pessoa normal, igual a nós, mais o público gritava: "Helena! Helena! Helena!"

E o melhor ainda estava por vir. O público só deixou a Eva Wilma em paz quando foi anunciada a chegada dele: Aritana! Precisamente, Carlos Alberto Riccelli, vestido a caráter, no papel de filho de uma índia com um homem branco que deixa o Parque Nacional do Xingu e se apaixona por uma veterinária, a Bruna Lombardi.

(Para escrever *Aritana*, a autora Ivani Ribeiro teve a ajuda inclusive dos irmãos Villas-Bôas. Esse era o charme da Ivani, a quem tive também a honra de ser apresentada. Ela aglutinava pessoas. Basta dizer que, numa mesma novela, *O profeta*, ela conseguiu botar dom Paulo Evaristo Arns, Chico Xavier e Hebe Camargo.)

Aí não teve mais para ninguém! Nem para Fernando Henrique, nem para Lula e, muito menos, para Ulysses Guimarães.

E, com *Aritana*, dezenas de atrizes lindas. Até a minha filha Celina foi confundida como atriz. Depois, como se sabe, Montoro foi eleito senador, tendo FH como suplente.

Depois do comício, já numa recepção na casa do prefeito da cidade, Ulysses relembrou outro romance do Xingu, mas só que verdadeiro: a saga da índia Diacuí, que se casou com o sertanista gaúcho Ayres da Cunha e morreu durante o parto.

O casamento foi promovido pelo então dono dos Diários Associados, Assis Chateaubriand, e atraiu mais de dez mil pessoas à Igreja da Candelária no Rio e toda a imprensa internacional. Foi um marketing da revista *O Cruzeiro*, a vitrine de Chateaubriand, com graves intercorrências políticas, a começar pelo padrinho, o presidente Getúlio Vargas. Na hora H, Getúlio desistiu e foi representado pelo vice Café Filho.

A história de Diacuí, índia kalapala – tribo diferenciada por rígidos padrões éticos –, não é nobre. Não só pelo seu fim trágico, mas pela violação das leis dos homens, da natureza e do desrespeito à mulher.

Os que conheceram bem Chateaubriand diziam que ele passava por cima de tudo e de todos para conseguir seus objetivos. E usou o prestígio do seu império jornalístico para que o então Conselho Nacional de Proteção ao Índio, hoje Funai, autorizasse o casamento da bela índia do Xingu com o sertanista. Na época, a entidade que cuidava dos índios era subordinada ao Ministério da Agricultura, que tinha como titular o pernambucano João Cleofas.

Em 1950, Cleofas, em apoio a Getúlio, candidata-se ao governo de Pernambuco pela UDN e é derrotado pelo candidato do PSD, Agamenon Magalhães. Recebeu como prêmio de consolação o Ministério da Agricultura. O Conselho Nacional de Proteção ao Índio, por unanimidade, resolve não autorizar o casamento. Chatô, então, pega Cleofas pela vaidade:

— Anule essa decisão, e eu te elejo governador de Pernambuco daqui a dois anos.

João Cleofas aceita o acordo, libera o casamento, depois deixa o ministério para, mais uma vez, perder as eleições de governador, dessa vez para o general Cordeiro de Farias. Mas a maldição do Xingu iria impedi-lo de novo de chegar ao Palácio das Princesas: perde, em 1962, as eleições para Miguel Arraes. Finalmente, em 1966, vence sua primeira eleição majoritária, mas para o Senado, onde acaba presidente da Casa. Mas, quando tenta a reeleição, novamente o Xingu vinga Diacuí: Cleofas é derrotado na enchente do MDB de 1974 pelo jovem e promissor senador Marcos Freire, morto 12 anos depois em acidente aéreo.

A maldição dos Kalapalas permanece até hoje: perderá o poder todo homem branco que puser um cocar indígena sobre a cabeça.

CAPÍTULO 27

ANTICANDIDATURA MOVIDA A POESIA

O candidato, no caso meu marido, renunciaria às vésperas da reunião do "Colégio Eleitoral" para denunciar a farsa da "democracia" brasileira. O vice foi o então presidente da Associação Brasileira de Imprensa, Barbosa Lima Sobrinho.

"De todas as criações do artista Ulysses Guimarães, na arte da política, a 'anticandidatura' foi sua obra-prima." (Roberto Pompeu de Toledo, em *Veja*, edição 1.897)

De fato, com a anticandidatura de meu marido à Presidência da República contra a do general Geisel, em 1973, a oposição passou a usar as armas da própria ditadura não só para enfrentá-la, como também para enfraquecê-la e, principalmente, derrotá-la.

Os frutos dessa campanha, que fez Ulysses percorrer o país todo denunciando a ditadura, foram colhidos já na supersafra do ano seguinte, quando o MDB derrotou a Arena em 16 estados brasileiros, nas eleições parlamentares de 1974.

Entusiasmado com o êxito dessa estratégia, ao repeti-la em 1978, já com o nome apropriado de candidatura, o MDB foi mais ousado: buscou um nome dentro do próprio regime militar para tentar matar a cobra com o seu próprio veneno. A ditadura não chegou propriamente a tremer, mas se assustou quando viu as fotos do general Euler Bentes Monteiro entre as duas principais estrelas da chamada ala radical do MDB, o senador Marcos Freire e o deputado Chico Pinto, na frente de um prédio da rua Figueiredo Magalhães, em Copacabana. Com a candidatura Bentes Monteiro, o MDB consolidou-se como aglutinador de todas as outras forças democráticas, militares e civis, que se rebelaram dentro do próprio regime militar, sobretudo políticos (rebeldes da Arena) e empresários. Graças a 1978, foi possível chegar a 1984 e, na justifica-

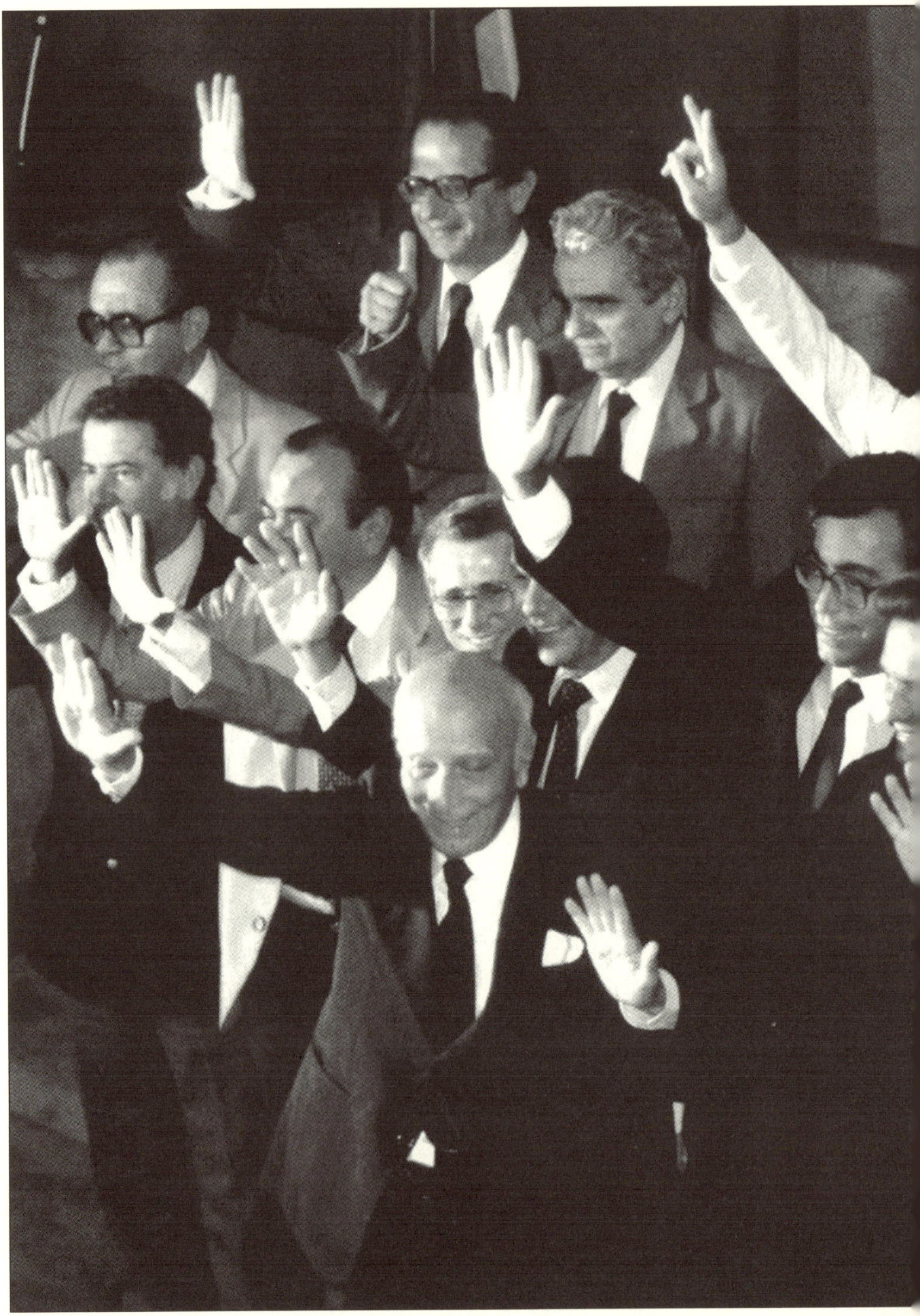

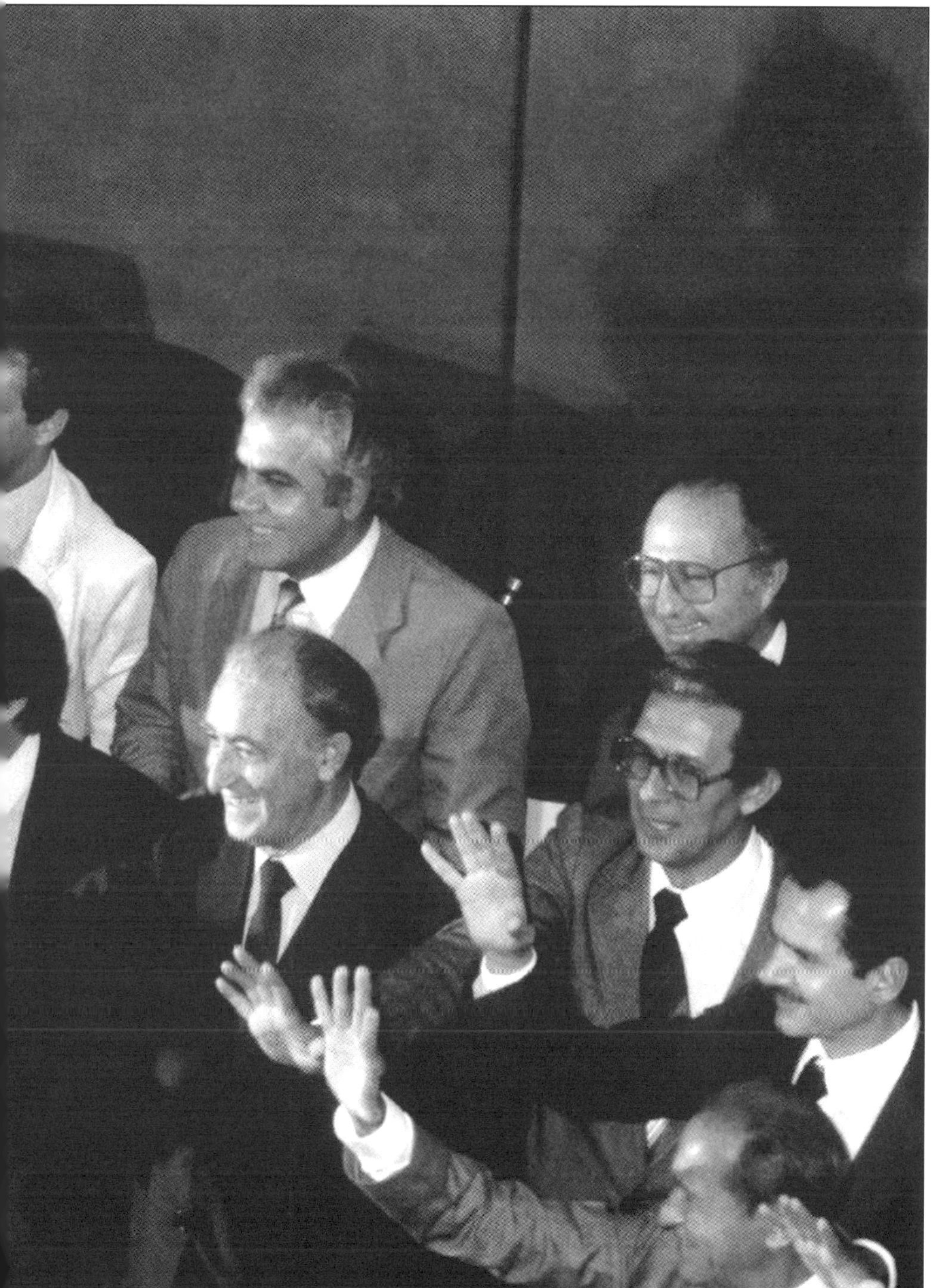

tiva do próprio Tancredo Neves, "colocar o lenço no nariz e participar do Colégio Eleitoral".

Então, realmente, tudo começou com a façanha da chamada "anticandidatura", quando, pela primeira vez, todas as correntes do pensamento político brasileiro incrustadas no MDB se uniram em torno de uma mesma estratégia política, com dia e hora para começar e acabar. Explico: o partido lançaria um candidato para "disputar" uma "eleição" com resultado já definido: o general Ernesto Geisel, escolhido para suceder o presidente Médici, teria o seu nome inevitavelmente aprovado pelo "Colégio Eleitoral", que se reuniria em janeiro de 1974.

Por conta disso – e essa foi a condição imposta pela esquerda do MDB representada pelos "autênticos" –, o candidato, no caso o meu marido, renunciaria às vésperas da reunião do "Colégio Eleitoral" para denunciar ao mundo a farsa da "democracia" brasileira. O candidato a vice de meu marido foi o então presidente da ABI, Barbosa Lima Sobrinho. Ulysses não cumpriu o acordo, foi até o fim com a sua "anticandidatura". Foi duramente criticado pelos "autênticos", que, mais tarde, calaram-se diante dos resultados eleitorais obtidos.

Mas a epopeia do meu marido não teria o sucesso que teve sem a peça literária em que se transformou o discurso de lançamento da sua campanha, sob o título "Navegar é preciso".

Talvez o discurso "Navegar é preciso" seja a síntese, a poesia, a musicalidade ou mesmo a própria obra-prima a que se refere Roberto Pompeu de Toledo, ao descrever essa caminhada.

A expressão "Navegar é preciso" tornou-se, por conta desse discurso, uma espécie de refrão contra a ditadura. Na política, sempre foi associada ao nome de Ulysses Guimarães; na literatura, ao poeta Fernando Pessoa; e, na música, a Caetano Veloso.

Há até hoje uma enorme confusão e uma imensa discussão sobre a origem da expressão, grande parte dela provocada por esse famoso discurso do meu marido. Confusão, quando Ulysses, mesmo reconhecendo Fernando Pessoa como autor da frase, insere no seu contexto a figura camoniana do Velho do Restelo. E, aí, os que conhecem a frase só pela política às vezes a atribuem indevidamente a Camões.

A grande verdade é que nem de Fernando Pessoa ela é, embora deva-se a ele sua difusão, através da famosa "Palavras de pórtico", na qual se refere às aventuras dos antigos navegadores e dos seus gritos de glória diante das grandes tempestades: "Navegar é preciso, viver não é preciso."

O registro desses versos citados por Pessoa está em *Vidas paralelas*, de Plutarco, que os atribui a Pompeu (106-48 a.C.) gritando aos seus marinheiros.

Ulysses sempre fez questão de me mostrar seus discursos antes de torná-los públicos. E essa sua mania começou exatamente pelo que viria a se tornar o mais importante de todos eles, o "Navegar é preciso". Por isso, eu nunca tive dúvidas de que o título fora mesmo buscado em Fernando Pessoa.

Só que eu não sabia que, apesar da sua grande cultura e fascínio pela literatura, sobretudo a relacionada com o mar, não foi propriamente Pessoa a fonte original da inspiração do meu marido.

E essa revelação devemos ao jornalista Luiz Gutemberg, autor de uma biografia romanceada de Ulysses, chamada *Moisés*. Eu, particularmente, devo a Gutemberg a informação contida no livro de que os versos originais são de Pompeu. Minha modesta cultura, confesso, não chegaria a tanto.

Escreveu Gutemberg sobre "Navegar é preciso":

"Mas não foi Fernando Pessoa a fonte de Ulysses (...) Embora citando expressamente Pessoa, a colheita direta de Ulysses foi feita em Caetano Veloso, no fado 'Argonautas', que estava nas paradas de sucesso das emissoras de rádio. Sem confessá-lo, e por não ter conseguido localizar de memória as origens clássicas da citação, Ulysses apelou para a forma ritmada e o tom épico dos versos de Caetano."

Que danado, esse meu marido! Será que o Caetano sabe disso? Se não sabia, agora seguramente já sabe. O apalermado só não é apalermado para fazer fofoca e já me trouxe o comentário do filho de dona Canô:

"Se devemos agradecer a alguém por Ulysses ter tido contato tão intenso com a frase que Pessoa atribui aos argonautas (aquela turma liderada por Jasão, que partiu em busca do Velocino de Ouro), esse alguém é Maria Bethânia: ela foi quem me mostrou o texto de Pessoa em que a frase (assim como a atribuição) está inscrita, me pedindo que compusesse, para ela cantar, uma canção que tivesse a frase como refrão. Como disse Chico Buarque, a gente sempre obedece a Bethânia e a Milton Nascimento. Obedeci e compus o arremedo de fado (com um pedaço de frase melódica de 'Mouraria') que ficou tão famoso. Já li até gente que diz que roubei a frase, mas ela é domínio público há milênios. Honra-me muito que, na luta contra a ditadura, tenha sido a forma musicada por mim que inspirou Ulysses Guimarães no seu discurso. Aliás, 'navegar é preciso' combina bem com alguém cujo nome era Ulysses.

"Sempre soube que Ulysses tinha citado a frase, inclusive como título de discurso, mas nunca pensei nessa frase como minha. Plutarco a atribui a Pompeu, mas parece que ela vinha de bem mais longe no tempo. A julgar pelo que diz Fernando Pessoa, ela era o emblema dos argonautas, Orfeu entre eles (que foi o que me deu a ideia do título)."

Como se vê, não tem erro: há sempre uma mulher a inspirar, a impulsionar o homem.

Nas suas andanças com Ulysses, cantando "Pisa na fulô/ pisa na fulô/ que o Tancredo já ganhou", João do Valle confessava: "Carcará" só é "Carcará" por causa da Bethânia. Sabe-se, agora, também, que, sem Bethânia, talvez o discurso de Ulysses não tivesse tido o mesmo impacto, a começar pelo título...

CAPÍTULO 28

O FATO SE IMPÔS, E COLLOR CAIU

Inimigo visceral do então vice Itamar Franco, o governador Antônio Carlos Magalhães se mexia para impedir que o impeachment do presidente desse oportunidade para que o mineiro assumisse a chefia do Executivo brasileiro.

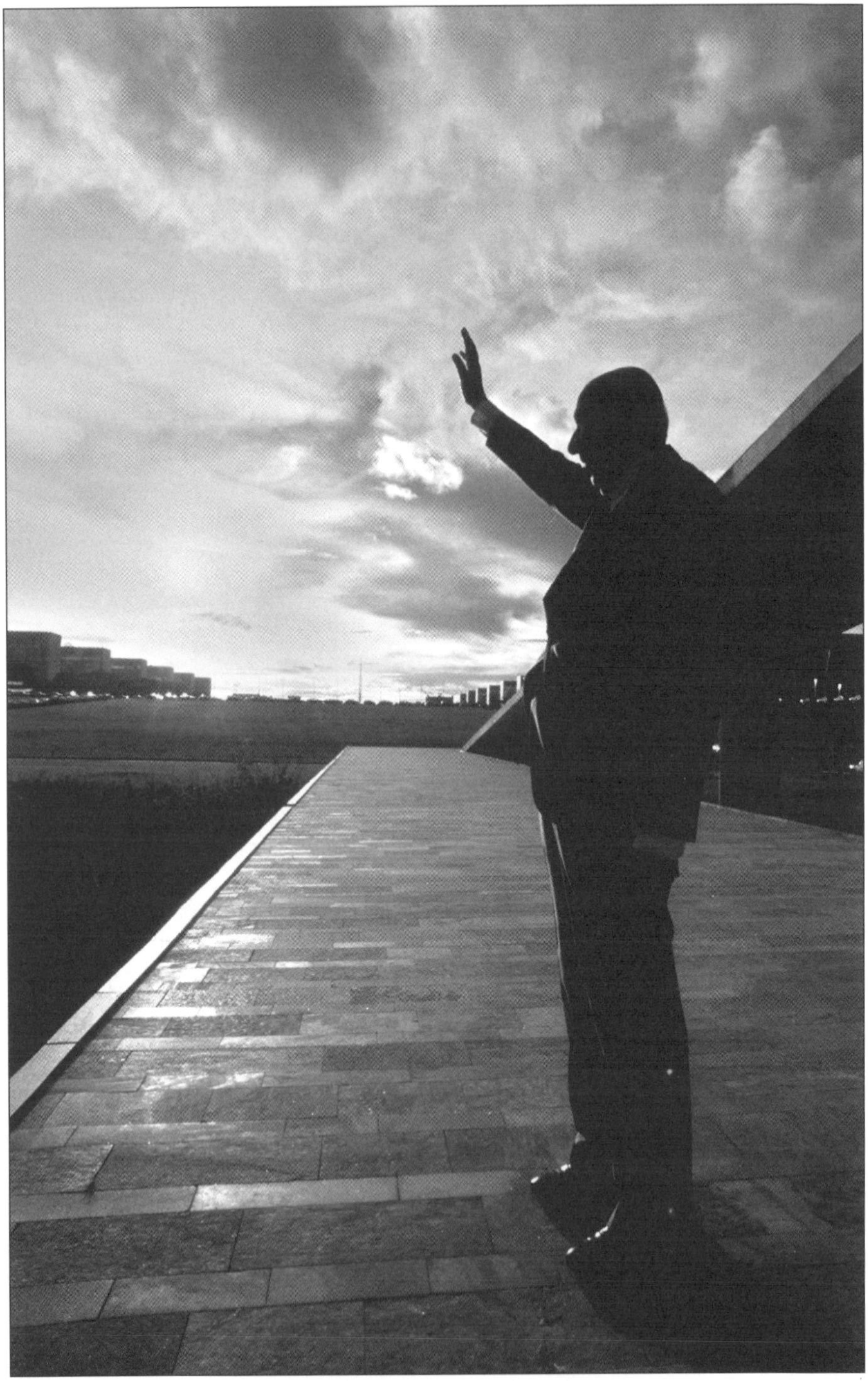

Dezenove anos depois da epopeia das suas anticandidaturas à Presidência e Vice-Presidência da República, respectivamente, em 1973, contra o general Geisel, contada no capítulo anterior, Ulysses e Barbosa Lima Sobrinho voltaram a se reencontrar na deposição do presidente Fernando Collor. O primeiro, na condição de "O Senhor *Impeachment*", e o segundo, como primeiro signatário do pedido de abertura de processo de cassação do presidente da República.

E é daquele momento, precisamente o da criação da CPI do PC, que quero falar hoje. Eu já disse aqui, e nunca foi novidade para ninguém, que as principais lideranças políticas do país não queriam a CPI, incluindo o meu marido, autor desta frase: "CPI, a gente sabe como começa, mas não sabe como termina."

E os políticos temiam justamente o imponderável. Não queriam CPI, mas também não queriam jogar toda aquela sujeirada para baixo do tapete. Queriam que todas as investigações fossem feitas pelo Ministério Público. A reação contrária à CPI, portanto, era movida mais por uma atávica prudência da elite política do que por qualquer alinhamento com o governo Collor.

A exceção era apenas o governador do Rio, Leonel Brizola, que passou a ocupar uma verdadeira rede da legalidade, através de entrevistas, defendendo o mandato do presidente Collor, mas com a ressalva de que não compactuava com os crimes praticados pelo PC Farias. Brizola alegava que, se tivessem de fazer CPI para investigar Collor, teriam que fazer outra para investigar Quércia, pela venda da Vasp, através de um espúrio empréstimo da Petrobras, feito a mando do PC Farias.

Ulysses vivia naquele jogo, tateando pelas paredes. Já sem nenhum cargo no comando do PMDB e sem função de relevância no Parlamento, meu marido tinha como único trunfo a autoridade nata, que, às vezes, até a mim impressionava, principalmente quando íamos a locais públicos, como restaurantes, teatros etc. Não me lembro de uma vez sequer em que Ulysses não tivesse sido aplaudido nessas aparições públicas. Minto, teve uma única vez. Fomos ver um espetáculo da Marília Pêra, e ela, no meio da apresentação, anunciou a presença de Ulysses na plateia.

Gente, a plateia veio abaixo numa imensa vaia. Acredito – e ele próprio me garantiu – ter sido essa a única vez em que meu marido conviveu com a vaia. E o que fez a Marília Pêra? Meus amigos, essa mulher virou bicho! Ameaçou parar o espetáculo, condenou a falta de educação da plateia e o desconhecimento de que estavam diante de um homem que dignificava a política. Resultado: o clima se inverteu, e Ulysses acabou aplaudido de pé. Em casa, comemorava com a nossa fiel Geralda:

– Aquela mulher é um fenômeno, Geralda! Domina e lidera o público com a sua autoridade cênica.

Voltemos à CPI.

Já contei aqui, também, até por uma questão de justiça, que o país deve muito ao Orestes Quércia a convocação dessa CPI. Esse reconhecimento, porém, não ofusca em nada, pelo contrário, só realça o grande poder de articulação do Lula, que, primeiro, trouxe o presidente do PSDB, Tasso Jereissati, e, depois, o próprio Quércia para o movimento.

Vocês devem estar se perguntando quem e como conseguiu fazer com que Ulysses, refratário inicialmente à CPI, não só a aceitasse como também viesse a receber, mais tarde, o honroso título de "Senhor Impeachment", pelo trabalho de aliciamento de votos favoráveis na Câmara.

Ulysses recorreu, como sempre, à filosofia do herói francês – "Estou cercado, eu ataco". Ao contrário de Brizola, que dizia abertamente que não seria caudatário de Lula, Quércia e Tasso, meu marido, como fizera na candidatura de Tancredo, mais uma vez deu a volta por cima e assumiu o comando do processo.

E, do aprendizado que transmito aqui sobre a convivência com Ulysses, vocês devem se recordar que ele, também, sempre ensinou que é preciso ter muito cuidado com a prudência para que ela não acabe se transformando em covardia.

Meu marido percebeu, pelo turbilhão de denúncias, que, naquele deserto de honestidade do governo Collor, até caldo de galinha fazia mal aos cautelosos. E botou para quebrar, como dizem.

Com a CPI a todo vapor, Ulysses e eu fomos ao Amazonas conhecer a "Escola da Natureza", da rede de colégios Objetivo, a convite do professor João Carlos Di Genio. Foi a primeira vez que viajei com meu marido por aqueles igarapés, um dos marcos da sua anticandidatura. Ulysses parecia um menino: saía à noite de canoa com professores e alunos para ver jacarés e outros bichos da selva amazônica.

Certa noite, trocamos o barco-escola por aquele famoso hotel construído em cima das árvores. Fomos agraciados com a "suíte" principal. Para meu desespero, não tinha televisão no quarto nem nada que pudesse poluir aquele ambiente naturalíssimo. Não me contive:

– Gente, não posso perder Jorge Tadeu (personagem de Fábio Jr. em *Pedra sobre pedra*).

Uma funcionária mostrou-me o mapa da mina: na ala de serviço, havia uma TV que funcionava à base de bateria. Ulysses e eu fugimos para lá. Ninguém nos achou, e fomos dados como desaparecidos enquanto durou a novela.

De volta à terra firme, já no Hotel Tropical de Manaus, morto de cansaço, Ulysses recebe um recado na recepção:

— O vice-presidente Itamar Franco está hospedado conosco e pede que o senhor ligue para o quarto dele, não importa a hora. Ele diz que é muito importante – informa solenemente o gerente.

Ulysses coça a cabeça, com ares de preocupação, e liga para Itamar. Meu marido sempre foi muito atento ao protocolo. Itamar queria vir à nossa suíte, mas, por ser ele autoridade maior, caberia a Ulysses ir até os aposentos presidenciais. Meu marido encontrou um assustado Itamar, com o fac-símile de uma revista na mão, cuja capa era Antônio Carlos Magalhães, então governador da Bahia, afirmando categoricamente que, com a deposição do presidente da República, o vice não assumiria. Itamar e ACM eram inimigos viscerais.

— Doutor Ulysses, tenho informações reservadas de que esse governador está liderando uma rebelião para evitar a minha eventual posse. Eu preciso da sua ajuda – apelou Itamar.

— Me dê uma semana, e resolvo isso! – prometeu Ulysses.

— Mas não é muito tempo? E se esse senhor...

— Meu caro, ninguém anuncia golpe pela imprensa. Golpe avisado é bravata! – meu marido tranquilizou-o.

Cinco dias depois, Ulysses teve uma reunião secreta com ACM, num escritório próximo à representação do governo da Bahia em Brasília. Meu marido foi direto:

— Para evitar a CPI, eu te propus tutelarmos o Collor, como se faz com um aluno vadio: olhar boletim, dever de casa etc.

— E aí? – perguntou ACM, até com certa rispidez, por não saber onde terminaria a conversa.

— E aí, governador, é que perdemos. Fomos atropelados pelos fatos.

— E isso quer dizer o quê? – insistiu ACM, já se mexendo todo na cadeira.

— Que Itamar vai assumir no lugar de Collor. Esse é o fato, governador. O fato é a maior autoridade da política. Tão reverenciado que De Gaulle o chamava, merecidamente, de "Sua Excelência o fato!".

CAPÍTULO 29

A RENDIÇÃO DO GENERAL

Este episódio, que revela um dos fatos mais importantes da história recente do país, ficou guardado por 28 anos. Ele não termina aqui. Pelo contrário, a partir dele é que começou de verdade a transição democrática.

Não estou aqui para desmistificar nada, muito menos a rica história do meu país, e, tampouco, desprezar, minimizar ou mesmo desconstruir as ações dos homens que a escreveram, alguns com o preço da própria vida. O que vocês leem aqui são relatos de fatos vividos na companhia de um dos homens que ajudaram a construir essa mesma história.

A minha visão, portanto, é uma visão feminina da história, sem distorcê-la, fantasiá-la ou usar de qualquer outro recurso que prove a presença e influência da mulher no destino do homem e dos povos. É tão vigoroso, visceral mesmo, o nosso papel de companheira que tais recursos apequenariam a experiência que tento compartilhar com vocês.

Romanceá-la, sim! Distorcê-la, jamais! Façamos disso as palavras de ordem deste folhetim, já que, como dizia meu marido, "política é paixão". E não há paixão sem romantismo.

Todo esse texto introdutório, ou nariz de cera, no jargão jornalístico, deve-se ao fato de neste capítulo eu revelar a vocês um dos fatos mais importantes da história recente do país. Considero este episódio algo trepidante. Vamos a ela, senhoras e senhores.

Tancredo Neves, a exemplo do que Ulysses fizera com a sua anticandidatura, foi buscar nas ruas a legitimidade ausente no Colégio Eleitoral – expediente criado pela ditadura para, valendo-me de um termo dos dias de hoje, tentar "lavar" a falsa democracia que tínhamos.

Os comícios de Tancredo eram sempre sincronizados com o horário do *Jornal Nacional* para que a sua mensagem fosse transmitida ao vivo aos lares brasileiros. Os repórteres, se não me engano, eram sempre Álvaro Pereira e Antônio Britto. Quando eles recebiam a ordem da produção para entrar ao vivo, um rapaz muito simpático da campanha de Tancredo, chamado Mauro Monterim, cutucava o candidato, que – estivesse falando o que fosse – interrompia o raciocínio e entrava com um tema do seu programa de governo – educação, geralmente.

E isso ocorria sobretudo nas capitais. Quando a caravana chegou a Mato Grosso do Sul, o mau tempo impediu o comício de Campo Grande, e os principais atores da campanha tiveram que trocar o palanque pelos estúdios da TV Morena, afiliada da Rede Globo. Tancredo falaria à população da capital pela TV e, em seguida, em rede nacional.

Naqueles tempos, as transmissões ao vivo não eram fáceis. Para poder me contar toda essa história que tento resumir aqui, Ulysses usava expressões que nem ele entendia, tipo "canal aberto da Embratel". Para encurtar a história, eu o interrompi:

– Poupe-me dos detalhes técnicos!

Em resumo, estavam sentados na bancada, com o apresentador, Tancredo, Ulysses, o então governador Wilson Martins e, acho, o Sarney.

Dentro do estúdio, alguns repórteres, entre eles uma jovenzinha muito alva, linda feito uma boneca, e, com ela, o nosso indefectível apalermado. Depois, só muito tempo depois, é que eu soube que, para variar, o apalermado teve participação, não digo decisiva, mas importante, nesse episódio.

Como já estou na metade da conversa e, até agora, não surgiu nada de impactante, vou acelerar para prendê-los nesta página. Antes, porém, convém situá-los no clima em que vivíamos naquele momento: completa paranoia, boatos e ameaças assustadoras quanto à reação dos militares.

Pois bem, meu marido se lembra de que saiu do estúdio na companhia do jornalista Tarso de Castro, segundo Ulysses, um dos homens mais interessantes e irreverentes que conheceu. Como eram amigos, Ulysses estava andando praticamente abraçado com o Tarso quando os dois foram separados abruptamente pelo apalermado, que estava ofegante. Ulysses foi literalmente arrastado a um canto pelo apalermado, que ligou o gravador. O equipamento reproduzia um cochicho de Tancredo com o meu marido, em resposta a uma repreensão de Ulysses a um beijo jogado pelo candidato à linda repórter com rosto de boneca.

Meu marido, quando me contou essa história, ainda estava sob o impacto de o quanto isso poderia levar toda a luta de Tancredo para o espaço. Eis a transcrição da fita:

"Ulysses (vendo Tancredo jogando beijos para a repórter): – O que é isso, Tancredo? Você não tem mais idade para isso!

"Tancredo: – Não é nada disso! Aquela é a Ledinha, jornalista amiga minha. E eu preciso muito falar com ela!

"Ulysses: – Por quê? Já não bastam as encrencas em que estamos metidos, com os quartéis aí de prontidão contra nós, e você quer se envolver em mais confusão?

"Tancredo: – A Ledinha é filha da Dulcinha, que é muito amiga do Walter Pires. É através delas que eu faço meus contatos com o Walter Pires.

"Ulysses: – Tancredo, você está conversando com o ministro do Exército?

"Tancredo: – Eu tinha que me entender com ele!

"Ulysses: – E esse pessoal que se arvora em interlocutores seus com os militares? Tem até um grupo, né?!

"Tancredo – Sim, eles conversam. Mas um pouco para disfarçar. Para o tipo de conversa que tenho com o general Walter Pires, não pode haver intermediário. É olho no olho.

"Ulysses: – Meu Deus! E essa Dulcinha é de confiança?

"Tancredo: – Você a conhece. É a Maria Dulce Guedes, viúva do Lazary Guedes. Ela e o Walter Pires são amigos de infância.

"Ulysses: – Acho que estou me lembrando dela. O marido foi diretor da Câmara durante anos. Ela sempre foi elegante, bonitona.

"Tancredo: – A Dulcinha, sim. Certa vez, passei uma cantada nela e quase que ela apronta um escândalo nos corredores da Câmara: 'Você me respeite, coloque-se no seu devido lugar. Eu sou uma mulher de respeito.' Desde então ficamos amigos, até hoje. E, graças à Dulcinha e à filha, estou amansando o nosso pior inimigo."

Haja emoção, né, gente? Pois é, essa história estava guardada há 28 anos. Ela não termina aqui. Pelo contrário, a partir dela é que começou de fato a transição democrática. Entenderam agora a necessidade do meu nariz de cera? Claro que o diálogo dos políticos com os militares não só existiu como foi fundamental para a transição.

Mas o principal, o que garantiu o fim da ditadura, foi negociado por duas mulheres – mãe e filha.

E vou agora quebrar uma regra: todos os capítulos aqui publicados são conclusivos. Este, não. Este não termina aqui. Há muitas e muitas emoções pela frente.

CAPÍTULO 30

TANCREDO, A VIÚVA E O GENERAL

Na política, realmente, o que prevalece é a versão, não o fato, por mais absurda que seja a primeira. E, no caso em questão – uma denúncia que pretendia criar constrangimento ao candidato da oposição e ao ministro do Exército –, era mesmo.

Vocês entenderão agora por que dividi a história anterior em duas partes. Não caberia em um único capítulo a revelação de Tancredo de que tinha contatos diretos com o então todo-poderoso ministro do Exército do governo Figueiredo, general Walter Pires, que era refratário à devolução do poder aos civis.

Revelação feita exclusivamente a Ulysses, mas vazada pelos canais da Embratel, diretamente dos estúdios da TV Morena de Campo Grande (MS). Quando falei que o apalermado teve culpa no cartório, não exagerei. Soube-se depois que ele colocou seu gravador perto de uma caixa de som e pediu para testar o áudio, que acabou sendo aberto muito antes da hora do início da entrevista com Tancredo Neves. Só que ninguém sabia que os canais da Embratel já captavam imagens de vídeo. Para encurtar a conversa, Tancredo foi o precursor de Rubens Ricupero no famoso episódio das parabólicas com o jornalista Carlos Monforte.

O fato é que, desde o momento que o apalermado contou ao meu marido que as conversas tinham vazado, Ulysses percebeu a gravidade do episódio. Tancredo, pelo contrário, não deu, inicialmente, muita importância ao fato.

E a comitiva seguiu o seu rumo e, do Mato Grosso do Sul, foi para o Norte do país. Numa dessas capitais, Porto Velho ou Rio Branco, se não me engano, é que Tancredo Neves percebeu o tamanho da encrenca em que havia se metido.

Antes de contar o que ocorreu, convém situá-los sobre o que estava acontecendo naquele momento. O presidente do fim de festa da ditadura, o general Figueiredo, já tinha enfrentado todos os tipos de conspiração militar, comandadas pelos insatisfeitos com o processo de abertura. Havia se afastado de todos os, na época, chamados "bolsões radicais", mas conservava o líder deles, Walter Pires. E, nos momentos em que se aborrecia com os políticos que o aconselhavam a prosseguir com a abertura, ameaçava: "Olha que eu chamo o Pires." Acho que essas informações são suficientes para que vocês entendam a história que se segue.

Pois bem, segundo meu marido, era uma tarde de sábado quando começou a entrevista de Tancredo. É um detalhe importante porque, na época, coletiva em tarde de sábado para os jornais, mesmo sendo o entrevistado uma personalidade muito importante, em geral só era aproveitada na segunda-feira, e isso se não fosse superada pelos novos fatos.

Talvez só agora, quase 30 anos depois, o repórter que protagonizou o episódio esteja tomando conhecimento de que a sua pergunta provocou um enorme pânico em Tancredo e Ulysses, mas, graças a ela, providências foram tomadas para consertar o estrago da revelação do candidato.

Contou-me Ulysses que o repórter, chamado José Negreiros, na época responsável pela cobertura da campanha pelo *Jornal do Brasil*, tira do bolso um telex da agência JB, lê a denúncia de Maluf de que Tancredo estaria usando de meios não convencionais e reprováveis para se aproximar das Forças Armadas e pergunta:

– Doutor Tancredo, isso é verdade?

Diria mais tarde Tancredo ao meu marido que, ao ouvir a pergunta, ficou sem chão e sentiu que tudo estava perdido. Percebeu que era já uma reação dos chamados "bolsões", obrigando Maluf a ser mero boneco de ventríloquo da denúncia. Improvisou uma resposta meio sem nexo, desqualificando a tentativa de Maluf de jogá-lo contra as Forças Armadas.

Mal o repórter iniciou a leitura do telex, Tancredo pensou: "É sobre a história da Dulcinha." É que são comuns, onde habita o poder, surgirem fofocas, histórias maliciosas sobre as relações entre pessoas. Claro que a amizade de uma alta funcionária da Câmara, bonita e elegante, viúva de um ex-diretor da Casa, com o ministro do Exército de uma ditadura militar, cuja família, mulher e filhos, morava no Rio, provocava e inspirava a criatividade maldosa do povo. E, nesse sentido, a denúncia de Maluf tinha o propósito de provocar constrangimentos políticos, pessoais e sociais ao general e a Tancredo.

Como escapar então dessa armadilha? Em 48 horas, Tancredo operou a contradenúncia: botou em campo um grupo de voluntários ávidos por mídia que se apresentaram como pontes entre ele e os militares. Muitos deles nunca tinham sequer apertado a mão de um sargento. Mas foram apresentados pelo candidato como alvos da maldade de Maluf. O assunto morreu aí, e Tancredo conseguiu proteger sua amiga da sanha dos adversários.

Na política, realmente, o que prevalece é a versão, não o fato, por mais absurda que seja a primeira. E, no caso em questão, era mesmo. Maria Dulce Guedes e Walter Pires eram amigos de infância, conforme contou ao apalermado a filha dela, a jornalista Leda Beatriz, que era amiga de Tancredo.

– Meu avô materno e o pai do Walter eram amigos. De noite saíam para conversar na praia de Copacabana. Mamãe e Walter acompanhavam os dois. A turma era grande: minhas tias, os irmãos do Walter e outros amigos, entre eles a Ruth Magalhães, que se casou com ele.

Dulce, lembra a filha, passou no concurso de oficial legislativo na Câmara dos Deputados, onde conheceu Angelo Lazary Guedes, com quem se casou e mudou para Brasília, em 1960, na fundação da cidade. Dulce e Lazary, porém, não cortaram os laços com o passado. Os amigos de infância e adolescência continuavam os mesmos, inclusive Walter, que, anos mais tarde, foi morar também em Brasília, na condição de diretor-geral da Polícia Federal, no conturbado governo Médici. Ele não ficou muito tempo e voltou para o Rio. Nomeado ministro do Exército no governo Figueiredo, Walter voltou a Brasília:

– Mamãe foi à posse e continuaram uma amizade que sempre existiu entre todos. Na campanha do dr. Tancredo, por meu intermédio e de mamãe, ambos tiveram dois encontros privados, um no início da campanha e o outro logo depois do comício de Recife – conta Ledinha.

E acrescenta:

– Mais de uma vez estive com o dr. Tancredo e passei mensagens tranquilizadoras do Walter para ele. Não me lembro de ter, em algum momento, imaginado que o Walter pudesse estar "conspirando" contra a candidatura Tancredo Neves ou contra a realização da eleição do Colégio Eleitoral. O dr. Tancredo, amigo de meus pais na Câmara, sabia disso e sempre teve uma relação cordial com o Walter.

Leda Beatriz diz acreditar que o hoje senador Aécio Neves sabe do que ela está falando. Afirma a jornalista:

– Imagino que o Aécio soubesse dos encontros entre eles. No último, Walter mandou seu carro buscar o dr. Tancredo (saíram do subsolo no Setor Comercial Sul, onde era a sede da campanha), e o carro de Tancredo com os seguranças foi atrás. Antônia (ex-secretária particular do dr. Tancredo) foi uma das organizadoras desse último encontro.

Guardem essa história. Vocês não a encontrarão nos registros oficiais. A história, mesmo sendo substantivo feminino, é machista. Nela, geralmente, a mulher é tratada como resignada ou submissa. Só os grandes homens as têm como companheiras e não acompanhantes.

CAPÍTULO 31

"A HISTÓRIA
É INCENSURÁVEL"

Nunca houve outro político brasileiro, em qualquer tempo, que mais tenha cobrado e denunciado as atrocidades praticadas pela ditadura do que Ulysses Guimarães. Daí o seu arrebatador caso de desamor com os militares.

Em solenidade histórica, a presidente Dilma abriu seu discurso de instalação da Comissão da Verdade, citando meu marido e dizendo que Ulysses, se estivesse ali, ocuparia lugar de destaque na cerimônia. Agradeço e concordo. Meu marido, de fato, sempre "carregou" seus mortos nos palanques e nas tribunas oficiais.

Nunca houve outro político brasileiro, em qualquer tempo, que mais tenha cobrado e denunciado as atrocidades praticadas pela ditadura. Daí o seu arrebatador caso de desamor com os militares, plenamente correspondido.

É quase certo que a presidente não saiba – e não teria obrigação de sabê-lo – que a frase de Ulysses citada por ela vem da sua obra-prima "Navegar é preciso", discurso com o qual se apresentou como anticandidato à Presidência da República contra o general Geisel, em 1973.

Impedido, em cima da hora, do direito de transmissão pelo rádio e pela televisão da sua anticandidatura, meu marido denunciou no discurso:

"O drama dos censores é que se fazem mais furiosos quanto mais acreditam nas verdades que censuram. E seu engano fatal é presumir que a censura, como a mentira, pode exterminar os fatos, eliminar os acontecimentos, decretar o desaparecimento das ocorrências indesejáveis.

"A verdade poderá ser temporariamente ocultada, nunca destruída. O futuro e a história são incensuráveis."

Como anticandidato, e tendo como companheiro de chapa o então presidente da Associação Brasileira de Imprensa (ABI), Barbosa Lima Sobrinho, meu marido passou a ter mais contato com a dura realidade brasileira. Panfletando nas ruas e praças do país, Ulysses era constantemente abordado por parentes, companheiros de perseguidos e até mesmo com algumas das vítimas que se escondiam na clandestinidade. Antes disso, como presidente do MDB havia um ano apenas, meu marido tinha suas atividades restritas aos gabinetes e corredores sombrios do Parlamento.

Pois foi naquele ano de 1973 que o destino de meu marido cruzou com o de uma das maiores vítimas da ditadura, o estudante Honestino Guimarães. A mãe de um dos colegas do estudante trabalhava na taquigrafia da Câmara e procurou meu marido em busca de notícias sobre Honestino, já desaparecido. Sem nenhuma ponte com os militares, mesmo assim, meu marido fez o que pôde, com a ajuda do dr. Barbosa Lima. Todo o esforço foi em vão. Mas a história daquele jovem ficou marcada na memória de Ulysses.

Quase dez anos depois, meu marido recebe a visita da primeira mulher eleita presidente da UNE, uma jovem muito bonita chamada Clara Araújo. Era uma comitiva grande de estudantes. Um deles cochicha com Ulysses, avisando que estava colocando no bolso do paletó um poema de Honestino Guimarães.

Sim, aquele estudante era revolucionário e poeta, uma inteligência rara, um grande líder, talvez uma das maiores lideranças daquela época. Não tivesse sido assassinado pela ditadura, Honestino teria desenvolvido uma atividade revolucionária que extrapolaria as fronteiras do país. Hoje, teria 65 anos. Não sei o que o destino lhe reservaria. A história, eu sei. Mas ela está incompleta, como para muitos outros mortos de Ulysses.

Como eu soube de tudo isso? Nas vésperas da promulgação da Constituição, em 1988, quando meu marido se trancou em casa para escrever outra de suas célebres peças oratórias, dessa vez a definitiva. Vi Ulysses mexendo nas suas anotações antigas e amareladas, um bando de garranchos que só ele e a sua fiel secretária Terezinha Cunha sabiam decifrar.

E o nome de Honestino Guimarães estava lá, num maço, junto com o do ex-deputado Rubens Paiva, o do jornalista Vladimir Herzog e os dos operários Manoel Fiel Filho, Santo Dias da Silva e outros.

Meu marido estava passando a limpo, no modo de dizer, aqueles nomes para uma folha com outros garranchos. Perguntei-lhe o que representava aquela lista. E meu marido:

– É o meu acerto de contas com a ditadura!

E assim foi feito. Logo no início do discurso, Ulysses esconjurou:

"Quando, após tantos anos de lutas e sacrifícios, promulgamos o estatuto do homem, da liberdade e da democracia, bradamos por imposição de sua honra: temos ódio à ditadura.

"Ódio e nojo. Amaldiçoamos a tirania onde quer que ela desgrace homens e nações, principalmente na América Latina."

Fiz apenas uma ponderação:

– Não estrague a festa. Se você citar nome por nome de todos os desaparecidos, na presença dos três ministros militares, parecerá provocação. Eles até agora não engoliram aquela história dos Três Patetas (referindo-se à Junta Militar que assumiu com a morte de Costa e Silva).

Meu marido me atendeu. E simbolizou as homenagens apenas em um nome:

"A sociedade foi Rubens Paiva, não os facínoras que o mataram."

Se soubesse o bafafá que isso ia dar, eu teria pedido para ele não citar nem o Rubens Paiva. Acho que já contei aqui que, quando Ulysses falou isso, um dos ministros militares levantou-se e foi embora.

Mas, nesse discurso, o alvo não foi apenas a ditadura. Meu marido fez também ali seus acertos políticos, principalmente quando alertou:

"A corrupção é o cupim da República. República suja pela corrupção impune tomba nas mãos de demagogos, que, a pretexto de salvá-la, a tiranizam.

"Não roubar, não deixar roubar, pôr na cadeia quem roube, eis o primeiro mandamento da moral pública."

Durante toda a Constituinte, Sarney cutucava Ulysses dizendo que a Constituição tornaria o país ingovernável. E meu marido respondia que "ingovernável é a fome, a miséria". Até na véspera da promulgação, Sarney provocou. E Ulysses, no discurso, exagerou: "O inimigo mortal do homem é a miséria (...). Mais miserável do que os miseráveis é a sociedade que não acaba com a miséria."

Essa o Sarney fica me devendo. A expressão original dizia "governo", mudei para "sociedade". Acho que, se eu não tivesse feito isso, o Sarney teria sido mais um a fugir da "comissão da verdade" do meu marido.

Só que Ulysses era incansável na sua implicância com Sarney, que também fazia por merecer. Sarney queria que meu marido servisse ao governo, não à sociedade. E Ulysses, então, valeu-se do rebelde João Fernandes Vieira, que cunhou a frase da preeminência da sociedade sobre o Estado: "Desobedecer a El Rey, para servir a El Rey."

El Rey não gostou.

P. S.: Candidato na primeira eleição direta do país pós-ditadura, coube ao meu marido encerrar o horário eleitoral. Foi à forra. Abriu seu pronunciamento homenageando Honestino Guimarães, citou todos os seus mortos e lembrou da "Censura velhista e velhaca, que calou para sempre a pena de Vladimir Herzog; que pisoteou e amordaçou Geraldo Vandré, Chico Buarque, Plínio Marcos, Gianfrancesco Guarnieri e Cacilda Becker, como símbolos".

CAPÍTULO 32

COLLOR COM FEIJÃO, ARROZ E MACARRÃO

Na época da Rio-92, o país já começava a mergulhar numa crise política, com o Congresso agitado por causa dos escândalos, e Collor queria discutir sustentabilidade com Ulysses, que aceitou, e um almoço foi marcado.

No início do ano de 1992, meu marido pisou pela última vez o chão do Palácio da Alvorada. Aliás, frequentou-o pouquíssimas vezes no governo Sarney e uma única, que foi essa à qual me refiro agora, no governo Collor.

Vejam que história!

Uns 15 dias antes, o então ministro-chefe da Casa Civil, Jorge Bornhausen, sondara Ulysses para saber se ele aceitaria almoçar com o presidente da República no Palácio da Alvorada. Meu marido declinou elegantemente, argumentando que já estava fora do comando do PMDB e que, portanto, não era interlocutor autorizado para representar o partido. Lembrou que, naquele momento, era apenas presidente da Comissão de Relações Exteriores, por obra e graça do então líder do PFL Luís Eduardo Magalhães, pois, se dependesse do comando do PMDB, na verdade, nem na Câmara ele estaria mais. Esse dispensável lembrete foi muito bem usado por Bornhausen:

— Mas o presidente Collor quer se reunir com o presidente da Comissão de Relações Exteriores para discutir a Rio-92, que começa daqui a alguns dias.

Não era a primeira vez que Collor assediava meu marido. Antes, quando estávamos num safári em plena África, Collor queria que Ulysses voltasse para o Brasil na condição de ministro das Relações Exteriores. Meu marido recusou.

Agora, o convite era para uma conversa institucional sobre a Rio-92. Mas o país já começava a mergulhar numa crise política, com o Congresso agitado por causa dos escândalos, e Collor queria discutir sustentabilidade com meu marido! Ulysses aceitou, e marcaram a data.

Ninguém, obviamente, contava com o imponderável. O imponderável foi a publicação, na véspera do encontro, da famosa entrevista de Pedro Collor à revista *Veja*.

Assim que foi publicada, os políticos começaram a voltar para Brasília, inclusive meu marido, que, a essa altura, já havia se esquecido da sua reunião ecológica com o presidente.

O Congresso só falava em CPI, só respirava CPI. Eu ficara em casa, em São Paulo. A essa altura, com Ulysses despossuído dos cargos institucionais que exigiam minha presença em Brasília, eu passava a maior parte do tempo na nossa casa da rua Campo Verde. De repente, recebo um telefonema do meu marido.

– O homem já renunciou? – perguntei logo.

– Não, Mora. O homem está me chamando para aquele almoço do qual eu até já havia me esquecido.

Naquele momento, confesso, a minha condição feminina falou mais alto que a de companheira e conselheira. E, muito agitada, quase gritei ao telefone:

– Vai! Vai logo! Vai e me conta tudo quando voltares!

Eu estava com tudo ligado: rádio e televisão. Acompanhando tudo, e sabia que o homem estava lá trancado, isolado. E iria sair do imobilismo para receber meu marido! Eu iria saber tudo em primeira mão! Era uma condição irresistível de se abdicar, mesmo sabendo que, depois, eu não poderia contar nada, nem para a minha fiel Geralda, e muito menos para as minhas amigas Henriqueta Gomes e Maria da Glória. Mesmo assim, eu já me daria por satisfeita.

Na minha euforia, nem percebi que Ulysses ainda estava na linha.

— Mora?! Mora?! Você está me ouvindo?
— Claro, Ulysses, fala!
— Eu estou me sentindo o próprio Schmidt!
— Quem?!
— O Schmidt, o Augusto Frederico Schmidt!

Claro que eu sabia quem era o Schmidt. Já falei dele aqui. Amigo de Juscelino, Castelo, Tancredo e do próprio Ulysses. Mas desconhecia a história que meu marido me contou naquele momento para eu poder entender como ele estava se sentindo.

A influência de Schmidt na política vinha desde Getúlio, embora ele fosse mais conhecido como poeta e empresário. Schmidt editou Jorge Amado, Gilberto Freyre e outras celebridades. Foi amigo de todos os intelectuais, como Mário e Oswald de Andrade, também. Como empresário, participou da implantação dos supermercados Disco, no Rio.

Pois bem, o episódio a que se referia meu marido ocorrera no final da tarde do dia 23 de agosto de 1954, no Palácio do Catete. Schmidt, como Ulysses, tinha uma audiência com um presidente da República que vivia crise semelhante, embora mais grave, porque envolvia assassinato. Ou seja, sangue misturado com lama.

Com o Collor, era só lama. Schmidt presidia um centro de estudos criado para fazer propostas de programa de alimentação, que seriam discutidas com o governo e empresários americanos. Todas as sugestões de Schmidt poderiam ser resumidas num programa de aproveitamento da pesca do pirarucu do Amazonas.

Isso mesmo! Antes de se recolher aos aposentos para dar fim à própria vida, Getúlio manteve a audiência com Schmidt para discutir a pesca de pirarucu. Só que meu marido, integrado totalmente à culinária pantaneira, deu outro título ao estranho encontro que teria com Collor:

— Mora, eu me sinto indo discutir a piracema de pacu com um presidente da República que está caindo!

E lá foi o meu poeta, o meu Schmidt, para o almoço com Collor. Contou-me depois que nunca tinha visto tantos jornalistas juntos. Ulysses sentiu até claustrofobia ao ser cercado por eles na saída do Palácio.

– Como foi o almoço? – não foi nem pergunta, foi manifestação de um verdadeiro coral.

– Foi uma droga! – respondeu meu marido. Diante da estupefação geral, explicou: – Eu, que vivo aí pelos palácios, já me acostumei com comida ruim. Mas ele me serviu uma coisa frugal, muito caipira: arroz, feijão e macarrão. Aqui fora come-se melhor!

Foi o que ficou daquele inútil encontro. A notícia espalhou-se, e Collor, além da fama de mau gestor, ficou com a de péssimo anfitrião.

Claro que eu dei um puxão de orelha no meu marido. Isso não se faz.

– Mora, você acha que com essa confusão toda o Collor vai ter tempo pra ler essas bobagens? – argumentou Ulysses.

– Pelo que dizem, ele só está lendo bobagens!

Dias mais tarde, CPI instalada, país pegando fogo, na abertura da Rio-92, Collor, recepcionando chefes de Estado estrangeiros, avista meu marido do outro lado do salão e caminha firmemente em sua direção. Cumprimenta Ulysses, aproxima-se do seu ouvido e cochicha:

– Da próxima vez, mando a cozinheira caprichar mais!

Não houve próxima vez.

CAPÍTULO 33

PROPOSTA INDECENTE

Com uma conversa mascarada de altamente republicana, o general Golbery, no fundo, queria que Ulysses se afastasse da esquerda, que já se aglutinava em torno da sua liderança, e participasse do grupo de moderados.

Encontro secreto de três nunca dá empate. Só problemas. Reunião com números ímpares de atores não visa a acordo, mas cooptação. São máximas de uma das maiores vítimas dessas desastradas tentativas de se buscarem acertos políticos por baixo do pano. Coincidentemente, essa pessoa chama-se Ulysses Guimarães, meu marido.

Por que isso é tema deste capítulo? Nem eu sei. Ou, talvez, até saiba demais. Posso, perfeitamente, disfarçar minhas verdadeiras intenções, apegando-me à coincidência cronológica dos fatos, ordem, aliás, nunca seguida por mim, aqui nos nossos encontros nada burocráticos. Mas é o argumento que me vem à cabeça agora para poder contar algo muito importante da vida de Ulysses, que, mais cedo ou mais tarde, eu teria de abordar.

Então, que seja agora.

Em 1974, num belo dia de final de abril – mês fadado a grandes encontros e desencontros políticos, que o digam o próprio golpe militar de 1964 e o "pacote de abril" de 1977, para não chegarmos aos dias de hoje –, o então líder da oposição à ditadura, meu marido, reuniu-se, secretamente, com o também líder intelectual do regime militar, o general Golbery do Couto e Silva. O encontro foi mediado pelo então secretário-geral do MDB, Thales Ramalho.

O que levou a ditadura, com apenas um ano de mandato do seu quarto general (Geisel), a procurar seu principal inimigo institucional não é difícil de se adivinhar. Exatamente, foi como anticandidato contra Geisel que Ulysses colheu, neste ano, a maior vitória do MDB, derrotando a Arena em 16 estados.

A história contada até hoje é a de que Golbery, nesse encontro, deu uma aula de ciência política a meu marido, prevendo o que aconteceria ao país depois de uma série de reformas que o governo proporia à oposição, tendo como pressuposto – teria insinuado o general – a própria anistia.

Mas vou encurtar a história: mascarada de conversa altamente republicana, o general, no fundo, fez a meu marido uma proposta indecente. Queria que Ulysses se afastasse da esquerda, que já se aglutinava em torno da sua liderança, e participasse do grupo de moderados – do qual Thales fazia parte, capitaneado por Tancredo Neves –, que já se articulava com liberais da Arena para a criação de um partido de centro, que se confrontaria com as esquerdas, na suposta reforma partidária do regime. Meu marido percebeu o golpe, mas educadamente ouviu as teses do general.

Selou-se, nesse encontro, um pacto de silêncio, praticamente impossível de ser desfeito, devido não só às altas responsabilidades dos cargos que exerciam os participantes, mas, sobretudo, ao estilo discreto e excessivamente reservado dos três.

Golbery, do início ao fim, não cansou de repetir que a conversa estava sendo realizada com total conhecimento e aval do presidente Geisel. Mas, exatamente três meses depois, o presidente desmentiu seu articulador, com um pronunciamento cheio de críticas à oposição. Claro que teve revide. E ele veio na nota em que meu marido comparou Geisel a Idi Amin Dada.

Na verdade, essa nota, feita no clássico estilo literário insinuante de Ulysses, agride muito mais o general Geisel em outros parágrafos. A citação do nome do então ditador de Uganda é, repito, insinuante, não objetiva, como se comenta até hoje: "Ah, Ulysses chamou Geisel de Idi Amin."

Mas, no fundo, foi bom que fosse interpretado assim. Isso ajudou meu marido a exorcizar as feitiçarias de Golbery, embora não o tivesse livrado de processo, opção final de Geisel às sugestões de cassação de mandato. Se Ulysses ficou devendo alguma coisa a Golbery, por causa daquele infeliz encontro, foi o fato de o general não ter participado do coro que exigia a sua cassação. Fora os militares marcadamente identificados com Sylvio Frota, a maior parte das pressões para a degola de meu marido veio das lideranças civis que serviam à ditadura, estimuladas pelo ciúme do próprio presidente da Arena, o senador Petrônio Portella. Diz-se, na política, que ciúme de homem é pior do que o nosso.

Portella, com toda a razão, sentiu-se atropelado por esse encontro. Ele era o presidente do partido do governo. Quem deveria conversar com o presidente do partido da oposição era ele, portanto. Mas todos, inclusive Ulysses, desrespeitaram essa regra, valendo-se do fato de que Petrônio Portella nunca gozou da confiança do meu marido.

Por isso, o senador Petrônio Portella alimentou uma forte reação à nota de Ulysses, "obrigando" o próprio Geisel a, docemente constrangido, tentar tirar o mandato parlamentar de Ulysses pela via legal, a de uma representação no Supremo.

Todos os episódios decorrentes desse maldito encontro tinham suas lógicas, inalcançáveis para todos os políticos, analistas e jornalistas, dado o seu caráter sigiloso. Por isso, a fúria de Portella – um dos poucos que sabiam – contra Ulysses era descomunal e, aparentemente, incompreensível.

A relação de Thales com o meu marido se enfraquecera muito porque Ulysses não o avisara da "nota do Idi Amin" em resposta a Geisel. Mediador do encontro, Thales se considerava fiador de um pacto político que não existia. O pacto era apenas do sigilo. Mas a relação entre os dois ainda era sustentada por um fio: o segredo sobre o encontro ainda prevalecia.

Quando Ulysses e Tancredo se afastaram politicamente, este levou Thales para o seu novo partido, o frustrado PP. Nem bem rasgava sua ficha do MDB, Thales, em dezembro de 1979, quebrou o segredo, revelando-o, primeiramente, aos jornalistas Carlos Chagas e Marcos Sá Correia. Escandalizada, a esquerda do já PMDB cobrou esclarecimentos de Ulysses, através de Jarbas Vasconcelos. Meu marido resumiu então, assim, o encontro de quatro anos atrás:

– As teses do Golbery sobre a reforma partidária não diferem em nada do que o Mangabeira Unger tem nos apresentado sobre as correntes internas do MDB.

Antes de romper o pacto de silêncio, Thales, como eu já disse, estava com as relações esgarçadas com Ulysses. Mesmo assim, teve um último gesto de cortesia com meu marido. Ligou para Ulysses e despediu-se dele, numa curta conversa de dois minutos, depois de uma convivência de quase dez anos juntos no comando do MDB.

Meu marido e Thales se reencontraram depois, na incorporação do PP ao PMDB. Mas a amizade dera lugar a uma relação quase formal.

Foi por causa desse episódio que Ulysses cunhou a Paulo Brossard a seguinte frase:

– A mulher tem mais caráter que o homem.

E explicou:

– O homem briga, rompe, faz as pazes. A mulher nunca esquece.

Meu marido nunca fez questão de corrigir as várias versões dadas ao encontro.

– Para quê? – perguntava ele, sempre que eu tocava no assunto.

E encerrava a conversa:

– O mau das conversas supostamente secretas é que sempre haverá no mínimo três versões: a sua, a do outro e a verdadeira.

CAPÍTULO 34

POR DENTRO DO SACO DE GATOS

O momento não era muito favorável às siglas de oposição. Paridas do ventre emedebista, já engatinhavam e se engalfinhavam como verdadeiras inimigas, enquanto o verdadeiro inimigo comum, a ditadura, não precisava fazer o menor esforço para separá-las.

Anotem este número, supersticiosos, numerologistas e apostadores em geral: 2240569. Por este número, brigaram pela primeira vez, em 1980, os recém-criados Partido Popular (PP) e Partido do Movimento Democrático Brasileiro (PMDB), ambos sucedâneos do MDB, extinto, juntamente com a Arena, pela mesma ditadura que os criou.

Outras brigas aconteceriam no embate entre os partidos de Tancredo Neves e Ulysses Guimarães, meu marido. Em um dos capítulos desta minha história, eu já me referi à disputa por esse número de telefone, que pertencia à presidência do MDB, mas sem revelar seus algarismos e, muito menos, seus detalhes.

Com o fim do bipartidarismo e a criação de novos partidos, eram necessários mais espaços físicos no Congresso para abrigar todas essas legendas. O gabinete do presidente do MDB ocupava privilegiadas salas no andar superior da Câmara, ao lado da presidência da Câmara e a poucos metros do Salão Verde, que dá acesso ao plenário, hoje chamado Ulysses Guimarães.

E resolveram desalojar Ulysses para o subsolo, cedendo a sua sala para a liderança do PP, cujo líder era justamente o Thales Ramalho, personagem desta nossa conversa, lembram?

Mas Ulysses bateu pé. Alegou que o 2240569 era o número do "pronto-socorro cívico do povo brasileiro". Feito criança, meu marido tirou o telefone da tomada e o levou para o subsolo, junto com um pôster seu que durante quase dez anos emoldurou o gabinete. No lugar do retrato, ficou uma marca de carpete verde forte, sobrepondo-se na parede já empalidecida pelo tempo.

Logo que se sentou na cadeira do meu marido, Thales Ramalho sentiu-se incomodado com aquele retângulo verde atrás da sua cadeira. No dia seguinte, cobriu-o com uma foto do papa Paulo VI, que diziam ser a sua cara.

O momento não era muito favorável às oposições. Paridas do ventre emedebista, já engatinhavam e se engalfinhavam como verdadeiras inimigas, enquanto o verdadeiro inimigo comum, a ditadura, não precisava fazer o menor esforço para separá-las.

Se eu contar o saco de gatos que foi a reestruturação partidária no Brasil, nos meses finais de 1979, vocês vão achar que estou falando de disputas de grêmios estudantis. Mas não! Foram muito piores. Não vou nem entrar nas brigas de Ulysses com Tancredo, até porque já falei muito delas aqui.

O meu marido não tinha apenas Tancredo no seu pé. Ulysses tinha um adversário dentro de casa. Se nunca falei dele aqui, peço desculpas. Deve ter sido por um terrível – e conveniente, na certa – lapso de memória. O nome dele é Franco Montoro. Se eu contar aqui o que esses dois já aprontaram, terei que escrever outro livro.

Mas vou me ater apenas a uma história, referente ao meu tema deste capítulo, que, como vocês já perceberam, é sobre a criação dos partidos que estão até hoje aí, alguns com novos nomes.

Pois bem, Montoro, inegavelmente, sempre controlou a bancada do Senado. Na corrida de quem criava primeiro o melhor sucedâneo do MDB, ele juntou propositadamente todos os senadores que já pensavam em disputar a primeira eleição direta de governador em 1982, num sugestivo bloco chamado "não alinhados". Em bom português, eram os senadores que não queriam marchar com Olavo Setúbal e Magalhães Pinto no PP de Tancredo Neves nem com Miguel Arraes no PMDB de Ulysses Guimarães.

Os "não alinhados" de Montoro estavam namorando pública e escandalosamente com o PTB de Brizola. As coisas estavam num nível tal que os casais Montoro e Brizola passavam fins de semana juntos, a ponto de Ulysses brincar comigo.

– Está vendo, se você e Risoleta fossem unidas como a Lucy e a Neuza, Tancredo e eu não teríamos nos separado!

Ulysses falando isso só me fazia lembrar Tancredo e suas peraltices. Ele, Magalhães Pinto e Walter Moreira Salles sempre moraram no mesmo edifício na avenida Atlântica. E gostava de repetir:

– Risoleta e Berenice eram solidárias com os maridos que eram adversários entre si. Mas resolveram se unir para mudar o nome do nosso edifício, que se chamava Solar dos Velhos.

Bem, a verdade é que, de repente, de uma hora para outra, a fusão de Brizola com Montoro foi por água abaixo. Brizola, em vez de brigar com Montoro, culpou o Pedro Simon, só porque, frustrada a fusão, Simon voltava a ser o candidato preferencial ao governo do Rio Grande do Sul. E os "não alinhados" voltaram cabisbaixos para as asas do PMDB.

Muitos vão se surpreender com o que vou dizer agora. No auge da especulação de que ele seria o primeiro a querer debandar do MDB, Tancredo Neves fez uma declaração em que poucos acreditaram: "Se o MDB for extinto, serei o último a apagar a luz." E foi mesmo, apesar das charges maravilhosas que o Ziraldo fazia no *Jornal do Brasil* em cima dessa declaração, sempre com as mãos do Tancredo no interruptor, e que meu marido me fazia recortar e guardar em álbum, como os de jogadores de futebol.

Naquele momento de muitos desentendimentos, principalmente entre remanescentes dos chamados partidos proscritos, Luís Carlos Prestes, em litígio com o comando do então PCB, fez uma declaração pública para que seus seguidores se filiassem ao PMDB. Foi outra deixa para Tancredo, que já havia dito que o seu "MDB não era o MDB de Miguel Arraes", dar uma pancada na nuca de Ulysses:

– As declarações do eminente líder maior dos comunistas, o ilustre comandante Luís Carlos Prestes, só confirmam que, de fato e de direito, o PMDB é, definitivamente, o partido de Prestes e de Arraes.

Não durou um ano essa opinião do eminente doutor Tancredo de Almeida Neves. Em novembro de 1981, já estava piscando olhos para o meu marido. Quatro meses depois, os dois mostravam ao país que, definitivamente, o PMDB não era o partido de Prestes e Arraes, mas de outros dois igualmente valorosos brasileiros, Tancredo Neves e Ulysses Guimarães.

A história desse reencontro, como ele aconteceu e por que aconteceu, eu contarei no próximo capítulo.

O que posso adiantar a vocês é que a mão pesada da ditadura se impôs mais uma vez ao Congresso, com um pacote de casuísmos que visavam, sobretudo, garantir ao general Figueiredo o controle do Colégio Eleitoral que elegeria seu sucessor.

Estou me referindo ao pacote eleitoral que inviabilizou o partido de Tancredo Neves, mas que não o impediu de se eleger governador pela legenda do PMDB.

É uma história rica, na qual se prova que o feitiço virou contra o general-ditador, porque o general-feiticeiro, Golbery do Couto e Silva, já tinha pulado do barco por causa do episódio do Riocentro.

CAPÍTULO 35

A VOLTA DO FILHO PRÓDIGO

Ao proibir as coligações, o então presidente João Figueiredo soterrou o partido de Tancredo Neves e enfraqueceu os outros partidos de oposição. A reação veio logo: Tancredo incorporou o seu PP ao PMDB.

Prometi contar a história do retorno do doutor Tancredo de Almeida Neves ao PMDB. Se eu fosse historiadora ou jornalista, a objetividade me levaria a dizer: "Vou contar hoje o início da caminhada de Tancredo Neves rumo ao poder." Quem dera! Sou apenas a confidente de um marido que tinha a política como vocação.

Mas é verdade. Não tivesse havido a violência institucional da ditadura ao editar, no final de novembro de 1981, um "pacote" eleitoral para tentar impedir a vitória das oposições pelo próprio Colégio Eleitoral, Tancredo seguiria firme, mas não tão forte, tocando lá o seu Partido Popular, e Ulysses, o PMDB.

Mas, ao proibir as coligações, o então presidente Figueiredo soterrou o partido de Tancredo e enfraqueceu os outros partidos de oposição. A reação veio logo: Tancredo incorporou o PP ao PMDB.

Por trás de tudo isso, havia uma imensa rede de intrigas, ciúmes, disputas, dentro do próprio partido do governo, o PDS. O presidente do partido, senador José Sarney, e o ministro da Justiça, Ibrahim Abi-Ackel, viviam às turras. O presidente do Senado, Jarbas Passarinho, tinha desprezo pelos dois. E Figueiredo odiava todos eles. Do lado das oposições, as disputas eram mais exacerbadas entre Brizola e Ivete Vargas, pelo espólio do trabalhismo, e entre Ulysses e Tancredo, por motivos já muito conhecidos de vocês. O PT brigava com grupos radicais internos que não queriam o partido convivendo institucionalmente com a ditadura militar.

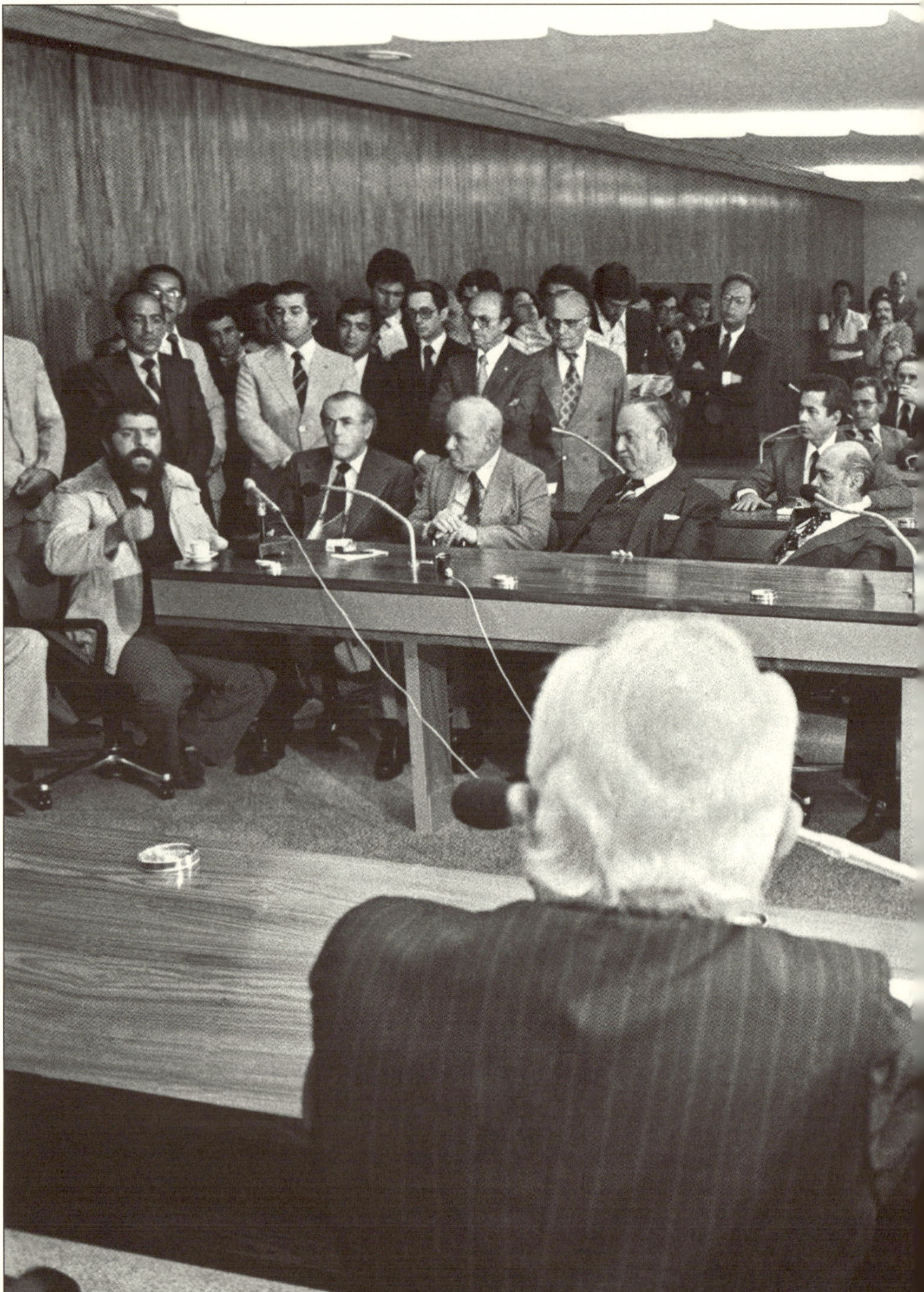

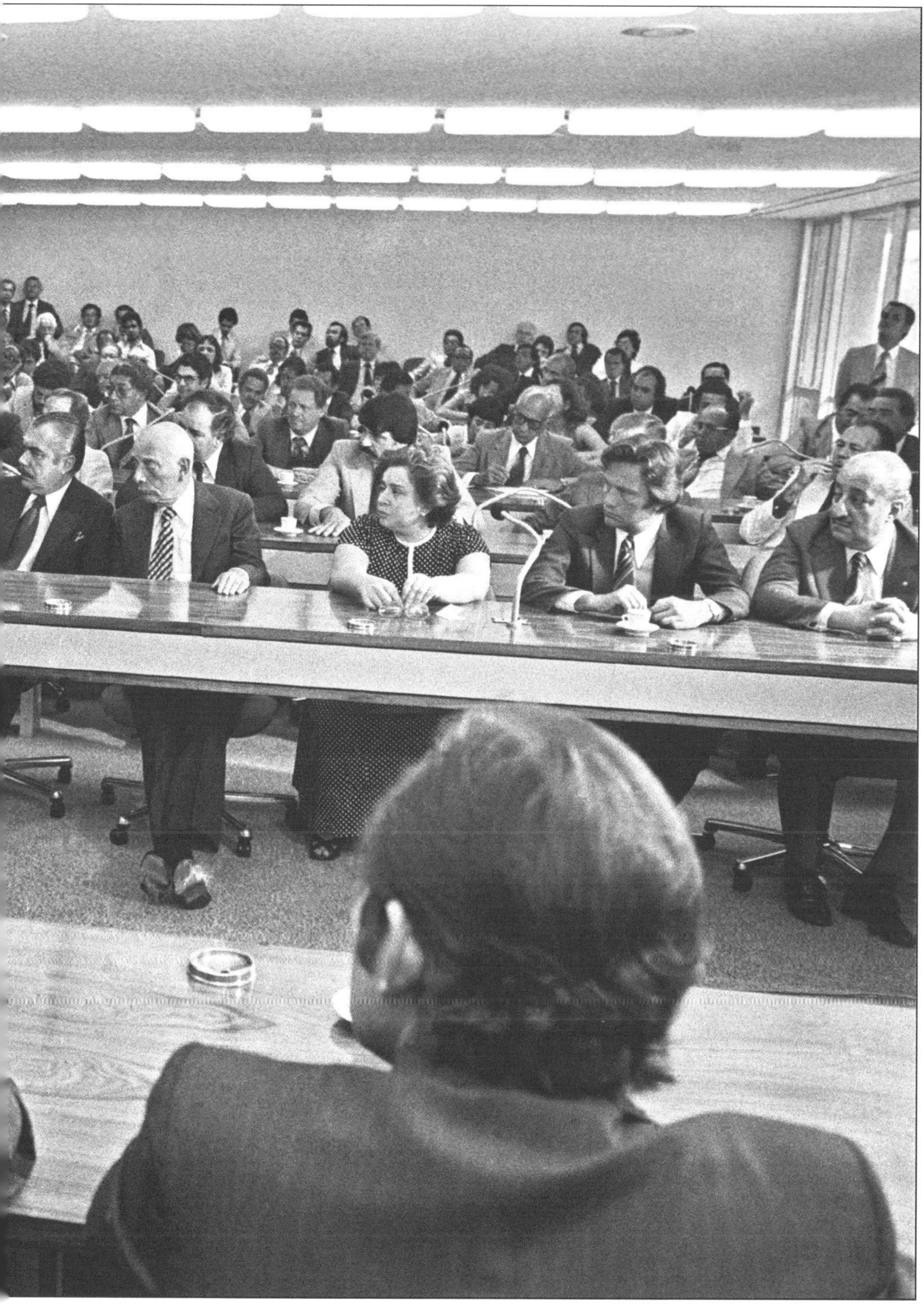

Aí vocês vão me perguntar: o país estava politicamente tranquilo para suportar essa confusão toda? Amigas e amigos, não me lembro de situação semelhante àquela, tirando o próprio golpe militar de 1964 e o AI-5, de 1968. Por ter vivido os anos de 1980 e 1981 mais perto da política, em função do meu marido, arrisco a dizer: acho que foi o pior.

A briga não era mais entre a ditadura e seus opositores. Era uma luta armada dentro do próprio sistema. A palavra "tortura" foi substituída pela palavra "atentado". A covardia era mais brutal, pois os confrontos eram decididos dentro dos quartéis, mas os alvos eram as instituições civis, seus líderes e símbolos.

Chegou-se a ponto de o próprio presidente da República ser obrigado a, em discurso público, dirigir-se solene, mas corajosamente, aos conspiradores:

– Dirijo-me, neste instante, aos covardes facínoras ensandecidos. Peço que joguem suas bombas contra mim, mas parem de matar inocentes.

Estava claro que o inimigo não era a oposição. A oposição era adversária. Mas uma adversária altiva, que não titubeou em querer atravessar a rua para se solidarizar com o ditador encurralado.

– Se vocês pisarem a rampa, serei deposto aqui mesmo no meu gabinete – disse Figueiredo a Tancredo, a propósito do Riocentro.

À frente da comitiva, barrada por Figueiredo, estavam Ulysses, Brizola, Lula e os demais presidentes dos partidos de oposição.

Seis meses depois desse gesto das mãos estendidas, as oposições recebiam um duro golpe. Convocadas por Abi-Ackel para a confecção de um acordo em torno de um projeto de reforma eleitoral, as oposições já se preparavam para disputar a primeira eleição de governadores.

Abi-Ackel, que surgiu do nada, de repente, transformou-se na principal estrela civil do governo militar. Tancredo, então, estava enamorado daquele homem de voz sedosa e linguajar erudito.

Pobre Abi-Ackel, enquanto era o interlocutor autorizado e privilegiado das oposições, sua cabeça estava sendo fatiada pelas mãos do Leitão de Abreu, do Sarney e do Passarinho. Figueiredo, que já era alheio a tudo isso, depois da cirurgia de Cleveland, parecia mais aéreo do que nunca. Tanto que o então presidente da Câmara, Nelson Marchezan, contou a Ulysses que houve uma reunião informal do conselho político do governo em churrasco, na Granja do Torto, exatamente para discutir os embaraços da reforma eleitoral. Depois de ouvir longos discursos contra e a favor dos entendimentos com as oposições, Figueiredo finalmente se manifestou, dirigindo-se a ele, Marchezan:

— Marchezan, você já reparou que essa linguiça da Sadia já não é a mesma de antes. Você já experimentou a da concorrente? Dizem que é muito melhor.

E a reunião foi encerrada ali, com o presidente da República insistindo com o presidente da Câmara para negociar com os donos da fábrica de linguiça a melhora do produto. Isso não podia dar certo mesmo.

E não deu!

Poucos dias depois, Tancredo sai de uma reunião com o "grande" articulador, comemorando o anúncio de uma justa e promissora reforma eleitoral. Horas depois, Abi-Ackel é atropelado pelo Planalto e mantém este diálogo com Tancredo:

— Houve um contratempo. O presidente acaba de anunciar um decreto-lei proibindo coligações.

— E a sua palavra, ministro, como fica?

— A minha palavra é comunicar aos senhores a determinação do presidente.

Foi aí que Tancredo celebrizou a frase:

— Com esse ministro Abi-Ackel, só converso agora sobre concurso de miss.

Sarney, claro, ficou feliz. Como a ditadura estava nos seus estertores, o pacote era para assegurar a vitória do PDS nas eleições de 1982 e garantir a maioria no Colégio Eleitoral para eleger um civil. A briga no PDS seria entre Maluf, Andreazza e Aureliano Chaves.

Deu Tancredo, quer dizer, Sarney, a quem Figueiredo se recusaria a passar a faixa presidencial. Paradoxalmente, não recusaria passá-la a meu marido, confidenciaria.

Estranho, não? É que o general Figueiredo, como o seu antecessor Geisel, não gostava de Ulysses. Geisel, vocês sabem, porque meu marido o comparou ao então ditador de Uganda, Idi Amin Dada. Já Figueiredo não tinha tanto motivo. Levou a sério uma piada de bar de Ulysses sobre a sua formação intelectual e devolveu na mesma linguagem:

— Analfabeto é a mãe do deputado Ulysses Guimarães!

Aliás, xingar a minha sogra não foi privilégio só de Figueiredo. Geisel já o fizera antes, por causa do Idi Amin.

Meu marido sempre teve essa, digamos, vocação antimilitarista. Já o conheci assim. Poucos foram os militares que conviveram com ele. Ele tinha muita simpatia pelos generais Ivan e Leônidas Pires Gonçalves, ministros de Sarney. Por uma dessas ironias da vida, o comandante do Emfa no governo Sarney acabou sendo um genro torto nosso: casou-se com uma sobrinha querida que vivia em nossa casa em Brasília.

Ironia maior da vida é o fato de que meu marido só conseguiu chegar onde chegou graças a um outro general: Oscar Passos, que renunciou à presidência do MDB.

Certa vez, perguntei:

— Ulysses, por que os militares não gostam de você?

— De mim, até que gostam. Eles nunca gostaram mesmo foi da minha mãe.

Mas eu considero o meu marido um verdadeiro general, sem estrelas, sem farda. Um verdadeiro herói. No lugar de estrelas, seus ombros, como os do poeta, suportam o mundo, carregam cruzes dos seus mortos, que "não pesam mais do que a mão de uma criança".

CAPÍTULO 36

NINGUÉM SE ELEGE SEM MALUF

Sem o apoio de Paulo Maluf, Tancredo Neves não se elegeria governador de Minas Gerais. Sem a oposição de Maluf, talvez Tancredo perdesse a eleição para a Presidência da República.

Eu me lembro muito bem daquela noite de inverno de 1978, na qual meu marido entrou na sala, parou em frente ao aparelho de TV atrapalhando a minha novela, e se disse guardião do maior mistério que rondava os lares brasileiros.

– Mora! Eu sei quem matou Salomão Hayala! Paulo Maluf!

Era *O astro*, de Janete Clair. E o dono do império Hayala era Dionísio Azevedo, um dos ícones da dramaturgia brasileira. Os Hayala e os Maluf, a ficção e a realidade, caminhando juntas, invadindo juntas os lares brasileiros.

E tudo o que se passava na política brasileira, naquele momento, era atribuído a esse homem que se articulava, por fora, para se eleger governador de São Paulo, em eleição indireta, contra o candidato oficial da ditadura, Laudo Natel.

Paulo Maluf já era conhecido, claro, pelas suas atividades empresariais e políticas, sempre ousadas. Apostara mal na sucessão de Geisel, apoiando Sylvio Frota. Por isso, tinha a hostilidade de Brasília, mas o apoio do general Golbery.

Era desmedido atrevimento alguém enfrentar os desejos políticos do poder. E, não nego, foi até com certa torcida que a oposição acompanhou a frenética disputa e apuração daquela eleição pelo rádio e se deliciou com o discurso impudico do Maluf:

– Não houve vencedores nem vencidos! Dedico esta minha vitória, estes meus 617 votos (contra 589 de Laudo Natel) ao presidente Geisel, que se comportou como se comportam os estadistas nos processos eleitorais, ficando equidistante das disputas legítimas e democráticas.

Que escárnio! Nem para fazer de Figueiredo seu sucessor, o general Geisel trabalhou tanto quanto se empenhou para derrotar Paulo Maluf.

A partir de então, Maluf se tornou um dos mais importantes personagens da política brasileira. Nada mais se fez sem que tivesse a presença dele, até contra ele, como vocês verão neste episódio que conto agora.

Sei que o repórter apalermado, tempos atrás, andou bordejando essa surpreendente passagem da história política do país. Sei até da fonte cristalina em que bebeu: Francisco Dornelles, sobrinho de Tancredo Neves, comprovadamente, como o tio, um dos homens públicos mais hábeis do país e personagem ativo do episódio.

Eu soube do fato, como sempre, através do meu marido e de forma absolutamente casual. Falava-me Ulysses de como tinha sido uma festa a reunião de todos os candidatos do PMDB à primeira eleição de governadores do país, em 1982. Uma festa que se estendeu, segundo seu relato, madrugada adentro.

O jantar, para variar, tinha sido na parte de cima do Piantella, fechada para o evento. Os jornalistas todos ficaram na parte de baixo do restaurante. Em determinado momento, Tancredo puxou meu marido a um canto e confessou:

– O governo está jogando pesado nas eleições de Minas. Descobriram que o foco da sucessão de Figueiredo está lá.

– Como assim? – quis saber meu marido.

– Se Eliseu Resende ganhar, Andreazza sai como favorito. Se perder, ninguém segura Maluf. O governo todo foi despachado para Minas.

Olho no olho, meu marido comenta com o velho companheiro:

– Tancredo, você já reparou que esse Maluf entrou como praga na política brasileira?

– Pior, Ulysses, é que acho que nunca vamos nos livrar dele. Ele veio para ficar.

De repente, a conversa foi interrompida por um barulho de boate: na parte de baixo, onde estavam os jornalistas, um coro acompanhava a inconfundível voz de Cauby Peixoto cantando "Ronda".

Cauby contou a Ulysses que estava na cidade para um show beneficente da amiga primeira-dama Dulce Figueiredo. Cauby deu uma canja aos candidatos do PMDB e transformou o evento numa grande serenata. O intérprete de "Conceição", por alguns poucos, mas bons, momentos, fez Tancredo esquecer seu drama.

A parte de baixo – onde já tinham se juntado aos jornalistas vários parlamentares de esquerda, como Roberto Freire e Airton Soares – uniu-se à de cima. E ficaram lá os homens, bêbados e febris, a se rasgar por Cauby. Cauby foi embora, a festa acabou, e as coisas só apertando para Tancredo. Ele já pensara até em jogar tudo para os ares, denunciando o criminoso derrame de dinheiro que maculava a primeira eleição direta de governadores da ditadura. Chamou Dornelles:

– Entre em campo e peça ajuda a alguns amigos seus.

Dornelles, então, procurou Golbery, que já havia deixado o governo Figueiredo e prestava assessoria a instituições financeiras. Golbery ouve a choradeira de Dornelles e, pragmático, volta com a solução: numa reunião na casa de Antônio Neves, irmão de Tancredo, em São Paulo, Maluf promete ao candidato dar apoio logístico à campanha. E cumpre. Dois anos depois, Tancredo e Maluf voltam a se encontrar numa inicialmente feroz disputa que acabou com a ditadura no país.

Sem o apoio de Maluf, portanto, Tancredo não se elegeria governador de Minas. Sem a oposição de Maluf, talvez Tancredo perdesse a eleição para a Presidência da República.

Pronto, contei a minha história!

Isso é o que vocês pensam!

Foi o que eu, também, achava, até encontrar um bilhete amassado com a letra do meu marido, lembrando-me em poucas palavras: "almoço com Ricardo Jafet".

Ricardo Jafet foi também um rico empresário que ajudou a financiar a campanha de Getúlio Vargas à Presidência da República em 1950. Foi muito amigo de Ulysses, mas acho até que era mais de Tancredo. Eleito Getúlio, Jafet queria o Ministério da Fazenda. Perdeu a vaga para um grande, se não um dos maiores amigos de Ulysses, Horácio Lafer.

Gozado, Tancredo era um desses raros políticos que cultivavam amizades femininas. Ulysses começou a ser assim também, mas já no fim da vida. E, mesmo assim, elas poderiam ser contadas nos dedos das mãos: Maria da Glória Archer, Mariana Fortes, Henriqueta Gomes, entre as mulheres de políticos, que eram minhas amigas também. Ah, tinha também a Maria da Conceição Tavares, Cristina Tavares, Rita Camata, Roseana Sarney. Mas seu xodó sempre foi a Mariana, pelas suas exageradas sinceridade e ternura.

Já Tancredo sempre teve como o melhor casal de amigos Ricardo e sua mulher, Nelly Jafet. Ele era encantado pela personalidade forte, altiva e inteligente da Nelly.

Ricardo, preterido para a Fazenda, foi nomeado presidente do Banco do Brasil. Acusado de, a mando de Getúlio, favorecer a *Última Hora*, de Samuel Wainer, Jafet acabou caindo do cargo. Foi muito perseguido por Carlos Lacerda na *Tribuna da Imprensa*. Seu coração não suportou. Morreu cedo. Mas a amizade de Tancredo com Nelly Jafet ficou, para sempre.

Perto de ganhar a eleição, Tancredo, durante almoço na casa de Bocayuva Cunha, revela:

— Eleger-se presidente é o sonho de todo e qualquer político. O que eu nunca poderia imaginar é que disputaria contra o irmão da minha melhor amiga, a Nelly Jafet.

Nelly Jafet é irmã de Paulo Maluf.

O marido da Nelly financiou campanha de Getúlio.

O irmão da Nelly financiou Tancredo.

CAPÍTULO 37

AS JOGADAS DO CRAQUE ULYSSES

O maior feito do meu marido no futebol foi o de participar de uma aposta louca. Ulysses usou de seu prestígio de presidente da Câmara a favor da convocação de um menor de idade para a Copa da Suécia, em 1958: Pelé.

Vocês que me acompanham aqui devem se perguntar: este Ulysses Guimarães não pensava em outra coisa a não ser política? Meu marido, aristotelicamente falando, sempre foi um animal político. Mas – pasmem! – foi também um grande futebolista. Foi dirigente do hoje centenário Santos Futebol Clube. Usou da política para favorecer o futebol, mas, graças a Deus, nunca foi chamado de cartola.

O maior feito do meu marido no futebol foi o de participar de uma aposta louca, envolvendo o recém-chegado João Havelange ao comando da então Confederação Brasileira de Desportos (CBD) e o presidente do Santos à época, Athiê Jorge Coury. O chefe da delegação brasileira era Paulo Machado de Carvalho.

Havelange, que se tornaria depois um dos grandes amigos de Ulysses, queria porque queria convocar um menor de idade para a Copa da Suécia, em 1958: Pelé. O técnico Vicente Feola resistiu às pressões contrárias à convocação de Pelé. E Ulysses usou do seu prestígio de presidente da Câmara a favor do jogador. No final, esse bando de loucos mostrou que tinha razão, e o resultado é que o senhor Edson Arantes do Nascimento se tornou o maior jogador de futebol do mundo.

Esse mesmo time entraria em campo novamente para defender Pelé, dessa vez da ira do técnico João Saldanha, que não queria convocá-lo para a Copa do México.

Poucas vezes vi meu marido tão envolvido com futebol como nesse período. Saldanha havia denunciado o general Médici por tentar escalar seu time. Ulysses ficou numa posição desconfortável: era vice-presidente da oposição e, se criticasse o técnico em defesa de Pelé, estaria respaldando a suposta intervenção da ditadura na escalação da seleção. Meu marido, então, liga para o Havelange:

— Já tem a ditadura se metendo. Se a oposição entrar nisso, vira casa de mãe Joana. Mas você tem que segurar o Saldanha. Se ele não convocar o Pelé, vai ser um escândalo mundial.

O então presidente da CBD responde:

— Ulysses, não tem interferência nem de general nem de soldado. O Saldanha está louco! Ele cometeu a insanidade de me dizer que Pelé está cego!

Eu explico essa parte da cegueira do Pelé, porque aí já é um assunto da minha área. Estava no ar, pela TV Excelsior, a novela *Os estranhos*, de Ivani Ribeiro, com o maior elenco da época. Pelé fazia um dos papéis mais importantes e, em algumas cenas, era obrigado a aparecer de óculos. Mas óculos de novela.

E, segundo me dizia meu marido, Saldanha estava perturbado, achando que outro técnico, o Yustrich, do Flamengo, queria o seu lugar. E chegou a entrar armado na concentração do Flamengo para tentar matar seu adversário. Zagallo substituiu João Saldanha, e o problema com Pelé acabou.

Mas a história do meu marido com o maior jogador do mundo não terminaria ali, mas, de forma desagradável, em outro tapete verde, o da Câmara dos Deputados, campo onde Ulysses sempre foi bom de bola.

A ditadura já tinha adiado a realização de eleições diretas para governadores e ameaçava o Congresso com a prorrogação dos mandatos eletivos. E, nesse clima, Edson Arantes do Nascimento surge no Congresso, em visita aos presidentes da Câmara e do Senado.

Um jovem e competente repórter do *Jornal do Brasil*, Armando Rollemberg, que acompanhava a visita do "Rei" ao Parlamento, percebendo já uma "quedinha" de Pelé pelo *establishment*, aplica-lhe uma pegadinha:

— Pelé, o que você acha da eleição direta?

A Majestade deixa cair o manto e expõe a sua nudez política, sem o menor pudor:

— Eu acho que o povo brasileiro ainda não está preparado para votar!

O mundo desabou, e Ulysses divulgou uma nota que hoje seria politicamente incorreta:

"(...) A declaração, insensata e indelicada, mostra que Pelé é bom de bola, mas ruim de história. Os adversários da Abolição diziam que os escravos não estavam 'amadurecidos' para a liberdade. Tivesse vingado tal conceito hortigranjeiro, que, estranhamente, assemelha povos a frutas, o 13 de Maio não teria redimido a raça negra."

Mas não param por aí os embates do meu marido na explosiva e desaconselhável mistura futebol & política. Como candidato do PMDB à Presidência da República em 1989, Ulysses recebe no comitê de campanha a notícia de que o técnico da seleção, Sebastião Lazaroni, iria formalizar apoio à sua candidatura. À noite, já em casa, uma triste notícia trazida pelo coordenador da campanha, Renato Archer:

— Lazaroni não vem mais. Pediu patrocínio. Não demos. Vai anunciar apoio a Mário Covas.

Meu marido não pronunciou uma única palavra. Calado estava, calado permaneceu.

Queria eu que Ulysses tivesse a mesma reação quando recebeu uma rasteira feia de um garoto prodígio da política, o então prefeito de Campina Grande, Cássio Cunha Lima.

Notas de jornais anunciavam que esse rapaz estava propenso a apoiar o PSDB de Covas. Mas Cássio foi pessoalmente ao comitê de meu marido negar essas notícias. Ulysses sugeriu-lhe que procurasse a imprensa para desmentir esses boatos. O jovem prefeito prometeu fazê-lo no dia seguinte.

Mas, no dia seguinte, no horário eleitoral do almoço, Ulysses, sentado entre Jarbas Vasconcelos, Heráclito Fortes e Renato Archer, deu um pulo quando viu Cássio Cunha Lima anunciando apoio a Covas.

– Moleque! – gritou.

Eu não me encontrava na sala naquele instante. Para ser exata, eu estava em São Paulo. Voltei nesse mesmo dia para Brasília. Não que aquele apoio tivesse uma importância fundamental para a campanha de meu marido. Mas, no contexto psicológico de estar sendo abandonado e traído pelos companheiros, aquele gesto deixou Ulysses muito abatido.

No ano seguinte, o da Copa, meu marido até que tentou botar fé no Lazaroni. Mas não teve jeito. Decepcionado, escreveu um artigo, no *Globo*, transferindo ao técnico o que pedia aos constituintes de 1987: "Vamos jogar! Vamos jogar!" Mas Lazaroni não seguiu seu conselho.

CAPÍTULO 38

A SANTA IRA DE TEOTÔNIO VILELA

Ao saber que os governadores da oposição subiram a rampa do Planalto para se encontrar com Figueiredo, Teotônio ameaçou: "Se, na saída, não vierem aqui dar satisfação desse imprudente ato, expulsarei todos eles do partido!"

Estávamos falando da primeira eleição direta de governadores dentro do período militar, em 1982, e da ajuda de Paulo Maluf à campanha de Tancredo Neves, quando fiz uma pausa para revelar as incursões do meu marido no mundo do futebol. Retornemos, então, ao assunto, pois ele foi fundamental para a caminhada do PMDB rumo ao poder.

Com todas as adversidades impostas, o "velho" Tancredo Neves conseguiu se eleger governador de Minas contra o "jovem" Eliseu Resende. Ao todo, o PMDB elegeu nove governadores, o PDT, um – Leonel Brizola –, totalizando dez governadores da oposição, contra 12 do PDS. E, pela primeira vez, a oposição passou a ter maioria absoluta na Câmara, por uma diferença mínima de nove votos, mas passou o PDS.

Essa campanha consumiu muito as energias de Ulysses. Meu marido já vinha do estresse da extinção do MDB em 1979, da criação do seu sucedâneo, o PMDB, das brigas com Tancredo, da inclusão do PP, das articulações para a composição do novo comando partidário resultante da incorporação e das questões regionais de Sao Paulo.

Nenhum cristão sobreviveria a esse massacre impunemente. E havia um componente emocional em tudo isso: a doença do amigo Teotônio Vilela, que impediu este de ser candidato ao governo de Alagoas. Passados, então, já dois anos da descoberta da doença, meu marido ainda repetia a expressão usada por Teotônio para revelar o câncer: "Tem um bichinho aqui dentro do meu peito!"

Ulysses sucumbiu ao estresse. Anunciou como uma bomba seu afastamento da presidência do PMDB no momento em que os governadores enfrentavam suas primeiras dificuldades no cargo, os movimentos sociais eclodiam pelo país, e o governo Figueiredo estava encurralado pelo Congresso, por causa da política salarial.

Mas o pior já havia passado: a famosa passeata de abril, ocorrida 19 dias depois de Franco Montoro ter tomado posse no governo de São Paulo, que resultou na derrubada das grades do Palácio dos Bandeirantes. Coincidentemente, naquela terça-feira de abril, estavam com Montoro os governadores do Rio e de Minas. Os três tinham acabado de participar da festa de aniversário do *TV Mulher*, programa matinal de grande audiência da TV Globo.

Brizola e Tancredo estavam assustadíssimos com a situação. Temiam que o movimento chegasse a seus estados. E chegou. Lembro-me bem de um telefonema de Tancredo para meu marido:

— Ulysses, a derrubada dos portões do palácio do governo de São Paulo é a mais grave violação da ordem pública a que já assisti, desde os tempos de Vargas e Jango.

Meu marido concordou, mas criticou Montoro para Tancredo:

— Montoro tem sua parcela de culpa. Escolheu o secretariado em praça pública. Agora, a praça pública quer governar, sem intermediários.

A situação era tão tensa que Tancredo revelou:

— Eu acabei de falar com o presidente Figueiredo. E ele me chamou para uma conversa ainda hoje em Brasília.

Meu marido, mesmo nos momentos mais graves, não perdia a mania de implicar com o amigo:

— Mora, tudo é motivo para o Tancredo subir a rampa. Nunca vi gostar de uma rampa assim!

Eu, naturalmente, chamei a atenção do meu marido:

— Ulysses, desta vez se justifica. Aliás, eu ouvi você criticando o Montoro para o Tancredo, mas os jornais estão botando a culpa em você também.

— Em mim???!!! Era só o que me faltava!

— O senhor, sim! Dizem que você é que abriu espaços para o Aurélio Peres e o pessoal do PCdoB no MDB.

Na época, a imprensa atribuía a Peres e às ativistas Clara Ant e Irma Passoni, entre outros, a liderança do movimento.

Bem, então, depois de tudo isso, meu marido resolveu afastar-se, pela primeira vez, do comando do PMDB. A Tancredo, Ulysses anunciou assim sua decisão:

— Tancredo, tenho duas notícias para vocês, governadores: uma boa e outra ruim.

— Como você nunca me deu notícia boa, fale logo, antes que se arrependa.

— A notícia boa é que estou deixando a presidência do PMDB.

— Meu Deus! Para se contrapor a essa, a ruim deve ser que você, antes, vai botar todos nós no paredão e fuzilar, um a um.

— Pior, meu caro, muito pior. Quem vai ficar no meu lugar é o Teotônio Vilela.

Os fatos mostrariam que Ulysses não estava exagerando. Muito pelo contrário.

O "doutor Tancredo de Almeida Neves" não levou muito a sério a advertência de meu marido. Aproveitando a ausência de Ulysses, Tancredo articulou com Montoro, José Richa, então governador do Paraná, e com Leonel Brizola uma visita dos governadores de oposição ao presidente Figueiredo.

Como castigo também vem a cavalo, o encontro da oposição com Figueiredo no Palácio do Planalto coincidiu com uma reunião da Comissão Executiva Nacional do PMDB, presidida por Teotônio. O "menestrel das Alagoas" abriu a reunião com esta ameaça:

— Estou sabendo pela imprensa que os governadores da oposição, passando por cima da direção partidária, devem estar, neste momento, subindo a maldita rampa do Palácio do Planalto. Se, na saída, não vierem aqui dar satisfação desse imprudente ato, expulsarei todos eles do partido!

E, aí, os repórteres, agitados, começaram a bombardeá-lo com perguntas, tipo "até Tancredo?", "até Montoro?".

E o doce "doido manso" do PMDB, erguendo sua bengala:

– E por que não? Expulsarei até o governador Brizola!

O aviso chegou antes da audiência. Montoro ensaiou um gesto de tentar ligar para Teotônio da antessala de Figueiredo. Tancredo dissuadiu-o:

– Você está louco?! Ele vai mandar a gente dar meia-volta! Vamos todos lá, mas depois da audiência.

Uma hora depois, os governadores invadem a reunião da Executiva, Tancredo à frente:

– Meu querido presidente!

Teotônio se derrete todo e se emociona também com a presença de Brizola participando, pela primeira e única vez na vida, de uma reunião do comando do PMDB.

Dias depois, Tancredo recebe o presidente Teotônio Vilela no Palácio das Mangabeiras, com tapetes vermelhos e honras só concedidas a chefes de Estado.

Quando reassumiu o cargo, meu marido não acreditou no que ouviu do próprio Teotônio. Ulysses, às gargalhadas, quis saber a reação de cada um dos governadores.

– Enquadrei todos eles, inclusive o Brizola! – vangloriava-se Teotônio Vilela.

Meses depois, no dia 27 de novembro daquele mesmo ano, o país deu adeus a um dos seus filhos mais ilustres, o homem que abriu as prisões e promoveu a Anistia.

CAPÍTULO 39

OS PADRINHOS DAS DIRETAS JÁ

A emenda que levava o nome do nosso afilhado Dante de Oliveira promoveu a maior mobilização popular de todos os tempos na história deste país, do Vale do Anhangabaú, em São Paulo, à Candelária, no Rio de Janeiro.

Como bem definiu meu marido, mulher de político é viúva de marido vivo. Só somos chamadas para eventos chatos, tipo madrinha de batismo e de casamento de afilhados dos quais nunca ouvimos falar e, também, nunca veremos mais.

Assim, partimos para Cuiabá, capital de Mato Grosso, para mais uma dessas missões reservadas às pobres mulheres de políticos. Margot, minha irmã, sempre cuidadosa comigo, botou na minha mala um *cashmere* azul que ganhei de Ulysses, que combinava bem com o vestido que a Henriqueta Gomes me trouxe da sua loja, a badalada, na época, Arte Nativa. Realmente, o vestido era muito lindo. Ao contemplá-lo, meu marido não resistiu:

– A arte da Henriqueta deve ser nativa, mas de Paris. E, depois, o Severo ainda reclama que o cobertor está curto – referindo-se à crise na empresa de cobertores Parahyba, da família do casal.

Para variar, o Severo Gomes não deixou de fazer suas pegadinhas:

– Mora, não se esqueça das luvas, fundamentais para as geadas cuiabanas.

Para encurtar a história, reproduzo meu diálogo com a simpática aeromoça, no desembarque:

– Está muito frio lá fora?

– Minha senhora, costuma-se dizer aqui que cuiabano, quando vai para o inferno, leva cobertor para fugir do frio.

Fomos direto para a igreja. No caminho, lembrei a Ulysses:

— Até agora você não me disse o fundamental: quem é o noivo do qual seremos padrinhos?

E meu marido:

— Você não o conhece...

— Dispensável, a observação. Como ele se chama?

— Dante! Dante de Oliveira, um peemedebista muito jovem e já muito atuante. É um líder local.

A minha má vontade logo se dissipou quando fui apresentada aos noivos, Dante e Thelma, e às suas famílias, especialmente o patriarca Sebastião Oliveira, mais conhecido como doutor Paraná.

Na nossa passagem meteórica pela cidade, Ulysses, mesmo assim, fez questão de me mostrar a Igreja Nossa Senhora do Bom Despacho, uma réplica da Catedral de Notre Dame de Paris. Contou-me tudo sobre ela, desde a construção, iniciada em 1918, quando dom Aquino Correia era presidente do estado. Eu quis saber onde ele tinha aprendido tudo aquilo:

— Sobre a igreja, li na lista telefônica do hotel. E dom Aquino é uma das personalidades que mais fascinam o meu professor Paulo Brossard.

Eu me encantei com o artesanato local, as redes e as violas de cocho. E os doces deliciosos de caju, goiaba e o tradicional furrundu — uma iguaria feita de mamão verde ralado com rapadura, coco ralado, gengibre e cravo, tudo isso cozido em tachos de cobre.

E a peixada pantaneira? Aquilo é o manjar dos deuses: pacu assado recheado com farofa de couve, pintado cozido com mandioca, piraputanga na brasa e farofa de banana-da-terra. Ulysses aderiu logo ao hábito cuiabano de comer paçoca de carne-seca tendo de um lado, na mesa, lascas de rapadura de cana-de-açúcar, e, de outro, uma "bananinha", como chamam os cuiabanos a todo tipo de banana que se come crua e que não é a da terra.

Confesso que saí de Cuiabá já com saudades daquela família maravilhosa e, ao mesmo tempo, triste por saber, como eu disse no início aqui da nossa conversa, que, talvez, eu nunca mais a visse, principalmente o meu novo afilhado.

Ledo engano. A partir desse evento, Cuiabá, que já fazia parte da rota política de meu marido, virou, para ele, caminho da roça. E a culinária cuiabana entrou definitivamente no nosso cardápio. Que me perdoe a Mariana e outras amigas nordestinas, mas, das comidas regionais, para mim não existe nada melhor do que a cozinha pantaneira.

E o meu afilhado? O que foi feito daquele jovem rapaz, a quem meu marido apelidara de "Mosquito Elétrico"?

No primeiro dia da instalação da legislatura 1983/1986, meu marido chega em casa:

– Mora, você se lembra do nosso afilhado Dante de Oliveira?

– Como esquecê-lo?! Ele não se elegeu deputado?

– Sim, é disso que quero falar. Hoje, na abertura dos trabalhos do Congresso, ele saiu pelo plenário e pelos restaurantes da Câmara pedindo assinatura para uma emenda propondo eleições diretas já!

– Taí, gostei! Jovem ousado! Vai que ele consegue?! Será que convidaria o padrinho para a festa?

– Conseguiria se não estivesse pedindo assinaturas até de jornalistas. Ele cometeu a gafe de pedir a assinatura do jornalista Flamarion Mosrri, achando que ele era deputado.

Jamais poderíamos imaginar que aquele rapaz, de cuja intempestividade zombávamos, iria mudar o rumo do país e da nossa vida, em particular. A emenda que levava o nome do nosso afilhado promoveu a maior mobilização popular de todos os tempos na história deste país – do Vale do Anhangabaú, em São Paulo, à Candelária, no Rio de Janeiro.

– O povo está nas ruas não pelos partidos nem por salários. Mas em defesa de uma figura do direito público. É a coisa mais linda da democracia – proclamava meu marido em entrevistas.

O mundo se voltava para o Brasil. No célebre comício da Candelária, Osmar Santos anunciou a presença do meu marido como "Ulysses

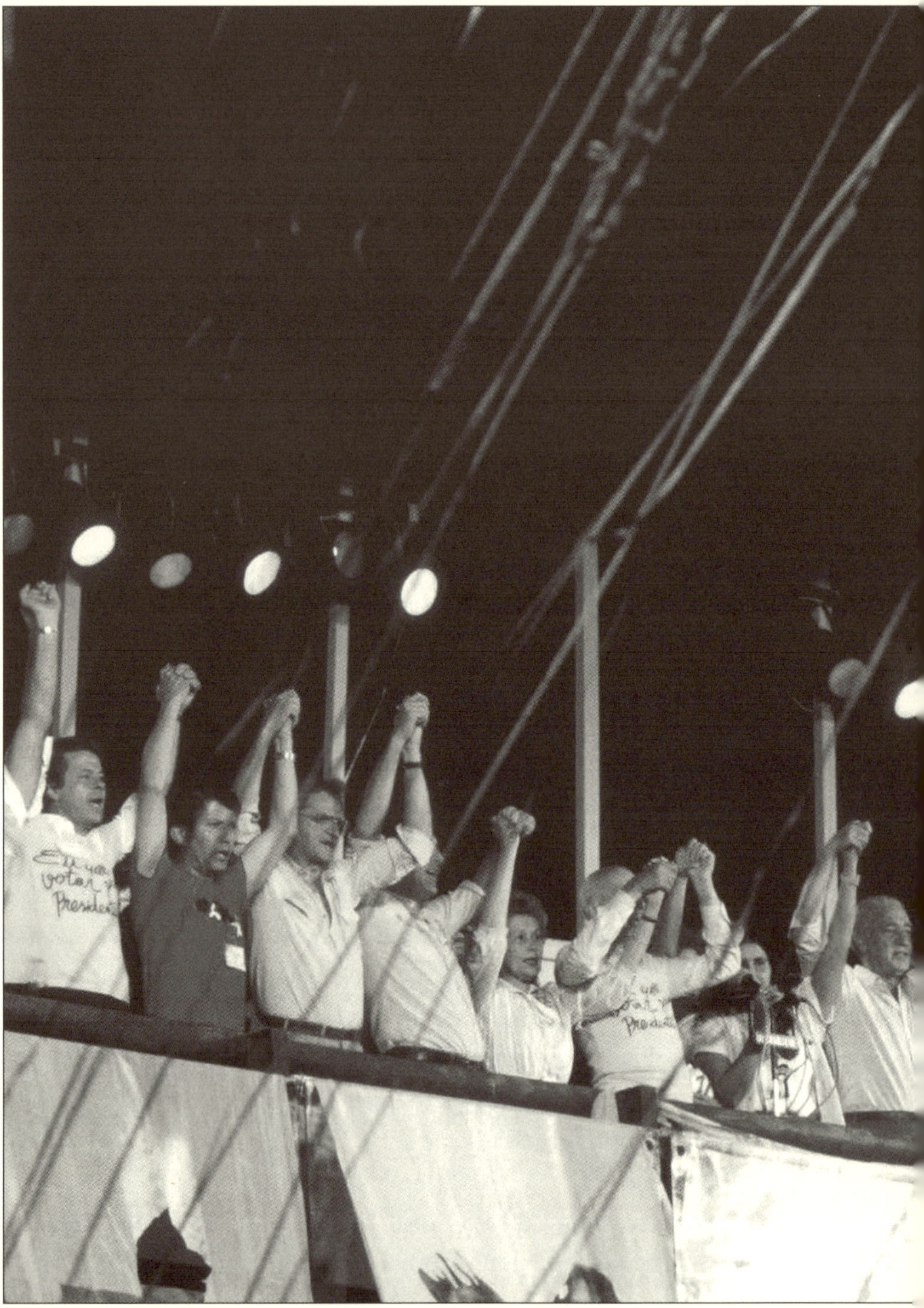

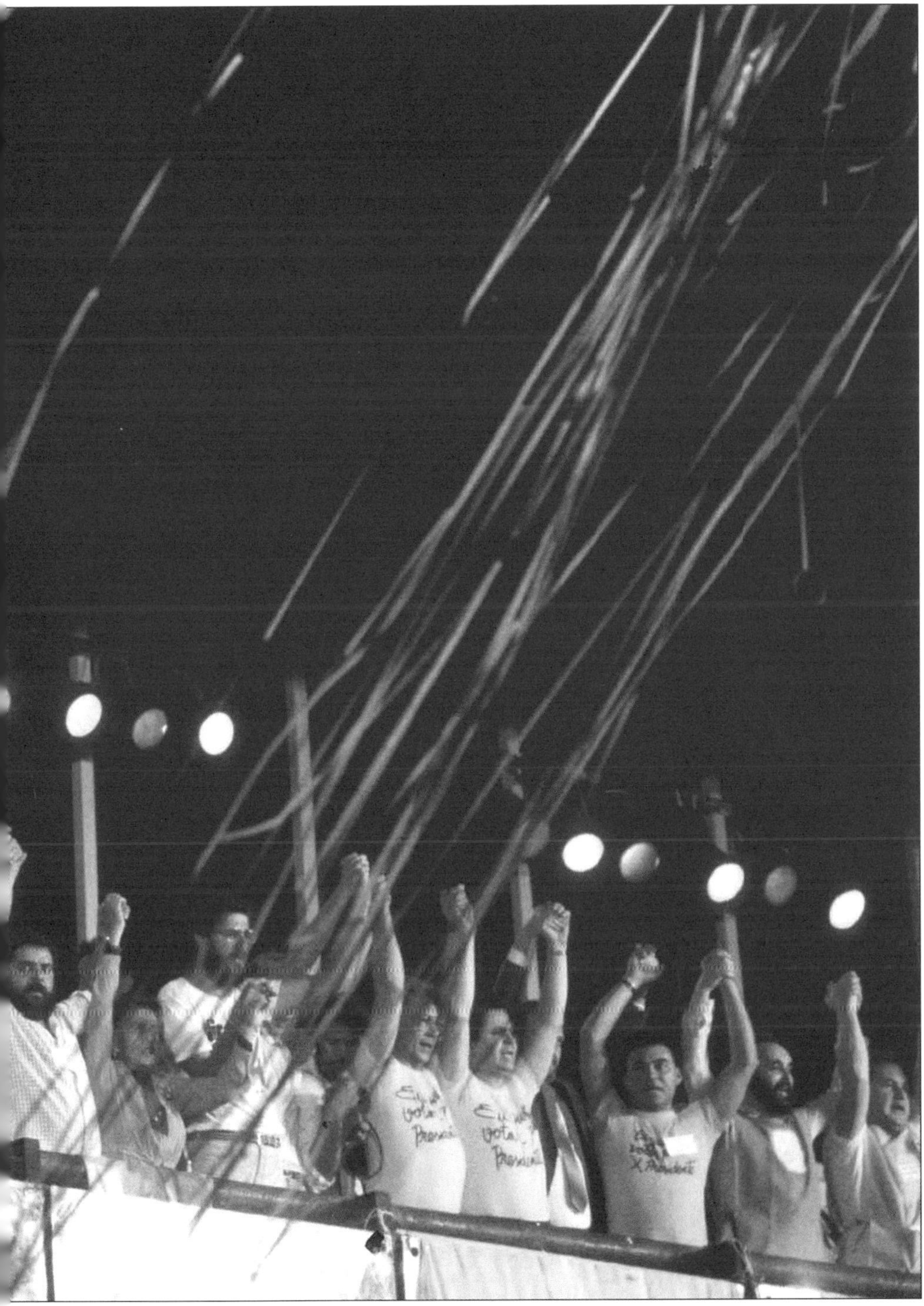

Senhor Diretas Guimarães". "Senhor Diretas" foi o primeiro de uma série de títulos recebidos pelo meu marido, que culminou com o "Senhor *Impeachment*".

A Emenda Dante de Oliveira me levou, pela primeira vez, para a frente dos palanques, ao lado do "Senhor Diretas". Nenhuma outra mulher de político apareceu mais nas capas dos jornais e revistas, de mãos dadas com os principais políticos do país, do que eu. Todos queriam saber quem era aquela senhora ali, sempre de braços erguidos, gritando "Diretas, já!". Era eu, a madrinha do autor da emenda.

Lamentei muito não ter ido ao comício de Cuiabá. Foi, segundo meu marido, um dos espetáculos cívicos mais lindos de que já participou. Não pelo número dos presentes, mas pelos emocionantes discursos de Doutel de Andrade, que representava Brizola, de Lula, do Dante e, principalmente, de Mário Juruna, que resolveu falar na língua de seu povo, a nação Xavante.

A voz firme e forte do índio ecoou pela praça da República, no centro de Cuiabá. Lembrou-se, Ulysses, do silêncio respeitoso que acompanhou todo o pronunciamento de Juruna e do aplauso final, uma apoteose que uniu as raças ali representadas, ao único som do Hino Nacional – a voz de Tetê Espíndola.

Já de madrugada, no voo da extinta Transbrasil que os trouxe de volta para casa, sentados lado a lado, Ulysses e Lula estampavam, paradoxalmente, um ar de cansaço e tristeza. Tristeza, no meio da alegria, por saber que a festa não era suficiente para mudar os votos do Congresso. Foi aí que meu marido emitiu os primeiros sinais de desânimo:

– Lula, nós botamos o povo nas ruas. Quem vai tirá-lo de lá?

CAPÍTULO 40

EM ALTO E BOM SOM, "NÃO" COM GOSTO DE "SIM"

Em determinado momento, o destino político do país dependeu da resposta do presidente João Figueiredo ao pedido de prévias no governista PDS.

Terminei o capítulo anterior com a pergunta do meu marido a Lula, a propósito de o povo estar nas ruas pelas Diretas Já: "Quem vai tirá-lo de lá?" Ulysses e Lula já sabiam a resposta. Paradoxalmente, Lula, por motivos que vocês conhecerão ao longo desta narrativa, sabia muito mais que o meu marido. Mas nenhum dos dois se arriscava a pronunciar o nome do bem-aventurado que realizaria tal façanha – o "doutor Tancredo de Almeida Neves".

Os 22 votos do PDS que faltaram para a aprovação da Emenda Dante de Oliveira animaram a oposição a partir para a sua terceira participação no Colégio Eleitoral, dessa vez com reais possibilidades de vitória. A primeira, como vocês se recordam, foi a anticandidatura do meu marido, em 1973, e a segunda, com o general Euler Bentes Monteiro, em 1978. Agora, era bem diferente. Claro, nesse novo cenário, com um universo maior e mais diversificado, a supremacia do PDS sobre os quatro partidos de oposição até então existentes (PMDB, PDT, PT e PTB) era apenas de 36 votos. Mesmo se o PT, como de fato aconteceu, se recusasse a participar das eleições indiretas, as chances do PMDB seriam imensas. A estratégia, então, era assediar os chamados "liberais" do partido do governo, que já demonstravam estar cansados de servir ao governo ditatorial sem se servir do poder. Só que seria ousado demais tentar derrubar a ditadura naquele momento, ainda que se valendo do veneno criado por ela mesma para impedir a participação popular: o Colégio Eleitoral.

Tal estratégia só poderia dar certo se cumpridos, pelo menos, dois ritos fundamentais: discrição absoluta e extrema habilidade política, duas coisas que não faltavam aos dois homens que estariam à frente da ação, os mineiros Tancredo Neves e Aureliano Chaves. Os pesquisadores mais exagerados daquele período afirmam hoje que as primeiras conversas de Tancredo com os dissidentes do PDS para a criação da chamada Aliança Democrática começaram a ocorrer ainda na montagem do palanque das Diretas Já e se consolidaram no decorrer da campanha. Talvez até tenham razão porque, salvo engano, foi nesse mesmo período que eu vi meu marido chegar muito enfurecido em casa, por causa de uma matéria publicada no *Jornal do Brasil* revelando conversas entre líderes da oposição com os descontentes do governo para implodir o Colégio Eleitoral. A matéria, assinada pelo jornalista Carlos Marchi, dava nomes aos bois. E eu nem preciso dizer a vocês quem estava à frente da boiada.

O veemente desmentido de Tancredo – "a matéria esconde propósitos subalternos" – deixou Ulysses de orelha em pé. A matéria foi negada por todos os outros conspiradores. Ninguém acreditou nela, menos Ulysses, que conhecia e entendia de Tancredo como ninguém. E o repórter, merecedor de todos os louros, pelo contrário, foi quase exorcizado em praça pública. Quando digo, acima, que meu marido conhecia bem Tancredo, eu me baseio no que ele disse no aniversário de morte do amigo. É uma peça literária tão linda que me atrevo a reproduzir um trecho para que vocês entendam como era a relação dos dois:

"Tancredo era um sábio. Sabia conversar, sabia ler, sabia rezar, sabia comer e beber, sabia rir, sabia ironizar, sabia não ter medo, sabia ser Cirineu para os amigos amargurados, sabia ver o mar, ouvir os passarinhos, imaginar com o vento, namorar as estrelas, sábio para ser suave na forma e forte na ação. Forte como a linha reta e doce como a curva do rio. Pelo bem e pela verdade, foi implacável no cumprimento da terrível sentença: não se faz política sem fazer vítimas."

E a vítima daquela articulação era Ulysses, "o Senhor Diretas", suando a camisa ao sol pelas eleições, e Tancredo, no ar-refrigerado dos gabinetes, tramando a sua própria candidatura. E, com indisfarçável ironia, flagrado já num desses seus encontros com a banda dissidente do PDS, Tancredo enfrentou os gravadores dos repórteres:

— Doutor Tancredo, é verdade que o senhor tem um acordo com o doutor Ulysses: se as diretas forem aprovadas, ele é o seu candidato, e, em caso contrário, o senhor será o candidato dele à Presidência da República?

— Não trato a minha amizade com Ulysses como se ela fosse uma conta-corrente. O deputado Ulysses Guimarães é o meu candidato a presidente da República em qualquer circunstância, por qualquer via, direta ou indireta. Só não por golpe de Estado!

Franco Montoro já articulava dentro do Palácio dos Bandeirantes a candidatura de Tancredo. O PMDB paulista, todo ele, já se mexia, à revelia e sem o conhecimento do meu marido. Ulysses, como eu já disse lá atrás, acabou sendo informado por Lula de que até o PT foi procurado pelos peemedebistas para aderir ao movimento. O que eu não contei é que os emissários do PMDB, para essa conversa com Lula, foram o então senador Fernando Henrique Cardoso e o empresário Roberto Gusmão. É de Gusmão, inclusive, aquela resposta cruel dada a Lula, quando este perguntou o que iriam fazer com Ulysses:

— Ulysses é o nosso Churchill, já cumpriu seu papel na História.

Anos depois, quando esse diálogo veio a público, Fernando Henrique fez um desmentido veemente e desafiou Lula a provar que o encontro tenha existido. Se houve ou não, a verdade é que todos estavam já no barco de Tancredo. Uma reunião no Palácio dos Bandeirantes, promovida por Montoro, de todos os governadores do PMDB, selou publicamente a candidatura de Tancredo, enquanto Ulysses, do seu gabinete, isolado, era informado pelos repórteres. O que aconteceu depois, eu já contei a vocês.

Lançada, a candidatura de Tancredo precisava ganhar musculatura para se viabilizar eleitoralmente, ou seja, precisava do apoio dos dissidentes do PDS. Mas o partido todo ainda aguardava a resposta do presidente Figueiredo ao pedido de realização de prévias feito pelo presidente da legenda, o senador José Sarney. Todos os postulantes do PDS e, principalmente, a cúpula dissidente estavam amarrados a essa resposta. Se houvesse as prévias, os dissidentes ficariam e lançariam um candidato. Mas Figueiredo não se decidia, e ninguém tinha coragem de cobrar dele uma definição. Não fosse a destemida repórter Sônia Carneiro, da rádio JB, talvez a enrolação do presidente da República colocasse tudo a perder. Soninha enfrentou a fera: "Vai ter prévias?" Figueiredo, em alto e bom som, curto e grosso: "Não." Três letras com sabor de "sim" que derrubaram a nossa "Bastilha".

CAPÍTULO 41

A PROVIDENCIAL "SOBRINHA" DE TANCREDO NEVES

*Tancredo preferia o bate-boca
com Maluf, com o claro propósito
de consolidar na sociedade
o maniqueísmo do bem
contra o mal.*

Terminei o capítulo anterior citando o famoso "não" de Figueiredo à repórter Sônia Carneiro, a Soninha, a quem meu marido chamava de "a intrépida". E era mesmo. Com o seu destemor e irreverência, Soninha arrancou coisas dos políticos que acabaram influenciando decisões importantes. Soninha, como se diz no jargão popular, ralava muito como única repórter da rádio JB em Brasília, apesar do parentesco com a condessa Pereira Carneiro, herdeira do complexo. Tancredo só a chamava de "minha sobrinha" e tinha por ela um grande afeto. Ouso dizer que Soninha deu o norte da campanha de Tancredo à Presidência. Repensando aquele período todo, Ulysses costumava dizer que nem a repórter tem a noção exata da sua própria contribuição para a transição democrática.

Vou tentar explicar a vocês como funcionavam as campanhas, no que se referia à comunicação dos candidatos com a sociedade. Cada qual no seu comitê, Maluf e Tancredo falavam diariamente com a imprensa, em horários determinados. Maluf falava sempre antes de Tancredo. Cada veículo dispunha de uma equipe para cobrir Maluf e outra para Tancredo. Soninha era uma só para cobrir os dois. Quando chegava ao comitê de Tancredo, já de língua para fora de tanto correr de um lado para outro, ela já ia contando o que Maluf havia falado e o fazia em forma de pergunta para o candidato da oposição. E era sempre assim: no dia seguinte, os jornais, invariavelmente, publicavam o embate verbal entre os dois candidatos. Soninha era o vaso capilar entre as duas candidaturas.

Mas o comando político da campanha de Tancredo, presidido por meu marido, não queria isso. Achava que Tancredo tinha que apresentar propostas objetivas do programa de governo e não ficar nesse bate-boca. Mas, só aqui entre nós, o programa de governo da Aliança Democrática era muito complexo, chato mesmo, e, em muitos itens, burocraticamente árido. Tancredo preferia mesmo debater com Maluf. A pedido do pessoal da Frente Liberal, o conselho político anuncia uma decisão radical: a partir daquele momento, Tancredo não mais comentaria as declarações de Maluf. Até vocês que não viveram aquele período sabem que era praticamente impossível alguém botar rédeas num político com a biografia de Tancredo, o homem que amparou nos braços um presidente da República suicida, de quem fora ministro da Justiça aos 37 anos.

Tancredo, para demonstrar obediência, avisou aos repórteres que havia sido proibido pelo comando de sua campanha até de pronunciar "o nome dessa pessoa". Mas, na hora da coletiva, eis que surge a intrépida repórter:

— Doutor Tancredo, o Maluf acaba de dizer que a sua candidatura só serve aos interesses dos especuladores do mercado financeiro, que lucram com a indefinição política da eleição.

Tancredo pulou da cadeira como se quisesse correr ao encontro de Maluf para tomar satisfação, mas se lembrou da decisão do comando da campanha e se "conteve":

— Sou um fiel soldado da aliança que sustenta minha candidatura. O comando da campanha proibiu-me de responder a provocações do meu oponente. Mas, única e exclusivamente em homenagem a você, querida sobrinha, vou quebrar a regra para dizer que a candidatura de Maluf, por si só, já demonstra o caos a que chegamos.

E, a partir de então, e até o final da campanha, Tancredo e Maluf ficaram nesse bate-boca. E tudo em deferência à "querida sobrinha".

E, assim, estabeleceu-se a luta do bem contra o mal. E do mal contra o bem. Só esse maniqueísmo para acalmar o povo que ficara plantado na rua por conta das Diretas Já.

A campanha de Tancredo, como se vê, não teve maiores percalços, apesar das fantasias que se criaram depois e que povoam até hoje mentes paranoicas. A esse respeito, aliás, Ulysses, certo dia, num encontro casual com o general Leônidas Pires Gonçalves, ministro do Exército escolhido por Tancredo, teve a curiosidade de perguntar:

— General, vira e mexe, leio uma notícia aqui, outra lá, de que Tancredo temia por golpes que poderiam impedi-lo de tomar posse. Que tinha montado um comitê de emergência para garantir sua fuga do Congresso no dia da posse, em caso de golpe. Comigo ele nunca falou disso. Ele falava disso com o senhor?

— Nunca! Isso é uma tola fantasia. Quem poderia estar contra o Tancredo, todos nós sabíamos. Mas o próprio Tancredo dobrou essa pessoa. Tudo isso é bobagem. Em nenhum momento a transição esteve ameaçada. Tivemos alguns problemas pontuais, mas provocados por terceiros — respondeu o general, sem, no entanto, dizer que a pessoa que resistiu inicialmente a Tancredo foi seu antecessor no cargo de ministro do Exército, o general Walter Pires, que acabou se tornando, como eu já disse aqui, interlocutor direto de Tancredo.

Um desses problemas pontuais a que se referiu o general Leônidas ocorreu quando o indicado, contra a vontade dos militares, para o Ministério da Aeronáutica, o brigadeiro Moreira Lima, a pedido de um fotógrafo, antes da posse, trocou a foto oficial do presidente da República pela do patrono da aviação, Santos Dumont. Figueiredo determinou a prisão do brigadeiro e mandou um recado a Tancredo: "Vá buscar seu ministro na cadeia."

Parte dessa história será contada aqui por um dos protagonistas do episódio, o senador Francisco Dornelles, testemunha mais do que credenciada da intimidade política de Tancredo Neves. Meu marido, a bem da verdade, nesse episódio, como de resto em todos os outros que envolveram militares, foi um mero espectador. Confesso que, nesse caso do Moreira Lima, Ulysses temeu pelo pior. Já Tancredo alternava momentos de preocupação com o de grande indignação pelo gesto infantil do brigadeiro que escolhera para comandar a Aeronáutica, contra a vontade da crepuscular ditadura, mas que, mesmo assim, era uma ditadura.

Moreira Lima sucederia a Délio de Mattos, de quem era inimigo. Quando seu nome foi confirmado, Délio mandou recado para Tancredo: "É crise certa." No próximo capítulo, eu conto como Tancredo saiu-se do imbróglio.

CAPÍTULO 42

O "MALUFISMO" CONTAMINOU A CÚPULA MILITAR

Bravata ou não, Figueiredo avisou que prenderia Moreira Lima, por desacato ao comandante em chefe das Forças Armadas.

Prometi contar sobre o triste episódio que, por pouco, não empanou a transição democrática: o da crise provocada pelo então ministro indicado por Tancredo Neves para o ministério da Aeronáutica, o brigadeiro Moreira Lima. E é o que farei neste capítulo.

Antes, em deferência à viúva do brigadeiro, a senhora Anna Guasque Moreira Lima, que me escreveu uma longa e contundente, mas elegante, carta negando o episódio, dou algumas explicações sobre esse incidente. Pularei as considerações da senhora Anna em relação à minha pessoa, muito generosas por sinal, e ao meu *ghost-writer*, merecidamente criticado por ela, porque são de ordem pessoal que nada têm a ver com o episódio. Apego-me, de início, à sua própria apresentação:

"Meu nome é ANNA GUASQUE MOREIRA LIMA, viúva do tenente-brigadeiro OCTAVIO JULIO MOREIRA LIMA. Infelizmente tenho que dizer VIÚVA porque meu marido faleceu em 2011 e já não pode mais se defender das inverdades, que porventura ocorram."

Estimada senhora, o episódio protagonizado pelo seu marido, ao trocar, a pedido de um fotógrafo, a foto oficial do então presidente Figueiredo pela de Santos Dumont foi amplamente divulgado pela imprensa e debatido internamente pelos principais líderes políticos que se preparavam para assumir o poder, entre eles o meu marido Ulysses Guimarães.

Antes desse incidente, a imprensa já tinha revelado as dificuldades enfrentadas por Tancredo para nomear o seu marido, cujo nome fora vetado pelo então ministro Délio Jardim de Mattos, pelo general Figueiredo e por todos os militares que estavam no topo da ditadura. Sem querer entrar em juízo de valores, até aí, no meu entender, ponto para o brigadeiro Moreira Lima.

Em nenhum momento, o seu marido contestou todo esse noticiário. Pelo contrário, desculpou-se por ele com Tancredo Neves e com Aureliano Chaves, que o indicou.

Como se não bastasse, em 2010, portanto, com o seu marido ainda vivo, o jornal *O Globo* revelou mais dados sobre esse episódio, com o título "Vá buscar seu ministro na cadeia". Não houve contestação do brigadeiro e, muito menos, da senhora, como mulher vigilante que demonstra na carta.

Prezada Anna Guasque Moreira Lima, ao negar a existência de qualquer problema entre seu marido e o brigadeiro Délio, a senhora se alonga no relato da amizade que os unia, do discurso de posse do seu marido e da entrevista que deste abraçada ao então ministro. Toda essa argumentação cai por terra quando a senhora escreve:

"Quando você, Jorge Bastos Moreno, diz que o Moreira Lima foi indicado contra a vontade dos militares, você está se referindo ao grupo malufista que cercava o Délio."

Mesmo não sendo esse um comentário dirigido a mim, mas ao repórter que escreve o que eu conto, sou obrigada a defender o apalermado: malufista não era o grupo que cercava o Délio. Malufista era o próprio Délio Jardim de Mattos. Ou a amiga se esquece daquele episódio de coragem do Antônio Carlos Magalhães que o credenciou a ser, depois, um fiador de Tancredo? E te digo mais, amiga – se a senhora me autorizar a chamá-la assim –, o Délio havia mandado uma lista tripla de nomes para sucedê-lo e o nome do seu marido, tão amigo do ministro, não constava dela. E, quando soube que o brigadeiro Moreira Lima era o mais forte cotado para o cargo, Délio, via José Aparecido de Oliveira, de quem era amigo, mandou um duro recado a Tancredo, com o qual, aliás, encerrei o capítulo anterior.

E o que fez Tancredo? Deu um ultimato a Aureliano para indicar naquela mesma tarde o nome de seu marido. Não acreditas? Procure saber com o nobre senador Francisco Dornelles. Ele sabe de todo esse episódio melhor do que todos nós.

"Pronto, quem estava contra não está mais e quem ia ficar, desistiu." Foi essa a explicação de Tancredo a Dornelles, ao anunciar o nome do seu marido.

Por último, o outro desmentido que a senhora faz, com todo o respeito, não passa de uma conjectura. Ei-lo:

"A frase de Figueiredo – Vá buscar seu ministro na cadeia – nunca foi proferida. Figueiredo estava completamente desmoralizado e jamais enfrentaria Tancredo nesses termos. Isso se comprova porque o Figueiredo não passou a faixa para o Sarney pois estava furioso com a democracia."

E é desse episódio que, finalmente, tenho de falar, não fosse o respeito e a consideração que eu teria que ter com a sua carta, prezada Anna. Acredito que ainda haja tempo suficiente para eu contar o episódio. Ufa!

Tancredo Neves, depois de ter desprezado a lista do Délio, recebeu um telefonema do ministro-chefe da Casa Civil, Leitão de Abreu, com um estranho pedido:

– Mande alguém da sua absoluta confiança conversar comigo.

Não havia outro, a não ser o Francisco Dornelles, que se encontrava, naquele instante, no Rio.

– Empreste um aviãozinho de um amigo seu e venha agora! – ordenou Tancredo.

O presidente eleito instruiu o sobrinho Dornelles a prestar atenção em tudo o que Leitão de Abreu falasse, nem que fosse preciso anotar. Tancredo já imaginava a fria em que se metera. E não deu outra: Figueiredo estava bufando com o gesto de Moreira Lima, segundo o ministro da Casa Civil. Com a ajuda do próprio Leitão, no mesmo dia, Dornelles consegue audiência com o presidente. Figueiredo parecia impaciente e com cara de poucos amigos. E disse a Dornelles que só o estava recebendo em homenagem à sua atuação à frente da Receita e que, se o assunto da audiência tinha a ver com o órgão, que procurasse então o ministro da Fazenda. Quando Dornelles falou, finalmente, do que se tratava, Figueiredo virou bicho e desancou não só o brigadeiro, como o próprio Tancredo. E, infelizmente, minha cara Anna, mandou sim o recado: "Vá buscar seu ministro na cadeia." Acredite, amiga, o presidente disse a Dornelles que determinara ao Délio a missão de prender seu marido.

CAPÍTULO 43

1988: GREVES DE SERVIDORES PARAM O PAÍS

As paralisações atingiram 15 ministérios e levaram militares às ruas; quase ruiu a democracia que estava sendo reconquistada.

Não lembro bem o ano, mas foi, acredito, já na metade do governo Sarney, ou mais. Sei que meu marido chegou em casa, me deu um beijo na testa e me disse uma frase banal: "Mãe é mãe!" Quando eu sei que Ulysses está louco para me contar uma história, ele joga uma frase no ar, esperando que eu vá buscá-la. De vez em quando, eu seguro minha curiosidade feminina e permaneço impassível diante do seu desejo de me contar as novidades. Mas só por pouco tempo, especialmente quando o personagem da história é mulher. E ele sabe por onde me pegar. Como o seu "mãe é mãe!" não teve o efeito desejado, Ulysses, subindo as escadas de acesso à parte íntima da casa, disse em voz alta:

– Sabe quem esteve comigo? A Leda!

No pé da escada é que não fiquei. Fui mais ágil e, de repente, me vi já na porta do quarto, perguntando:

– A Leda Nascimento Brito, a filha da condessa?

– Não, a Leda Collor de Mello, mãe do caçador de marajás.

Ainda não me era familiar o termo, mas sabia que se tratava da viúva do Arnon de Mello, cujo filho era governador de Alagoas. Ulysses me contou que havia tempos que não a via. Cruzara com ela, certa vez, na casa do Raphael de Almeida Magalhães.

– O que ela queria contigo? – perguntei-lhe.

– Pasme você! Foi interceder pelo filho!

– Como assim?

— Alegou-me que o Sarney está boicotando o Fernando, que não libera verbas para Alagoas e tal. Ah, e que o único ministro que ajuda o filho é o Raphael, mesmo assim dentro dos limites, já que o Ministério da Previdência só assina convênios em que o estado não é beneficiário, mas parceiro.

— Mas por que o Sarney está fazendo isso? — quis saber, já me solidarizando com a agonia daquela mãe.

"O Fernando", segundo meu marido, escolhera o Sarney como alvo e estava batendo duro no governo. Com isso, estava chamando a atenção da mídia, ao mesmo tempo que desencadeava uma campanha contra os altos salários nos poderes Judiciário e Legislativo do estado de Alagoas, despertando a opinião pública contra os chamados "marajás". Só aí entendi a expressão "caçador de marajás".

Não sei se já era uma premonição, mas, a partir daí, todas as vezes em que ouvia a expressão "caçador de marajás", eu a associava ao poema "Anedota búlgara", do Carlos Drummond de Andrade:

Era uma vez um czar naturalista que caçava homens.
Quando lhe disseram que também se caçam borboletas e andorinhas,
ficou muito espantado
e achou uma barbaridade.

Voltemos, pois, ao apelo daquela mãe zelosa. Mesmo comovida, eu, na minha sensibilidade materna, adverti Ulysses de que tinha certeza de que Leda o procurara à revelia do "Fernando". Meu marido concordou, até porque se lembrou de que, mesmo sendo eleito pelo PMDB, Collor sempre se manteve arredio e nunca se aproximou da chamada cúpula partidária.

— Esse rapaz é esquisito. Ele é todo formal. E tem essa mania, de que eu gosto, de falar olhando no olho do interlocutor — observou Ulysses.

Ulysses estava determinado a procurar Sarney e resolver a solicitação da viúva do Arnon de Mello.

Nunca tive a curiosidade de saber como tinha terminado aquela novela. A Constituinte absorvera totalmente as atenções do meu marido. Havia surgido já o temível "Centrão", e Ulysses se ocupava, como, aliás, todos os políticos naquele instante, em tentar reduzir o mandato de Sarney.

O nome do "Fernando" reapareceu na minha vida, agora com certeza, na primeira semana de janeiro de 1988. Depois de ter participado o dia todo de uma reunião dos governadores do PMDB no Palácio das Laranjeiras, promovida pelo então governador Moreira Franco, exatamente para discutir o apoio ou não ao governo Sarney, o governador de Alagoas, no início da noite, divulgou uma nota discordando do alinhamento do partido e se declarando liberado para seguir com seu projeto político em outra legenda.

Cá pra nós, naquele momento, o gesto de Collor chamou a atenção da mídia, mas não de meu marido. E não foi por desinteresse, não. É que, logo em seguida, Ulysses foi surpreendido por um documento com a assinatura de 317 constituintes em defesa do mandato de cinco anos para Sarney. Aí, minhas amigas e meus amigos, começou verdadeira guerra ideológica na Assembleia Nacional Constituinte. Aquelas assinaturas representavam a materialização do Centrão, um núcleo de centro-direita originário dos movimentos dos ruralistas e dos conservadores. O país ficou dividido ao meio. E começaram as votações na Constituinte.

O país, repito, passou a viver em tensão permanente. O ano de 1988 foi dificílimo, um grande teste para a democracia. Servidores públicos se organizando, movimentos sociais tomando conta do Congresso.

Começaram a pipocar as greves no serviço público, a maior onda da história do país: 15 dos então 26 ministérios paralisados. Mais de 800 mil funcionários públicos nas ruas. Ao todo, mais de seis mil greves contabilizadas em toda a gestão Sarney.

Pausa para o Carnaval. Na Quarta-feira de Cinzas, o país, de ressaca, assistiu à entrevista de meu marido, em São Paulo, rebatendo críticas de Sarney à Constituinte e dizendo que a Constituição não seria igual "àquela feita pelos Três Patetas", referindo-se aos ministros que formaram a Junta Militar de 1969. Ulysses desembarcou no mesmo dia em Brasília e foi aplaudido de pé pelo plenário da Constituinte, por causa dos "Três Patetas".

Acuado pela crise, Sarney, numa solenidade militar no Rio, fez um discurso desastrado em forma de denúncia: "A transição democrática atravessa instantes de apreensão. As forças civis responsáveis por ela dividem-se, dilaceram-se, fracionam-se, num processo de autofagia que enfraquece as instituições e joga sobre a nação perplexidade e indagações."

O palco estava armado. E é sobre isso que falarei no próximo capítulo. Ah, eu não me esqueci do "Fernando", não! Vamos reencontrá-lo lá na frente, prometendo a Ulysses "queimar as galeras".

CAPÍTULO 44

NOVELA: ULYSSES x SARNEY

*A relação beligerante entre
o presidente da Constituinte
e o da República crescia a cada
capítulo dos direitos sociais
votados na Assembleia.*

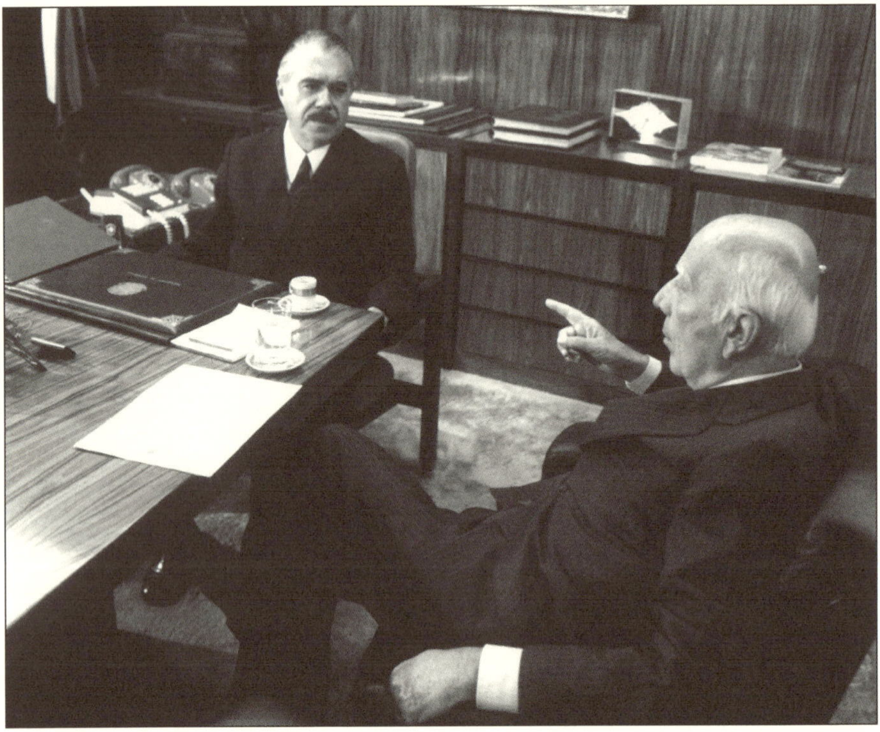

Ainda não saí de 1988 porque ele foi um dos anos mais marcantes da nossa história. Não apenas por causa da crise social motivada pelas greves que paralisaram o país, como vimos no capítulo anterior, mas, principalmente, por ser o ano da promulgação da "Constituição Cidadã", a obra-prima do meu marido, originada de uma Constituinte livre e soberana. Foi o momento dos grandes embates entre Ulysses e Sarney. Como nas novelas, os dois se revezavam no pódio da disputa a cada capítulo votado pela Constituinte – um dia era da caça e outro, do caçador.

Era Ulysses, como se quisesse se vingar dos compromissos de Tancredo não cumpridos por Sarney, e o presidente da República, como se estivesse dando o troco pelo fato de ser refém do PMDB. Mesmo não cabendo, no caso, rotular o "mocinho" e o "vilão" da história, posso garantir, mesmo na suspeitável condição de mulher do "Senhor Constituinte", que, nessa briga, meu marido tinha a torcida da sociedade brasileira. Então, para uma maior compreensão dos fatos, pegue a "mocinha" da novela a que você, eventualmente, esteja assistindo e dê a ela o nome de Ulysses Guimarães, por favor.

Ao longo dos nossos encontros aqui, fui citando esses embates. Basicamente, Sarney, com a responsabilidade de presidente da República, questionava os custos para a União dos direitos sociais da Constituinte. E, por isso, acusava a Constituinte de Ulysses de estar tornando o país ingovernável. E meu marido era obrigado, docemente constrangido, a responder que ingovernável já era o próprio governo Sarney.

E assim fomos levando até a promulgação da Constituição. E o país, como eu disse no capítulo anterior, pegando fogo nos campos e nas cidades. Experimentávamos na democracia o mesmo cacoete da ditadura, diante dos movimentos sociais: "A oposição quer um cadáver." Às vésperas das eleições municipais daquele ano, o confronto entre Exército e manifestantes deu três mortos, em Volta Redonda. E, três dias antes do Natal, para fechar o ano, Chico Mendes foi assassinado. O sangue evitado na transição da ditadura para a democracia respingou na festa da consolidação do Estado de Direito e democrático, atingindo duramente a imagem do país no exterior. Desconheço outro fato acontecido já na democracia que tenha prejudicado tanto a imagem do Brasil como a morte de Chico Mendes. Se o nosso Natal daquele ano foi de luto e vergonha, a chegada de 1989 foi de choque e tristeza pela morte de mais de 50 pessoas que estavam no *Bateau Mouche*. O país, também, estava se afundando na hiperinflação e Sarney resolve, dias depois do naufrágio do Rio, jogar uma boia aos brasileiros e cria uma nova moeda: o cruzado novo. Era o chamado "Plano Verão" em pleno inverno econômico. Mais uma vez, meu marido ficou de fora, mas seus "pupilos" da Unicamp mergulharam de cabeça e tentaram arrastá-lo, sem sucesso, nessa nova aventura.

Desenhava-se ali a sucessão de Sarney e entrávamos, finalmente, no ano que me projetou e me levou aos meus 15 minutos de fama, por defender com unhas e dentes o direito de meu marido realizar o seu sonho de candidato à primeira eleição direta deste país. Em outras palavras, começa aqui o calvário de Ulysses, as traições e decepções que teve no momento mais importante da sua vida. Como eu disse no início desta nossa conversa, e repito agora que entro na reta final da minha história, não esperem de mim um relato amargo e ressentido da mulher de um político abandonado pela própria política, pelo partido e pelos amigos. Não! O declínio político do meu marido começou quando ele já estava na chamada posição de cruzeiro: sem cargos e encargos, pairando acima dos partidos, do governo e da oposição, rumo à eternidade. Ulysses era o paradoxo. No limbo da política, sentia-se mais poderoso, mais forte do que quando exercia simultaneamente os cargos de presidente do maior partido, presidente da Câmara, presidente da Constituinte e vice-presidente da República. Perdera os cargos, mas não a autoridade. A autoridade, diz o seu "decálogo do estadista", é nata, nasce com o líder. Mas a autoridade só existe para o corajoso. A coragem é a primeira virtude do estadista. Meu marido sempre foi um homem de coragem, física e intelectual.

Foram as suas coragem e autoridade que impuseram a sua candidatura. A mim coube apenas olhar nos olhos daqueles 19 ou mais governadores que queriam barrar a sua candidatura, todos eles, sem exceção, devedores da ação política de Ulysses.

Comecei aqui falando do então governador do Rio Grande do Sul, Pedro Simon, um dos maiores amigos de meu marido. Já falei de Jarbas Vasconcelos, Severo Gomes e Renato Archer. Falo agora daquele que foi, mais do que um companheiro, um verdadeiro irmão, uma pessoa totalmente identificada com Ulysses: Waldir Pires, mais tarde seu companheiro de chapa, por determinação soberana da convenção do PMDB, mas sem o menor desejo de ambas as partes. Waldir era o amigo de todas as horas, o confidente, a esperança de o PMDB quebrar a hegemonia de Antônio Carlos Magalhães na Bahia. E quebrou. Waldir provocava ciúmes no Pedro. Sua fidelidade ao meu marido era total. Era, com Renato, a presença solene de Ulysses no governo Sarney. Deixou o governo para ser candidato ao governo da Bahia. Sua vitória foi a vitória de Ulysses e, de certa forma, a libertação do povo baiano. Pelo menos era o que nos fazia acreditar.

Nos movimentos iniciais dos governadores com vistas à sucessão de Sarney, Waldir era uma espécie de fiscal de Ulysses. A maioria dos governadores era candidata de si mesma. Waldir, não. Era o cabo eleitoral de Ulysses. Mas o chamado remanescente grupo "Só Diretas" do PMDB, o que tinha sobrado de esquerda no partido com a saída dos tucanos, sonhava com a candidatura de Waldir. Mas Waldir era fiel a Ulysses. O então governador da Bahia fazia juras de amor a meu marido. Numa coletiva, chegou a ser áspero com o apalermado repórter que corria atrás de Ulysses, quando este lhe perguntou se disputaria a convenção do PMDB contra meu marido:

– Vindo de você, que conhece minha relação com Ulysses, considero essa pergunta uma agressão.

CAPÍTULO 45

PMDB: UM CORAÇÃO PARTIDO

Era uma só legenda com dois candidatos à Presidência da República: estruturas e campanhas diferentes separavam Ulysses e Waldir.

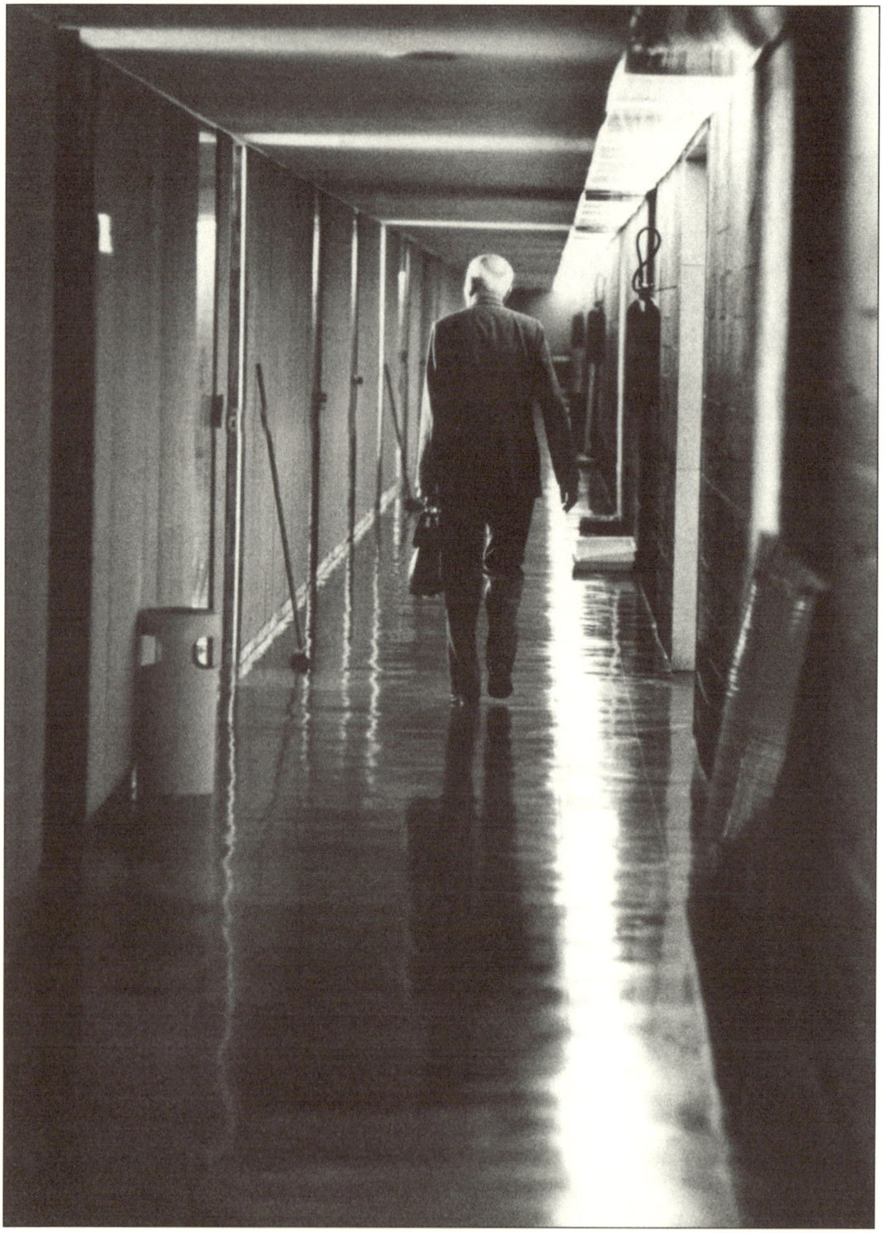

Quando se fala que meu marido foi intransigente ao se impor como candidato à Presidência da República, levando o PMDB a uma fragorosa derrota, comete-se uma terrível desonestidade intelectual, não contra o político Ulysses Guimarães, mas contra a própria história do país. Muito pelo contrário, e a maioria dos personagens, graças a Deus, está viva para me corrigir, se for o caso, mas Ulysses respondia a todos os governadores que tentavam barrar a sua candidatura: "Apresentem um nome, que eu renuncio já."

O que meu marido não poderia fazer, na condição de maior líder do partido, era deixar a legenda se esfacelar. Era o que aconteceria se não ocupasse a vaga, pois os governadores se revelaram impotentes para resolver a questão entre si, pelo simples fato de, como já dito no capítulo anterior, cada um ser candidato de si mesmo. Exceto um, Orestes Quércia, então governador de São Paulo, que tinha como único opositor naquele momento o próprio Orestes Quércia.

Todos tinham Quércia como opção a si mesmo e sempre por interesses pessoais compreensíveis: não podendo ser o titular, não seria nada mau ser o vice na chapa do governador de São Paulo. Meu marido cansou de dizer ao próprio Quércia que abriria mão para ele ser o candidato.

Por que o Quércia não quis ser o candidato? Senhoras e senhores, marquem um "x" em todas as respostas possíveis e, mesmo assim, estarão errados. Dizer simplesmente que não era a sua vez, como ele repetiu centenas de vezes, nunca fez parte do dicionário da política. Numa dessas conversas com o governador, Ulysses deu uma do nosso Arthur da Távola, o ensaísta da boa música brasileira:

— E aí, doutor Quércia, há um bando de governadores querendo entrar no salão com o senhor! Não sabes sambar ou estás se guardando para quando o Carnaval chegar? Ouça a genial lição do Geraldo Vandré: "Quem sabe faz a hora, não espera acontecer."

Deixemos o Quércia de lado e nos concentremos em Waldir Pires, de quem prometi falar nesta reta final da minha história. Waldir, conforme eu disse, era um fiel amigo do meu marido. Do ponto de vista da política, que é o que importa, Waldir Pires agiu corretamente ao enfrentar meu marido na convenção do PMDB que escolheu o candidato do partido à Presidência da República. Nesse aspecto, aliás, Waldir nada mais fez do que aplicar a definição de Ortega y Gasset preferida de Ulysses: "Eu sou eu e minhas circunstâncias." Na verdade, essa frase, que meu marido tomou para si, era uma versão mais sofisticada da pragmática lição de Tancredo de que "não se faz política sem vítima".

Em vez de julgar o comportamento de Waldir, a meu ver, condenável do ponto de vista pessoal, apresento-lhes, senhoras e senhores leitores, os fatos para que possam ser os verdadeiros juízes. Dou, então, a palavra à Sua Excelência, o fato.

Waldir Pires se inscreveu, também, na convenção do PMDB, juntamente com o governador do Paraná, Álvaro Dias, e o ministro da Agricultura, Iris Rezende. Em relação a Álvaro Dias, um parêntese: foi por causa dele, essencialmente dele, que surgiu o PSDB. O grupo de José Richa e Euclides Scalco, sentindo-se alijado no Paraná, foi quem liderou a dissidência do PMDB. Scalco, dizia Ulysses, sempre foi um político pertinaz. Scalco, no Paraná, e Pimenta da Veiga, em Minas, forçaram os paulistas Mário Covas, Franco Montoro e Fernando Henrique Cardoso a se libertar do PMDB de Quércia, em São Paulo. Não tivesse havido essa pressão, os hoje tucanos paulistas tentariam recuperar o comando do partido que haviam perdido para Quércia. E qual foi a opção de Ulysses? Deu apoio a Álvaro Dias.

Sobre Iris Rezende, o que posso falar é que, naquele instante, ele era o que estava melhor na foto. Iris já tinha disputado o comando do PMDB contra meu marido e perdera por uma margem relativamente grande. Logo, sabia o seu tamanho dentro do partido. Mesmo depois desse embate, Iris continuou sendo o sonho de consumo de Ulysses para ser candidato a vice. A convenção estipulara que a chapa seria formada pelos dois mais votados. Logo, a candidatura de Iris contra meu marido era mais do que esperada, era desejada. Mas quem ganhou foi o Waldir. E, assim, ele foi feito candidato a vice na chapa de meu marido.

Esqueçamos, por alguns instantes, essa circunstância, e nos fixemos no papel que Waldir Pires desempenhava naquele momento. Como governador da Bahia, encarnava, com muita propriedade, a exaltação da vitória dos democratas contra o coronelismo e, principalmente, contra a ditadura. Como tudo começa pela Bahia, a derrocada do regime militar começou por lá. Pois bem, com dois anos de governo, apenas, Waldir renuncia ao mandato para ser candidato à Vice-Presidência da República.

– Eu não faria isso pelo meu pai! – disse meu marido sobre essa decisão.

E Waldir, com todo o seu nacionalismo, não fez isso pela pátria e, com toda a amizade que dizia ter com o meu marido, não fez isso por Ulysses. Por quem então? Respondo com outro baiano, o compositor Gilberto Gil: "Mistério sempre há de pintar por aí." Waldir foi substituído no governo da Bahia pelo seu vice Nilo Coelho.

E assim quis o destino. E assim foi montada a campanha, totalmente dividida entre Ulysses e Waldir. Waldir, em si, não era o problema, mas seus discípulos, a maioria oriunda do famoso grupo Só Diretas, Márcio Braga e Dante de Oliveira, à frente. Eles o insuflavam contra meu marido. Parecia que o PMDB tinha dois candidatos à Presidência da República em sistema de sublegenda. Eram dois comandos distintos, até nos meios de transporte. Ulysses viajava em aviõezinhos da TAM e Waldir tinha um jatinho à sua disposição.

— O Waldir deve achar que eu não tenho resistência física para a campanha e espera que eu morra para ocupar meu lugar – injuriava Ulysses.

Sim, era injúria! Ulysses sabia que, no fundo, Waldir gostava muito dele para querer desejar a sua morte. Mas contava com a sua morte política, resultante do péssimo desempenho nas pesquisas. E aí foi que a chapa começou literalmente a esquentar, como verão no próximo capítulo.

CAPÍTULO 46

SARNEY, A TATUAGEM DE ULYSSES

O desafio de Ulysses na campanha era provar que, depois de ter assumido a Presidência da República 19 vezes, nada tinha a ver com o governo Sarney.

Com 75% dos votos, meu marido era, finalmente, ungido candidato do PMDB à Presidência da República, tendo o ex-governador Waldir Pires como companheiro de chapa. Ulysses apostava que o índice de popularidade do PMDB, em torno de 19% na época, pudesse ser seu passaporte para o segundo turno. O desafio era acoplar a popularidade de um partido totalmente dividido aos índices de 7% do seu nome. Se isso não fosse possível, um plano B salvaria sua candidatura: o apoio dos dois ministros mais populares de Sarney, Iris Rezende e Jader Barbalho, carros-chefe dos 15% da popularidade que ainda restavam ao combalido governo.

Diante dessa aritmética, vocês poderiam ironizar e perguntar se meu marido já tinha combinado isso com os adversários. Eu respondo: ele se esqueceu de combinar foi com o Waldir Pires.

– Ministros de Sarney não sobem no nosso palanque! – sentenciou Waldir, secundado pelos seus seguidores do grupo Só Diretas do partido.

Meu marido simplesmente enlouqueceu com essa exigência do Waldir. A partir daí, não se acertaram mais. E nós estávamos apenas no início da campanha eleitoral de 1989. Do ponto de vista político, Waldir estava certo. Ora, o próprio Ulysses reconhecia que seu problema maior era a associação que a opinião pública fazia entre ele e Sarney. Aquilo que, na intimidade, massageava o ego de meu marido – a sua superioridade sobre Sarney –, agora se voltava contra ele. Para o povo, como meu marido, supostamente, mandava no presidente da República, os

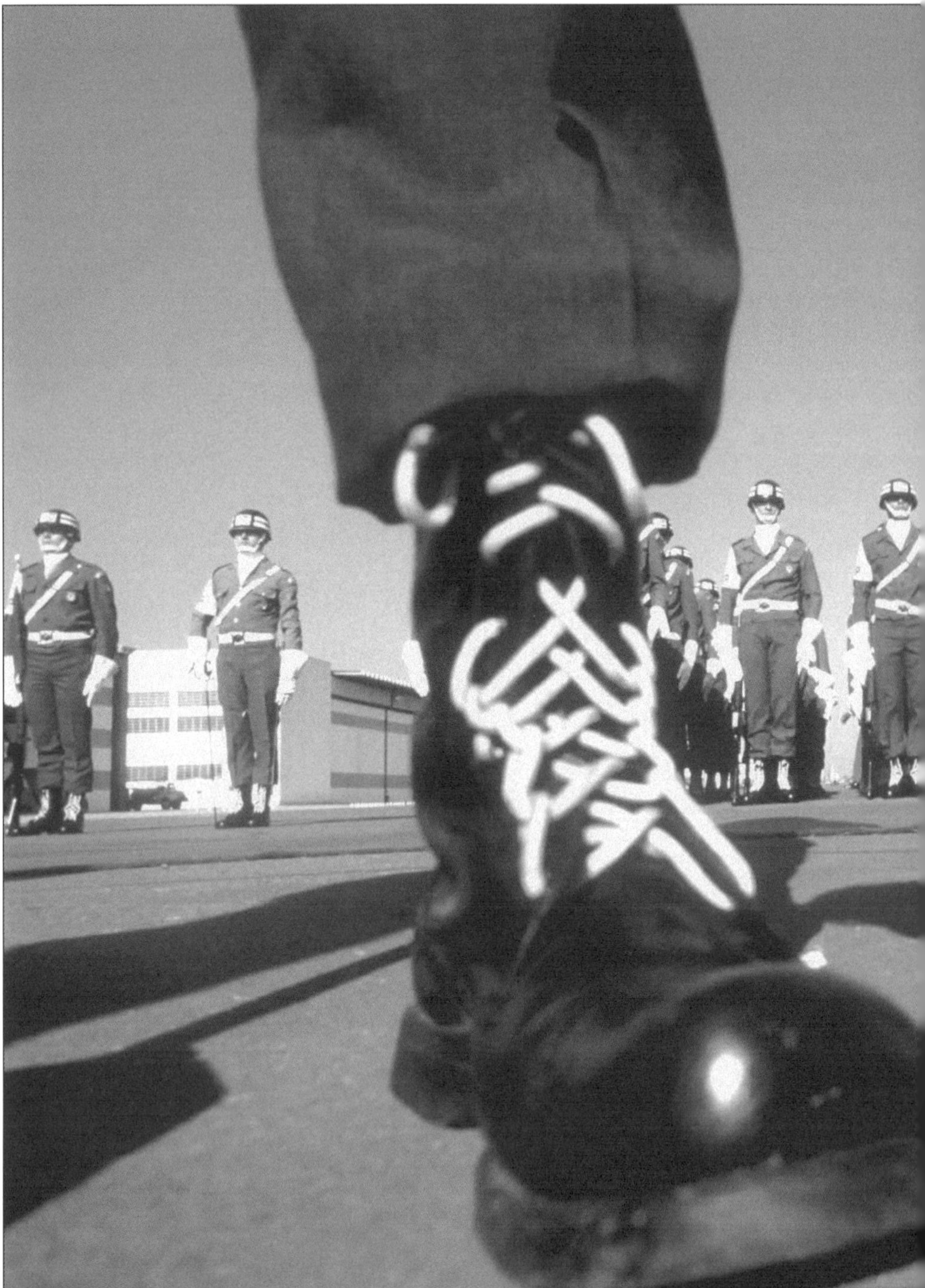

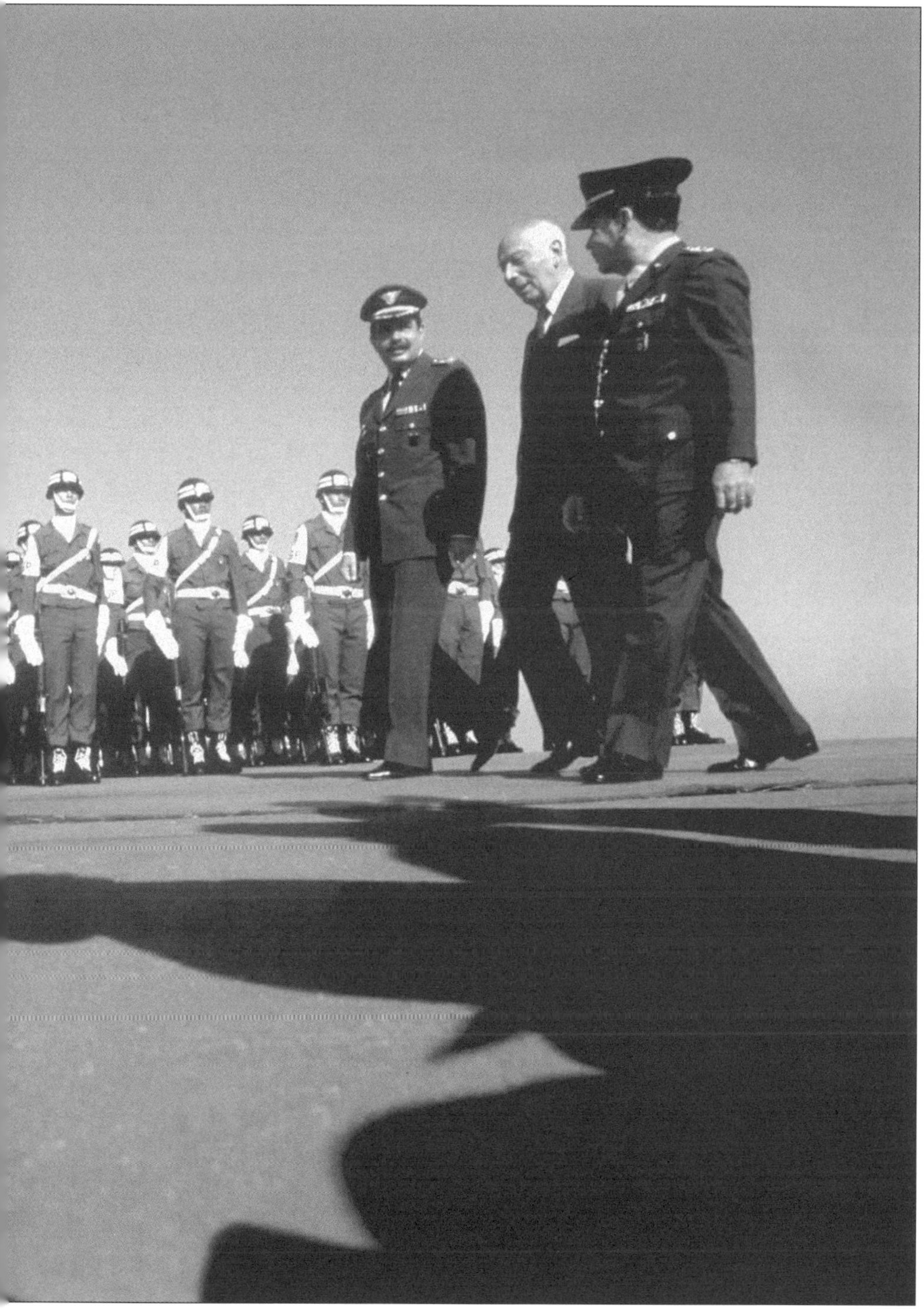

desacertos do governo, como inflação e denúncias de irregularidades, existiam com a negligência dele. Era difícil aceitar que um vice, que se sentou 19 vezes na cadeira de presidente da República, de repente pudesse dizer que não tinha nada a ver com tudo aquilo.

– Sarney é a minha tatuagem. E eu preciso me livrar dessa tatuagem – reclamava meu marido, nas reuniões do comando político da campanha.

Logo, colocar os ministros do Sarney no palanque seria dar mais cores à tatuagem. E Waldir, repito, estava certíssimo. Mas meu marido não pensava assim. Era muito pragmático: só fazia conta de somar, nunca de dividir. O seu candidato a vice permanecia, porém, intransigente. Quando sentiu que ia perder a queda de braço com Waldir, Ulysses radicalizou:

– Se o problema é o palanque, então vamos implodir esse palanque.

E assim foi feita aquela campanha mambembe, no estilo "cada um por si". Cada um tinha sua própria estrutura. E se encontravam apenas nos eventos oficiais. A relação entre meu marido e Waldir já estava muito esgarçada. Piorou quando, na viagem a Manaus, Waldir, encantado com a recepção dada pelo anfitrião, exagerou na saudação ao "preclaro" governador Gilberto Mestrinho. Foi a deixa de que Ulysses precisava. Na volta – e essa, pelo menos que eu me lembre, foi uma das poucas vezes em que viajaram no mesmo avião –, meu marido cobrou:

– Waldir, você veta ministros de Sarney no nosso palanque e chama o Mestrinho de "preclaro"!

Waldir ficou calado. E, a partir daí, pouco se falavam, a não ser o essencial. Por ser um homem fino, recatado, Waldir manteve o respeito reverencial a meu marido. Ulysses, de sua parte, também, nunca deixou de admirá-lo como homem público e honrado. Até comigo, sua confidente de todas as horas, meu marido poupou muito o Waldir e guardou só para si as suas mágoas, no que fez muito bem e dentro da sua teoria de não levar as desavenças políticas para casa.

Se a campanha eleitoral trouxe muitas mágoas, tristezas e decepções a meu marido, ela também revelou algumas boas surpresas. Cito uma pessoa poucas vezes lembrada pelo seu espírito público e mais pelas suas aventuras pessoais. Estou falando do ex-relator geral da Assembleia Nacional Constituinte Bernardo Cabral. Que figura! Como presidente da OAB, Cabral era parceiro político do meu marido na luta contra a ditadura. Cabral foi o primeiro ministro convidado e anunciado por Tancredo Neves, e um dos raros demitidos antes mesmo da posse. Tudo para permitir a composição do governo da chamada Aliança Democrática. Ele, nesse episódio, teve um comportamento muito digno: recolheu-se, humildemente, sem oferecer nenhum entrave a Tancredo. Ali, Cabral ganhou Ulysses.

Bernardo Cabral sempre foi um sedutor. No início, Ulysses estranhava o estilo e chegava em casa reclamando:

– Mora, às vezes, o Cabral está trancado comigo reclamando de algum parlamentar, e, por coincidência, a vítima chega na hora, e ele: "Fulano, você não morre nunca. Eu estava aqui te elogiando para o presidente!" E ainda pisca para mim, pedindo minha conivência. Eu fico encabulado. Estou para dizer a ele: "Cabral, você, com isso, está desrespeitando é a mim, não à vítima da sua língua ferina!"

Mas meu marido acabou se acostumando a esse estilo do Cabral e sempre tiveram uma excelente convivência. Na campanha eleitoral, Cabral estava sempre presente. Na tarde do primeiro turno que apontou Collor e Lula como vencedores, quando meu marido desembarcou em Brasília, qual era a única pessoa que estava no aeroporto a esperá-lo? Ele mesmo, Bernardo Cabral, que foi receber Ulysses na pista, precisamente na porta do avião. O abraço entre os dois – eu me lembro – foi longo e emocionado.

Cabral fora ao encontro de Ulysses comunicar que, a partir daquele momento, iria se engajar na campanha de Collor e não na de Lula, como se supunha que caminharia todo o PMDB. Meu marido e eu nunca esquecemos aquele gesto. Cabral, na verdade, fez um pedido para ser liberado a apoiar Collor e deixou claro que seguiria meu marido, mesmo a contragosto, se este pedisse para ele apoiar o Lula.

Pobres moços, Ulysses e Cabral. Mal sabiam que, depois de um acordo firmado pelo então coordenador da campanha do PT, Plínio de Arruda Sampaio, meu marido seria impedido por José Genoino de subir ao palanque de Lula. Sem querer antecipar o final da minha história, que se avizinha, Genoino explodiu em prantos quando soube que Ulysses desaparecera no mar.

CAPÍTULO 47

MISTÉRIO: DESTINO OU MALDIÇÃO?

Ulysses demorou a aceitar a CPI do PC, mas, depois, comandou o impeachment *como se fosse uma nova campanha das Diretas Já!*

Terminei o capítulo anterior citando o choro do José Genoino pelo desaparecimento do meu marido. Dizem que ele chorou copiosamente. Acredito na sinceridade desse pranto. Genoino, como deputado, manteve sempre uma relação muito forte com Ulysses, sobretudo na Constituinte. De repente, do nada, impõe ao meu marido uma situação humilhante, a única de que me recordo em toda a sua vida: vetou sua participação no palanque de Lula. Pior foi a sua alegação: a presença de Ulysses e do PMDB mancharia a campanha eleitoral do PT.

Salto para a confissão do próprio Lula, em depoimento ao jornal *O Globo*:

"Não me arrependo do que fiz. Teria feito tudo outra vez. Só não teria cometido o erro de não ter ido conversar com Ulysses Guimarães no segundo turno de 89. Esse é um erro que assumo. Não gosto de ficar dividindo responsabilidades nos erros. É mais fácil conseguir dividir responsabilidades nas glórias do que nos erros. Se tivesse acreditado na aliança com o PMDB, teria bancado. Achava que não ajudaria. Por coincidência, perdi do Collor com a diferença de votos que teve o Ulysses Guimarães."

Como disse ainda o próprio Lula nesse desabafo, "em jogo jogado, gol perdido não vale". Vamos em frente. E nós, que paramos na campanha eleitoral, vamos logo à posse do primeiro presidente eleito após a ditadura, Fernando Collor de Mello, que assume já decretando um choque na economia.

Dez dias depois da posse, meu marido, que já havia voltado ao comando do PMDB, é convidado a subir a rampa do Palácio do Planalto, de novo como líder de oposição. (Aqui, faço uma correção. Quando falei lá atrás do encontro de Ulysses com Collor, no Alvorada, por ocasião das denúncias de Pedro Collor, como o único havido entre os dois, na verdade, eu tinha me esquecido completamente deste.)

Ulysses gostava de se fazer de desentendido, quando sabia muito bem do que é que o interlocutor estava falando. Era uma de suas brincadeiras preferidas. Tanto que chegou em casa fingindo espanto:

— O homem falou que vai tocar fogo nas galeras!

Só o Renato Archer para cair nas suas brincadeiras:

— Calma, Ulysses, galeras são determinados tipos de navio!

— Isso mesmo. Ele chegou a dizer que "queimou os navios".

Bem, aí os dois eruditos começaram a discutir quem sabia mais sobre as aventuras do espanhol Hernán Cortés, que queimou seus oito navios ao desembarcar no México, em 1519. Depois desse encontro, o seguinte, já relatado aqui, foi aquele célebre do Alvorada, na semana em que Pedro Collor denunciou o irmão à revista *Veja*. Antes de se chegar a esse ponto, já no segundo ano do governo Collor, todo mundo já previa que aquilo não ia dar certo:

— Se até o cardeal sabe, logo, logo, o papa fica sabendo. Se é que ainda não sabe! — disse-me Ulysses, depois de ter ouvido, num almoço, do então diretor de *O Globo* em Brasília, Ali Kamel, que dom Eugenio Salles já tinha comentado com vários políticos do Rio sobre as atividades nebulosas do PC Farias.

Eu mesma já tinha ido à missa em Brasília em que o padre fez lindo sermão sobre honestidade. Fui à missa dirigindo o Opala que o deputado Heráclito Fortes emprestara a Ulysses na campanha eleitoral. A placa entregava logo: UG 1989. Ao me ver entrando no carro, o padre foi ao meu encontro:

– Eu reconheci a senhora. Mas fiquei com receio de abordá-la. Mas, agora, a placa do carro não deixa dúvidas, a senhora é a dona Mora Guimarães! A senhora quase me aplaudiu na hora do sermão. Percebi pelos seus olhos.

Na volta, comentei com meu marido:

– Você deveria ter ido à missa comigo. Tenho certeza de que ficaria feliz com o sermão do padre e não me deixaria sozinha na hora de trocar o pneu!

Aquele Opala, se falasse, talvez contasse melhor do que eu a campanha eleitoral de 1989. Dentro dele, Ulysses ouviu muitas promessas, muitos elogios e, também, teve muitas decepções. O carro serviu a meu marido até o seu último dia de Brasília. Depois, Heráclito o repassou ao João Carlos Di Genio, dono da Unip, grande amigo nosso, que o mantém intacto na garagem, como relíquia: não vende nem empresta a ninguém.

E os rumores sobre corrupção no governo Collor só iam aumentando. Meu marido, antes um presidencialista convicto, havia migrado para o parlamentarismo e fazia campanha para o plebiscito sobre o sistema de governo. Pedro Collor, por causa das suas brigas com PC Farias, resolveu ameaçar diretamente o seu irmão. E as coisas começaram a se complicar.

Ulysses, acho que já disse isso aqui no início, era contra a criação da CPI. Ele e a maioria dos líderes do Congresso, a começar pelos presidentes do Senado, Mauro Benevides, e da Câmara, Ibsen Pinheiro. O PMDB era maioria no Congresso. O PSDB vinha de um namoro frustrado com Collor. Chegaram a noivar, mas o pai da moça, Mário Covas, num belo rompante, viu que a filha estava muito saliente e deu um basta no casamento. Fernando Henrique não queria a CPI. Tasso Jereissati acabou sendo convencido por Lula. Sarney, já senador pelo Amapá, torcia discretamente.

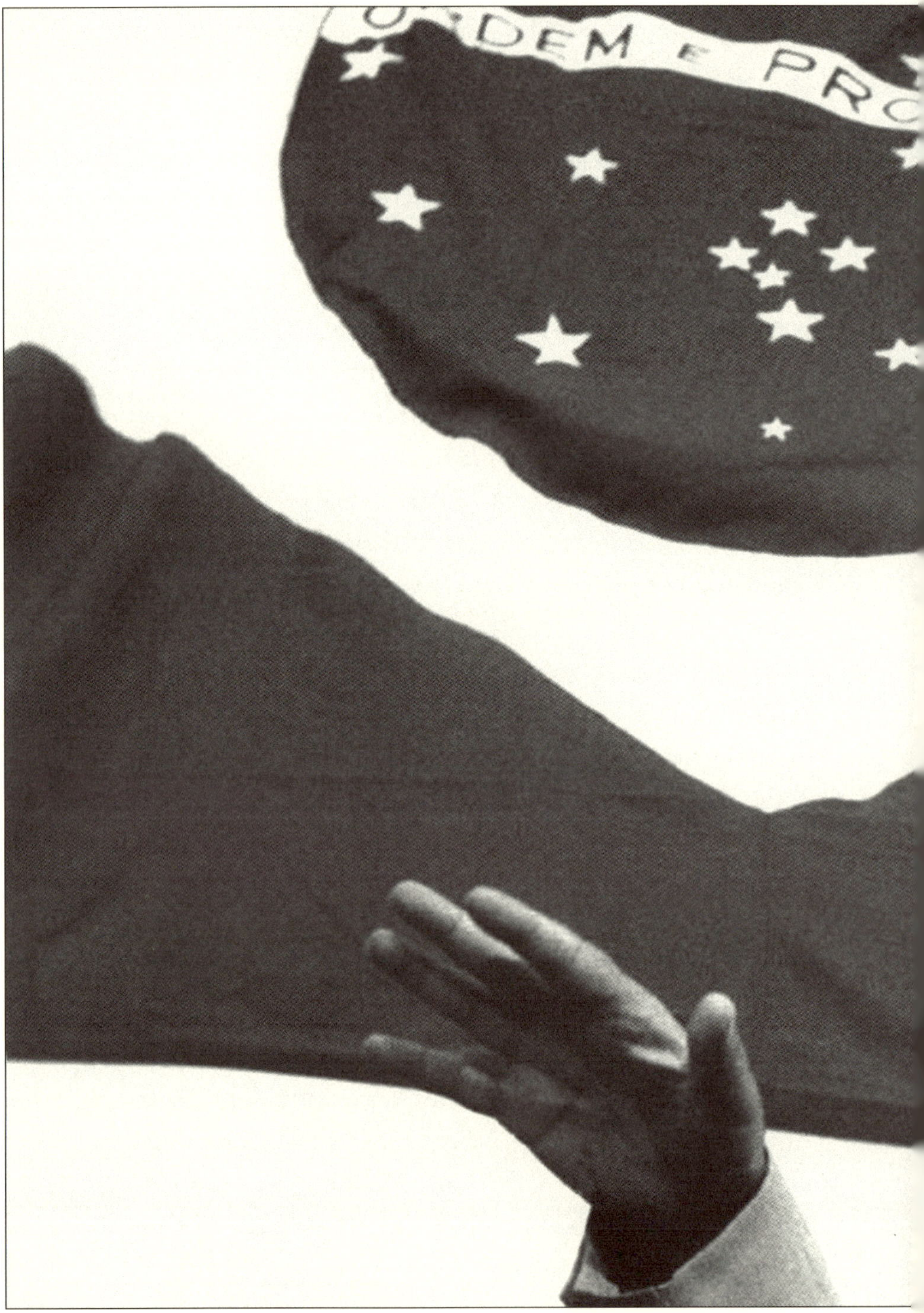
RDEM E PRO

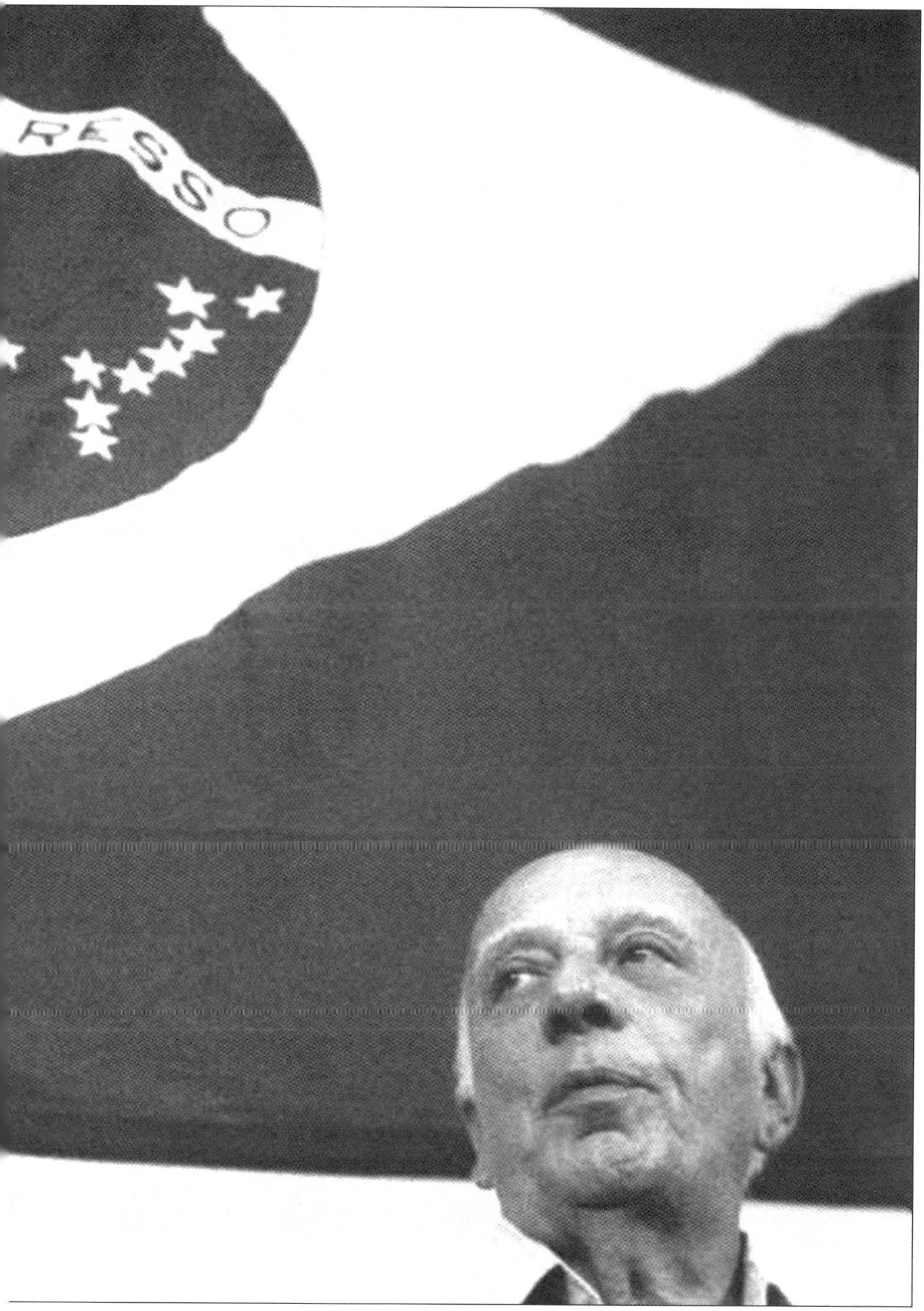
RESSO

Quando, enfim, todas essas lideranças se convenceram, meu marido, o primeiro refratário, já tinha dado a volta por cima e se transformado no "Senhor *Impeachment*".

Nesse processo de engajamento do meu marido na campanha pelo *impeachment* começaram a acontecer coisas estranhas. Eu não me assustava muito com elas, mas minhas amigas ficaram apavoradas. Maria da Glória, embora tivesse ido à terra do marido, Renato Archer, umas duas vezes na vida, sabia das histórias de Codó como capital da macumba do Maranhão. Então, era a mais impressionada. Eu só fiquei impressionada da primeira vez: certa manhã, acordei com vontade de ir rezar na capela de Nossa Senhora Aparecida. Peguei minha empregada, e fomos até lá. Eu estava muito angustiada, sentindo que alguma desgraça estava próxima. Era preciso contê-la. Contarei tudo!

CAPÍTULO 48

ULYSSES DEVE MORRER

Às vésperas do impeachment, Collor abriu os portões da Casa da Dinda para receber a mulher que pregava a morte de Ulysses Guimarães.

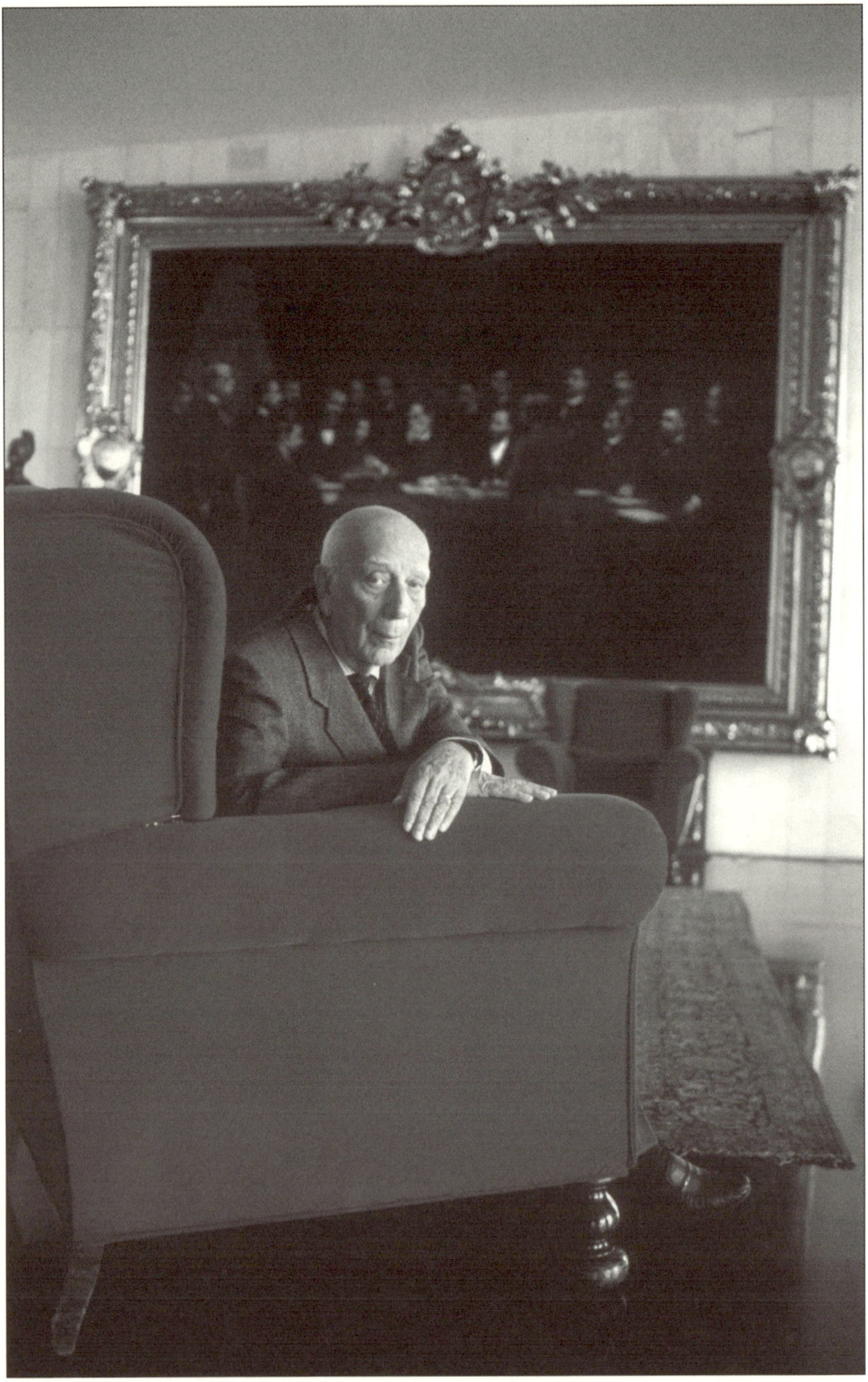

Foi justamente na volta de Aparecida que o meu filho Tito me avisou que Ulysses estava internado. As orações tinham me tranquilizado tanto que aquela notícia não me desesperou.

– Imagine, crise de apendicite, coisa de garoto! – comentei com a minha empregada.

Quando cheguei ao hospital é que soube da gravidade aqui já relatada: meu marido corria risco porque a doença fora tratada de forma errada em Brasília. Ao acordar da anestesia, perguntou-me:

– Mora, onde você estava?

Respondi-lhe:

– Fui a Aparecida rezar por você.

E, aí, Ulysses me surpreendeu com outra revelação:

– Você conhece essa minha mania de trocar nomes. Eu estava embarcando para Fortaleza quando passei mal e, por duas vezes, cheguei a dizer que estava embarcando para Aparecida. Até brinquei, dizendo que minha alma deveria estar em Aparecida.

Dias depois, já em Brasília, aconteceram duas outras coisas. Não me lembro da ordem cronológica dos fatos. Mas começo pelo mais importante. A uma semana do *impeachment*, Collor, na casa de um deputado chamado Onaireves, teve aquele destempero verbal contra meu marido, chamando-o de "senil". Soubemos, no dia seguinte, que o então presidente, no auge dos xingamentos, chegou a insinuar que, pela idade e pelas doenças, Ulysses já deveria estar morto. Ah, fiquei tão indignada, que pensei até em mandar um bilhete desaforado a esse rapaz. Só não o fiz porque sua mãe acabara de ter um infarto no Rio e, como Ulysses gostava dela, ficamos mais tristes com a desgraça daquela pobre mãe do que com os arroubos do seu filho.

O segundo fato acho que ocorreu depois desse jantar. Acho, não. Tenho quase certeza. Foi às vésperas do *impeachment*, num domingo. Tenho certeza, pois, nesse dia, tinha acontecido um fato extremamente desagradável, que não tem nada a ver com o que estou relatando. Por isso é que deixo esse assunto para depois e me concentro no segundo fato. Se a votação do *impeachment* foi no dia 29 de setembro, então o domingo caiu no dia 27. Isso mesmo! No dia 27 de setembro, não mais que cem pessoas, segundo avaliação dos jornais, se reuniram para uma pajelança nos portões da Casa da Dinda, em defesa do mandato de Collor.

Entre os manifestantes, apenas uma pessoa fez questão de se identificar, como Maria Magalhães de Gusmão. Pois bem, essa senhora chamou a atenção dos repórteres que faziam a cobertura da manifestação porque gritava: "Ulysses vai morrer! Ele já era para ter morrido, mas não deu certo." Collor autorizou a entrada na Casa da Dinda de apenas dez manifestantes, entre eles, a senhora identificada como Maria Magalhães de Gusmão. Fiquei intrigada porque, quando começaram a aparecer as primeiras denúncias contra Collor, já circulavam em Brasília boatos de que a Casa da Dinda havia se transformado numa espécie de centro de macumba, com rituais de magia negra.

Como eu disse antes, nesse domingo, também, havia acontecido um fato extremamente desagradável, embora comum nas cortes: por causa de fofocas, intrigas, eu soube que me haviam sido negados os cinco ingressos para a galeria do plenário que iria votar o *impeachment* de Collor. Fiquei aborrecida. O motivo era banal. Na última vez em que estive na residência oficial da Câmara dos Deputados, que habitei por quatro anos, a então anfitriã quis me levar até a porta. Para o próprio conforto dela, eu ponderei:

– Não precisa, conheço o caminho!

Pronto! O mundo desabou sobre mim. O que eu quis dizer foi que, como ex-inquilina, não precisava ser guiada até a saída. Isso foi objeto de notas em colunas sociais, e resultou no rompimento da dona da casa comigo, mas sem que eu soubesse. Esse fato, realmente, mexeu tanto comigo que acabei me esquecendo, graças a Deus, da maldição da Maria Magalhães de Gusmão. E, também, eu já tinha entregado o caso a Nossa Senhora Aparecida.

O bom senso prevaleceu e eu tive resgatados os meus cinco ingressos e pude acompanhar toda a votação, inclusive a consagração de meu marido, na hora em que foi chamado a votar. Quando um deputado deu o 336º voto que aprovaria o *impeachment*, vi um tumulto do outro lado do plenário: era o Genoino, que desmaiou de emoção. Depois, quem quase desmaiou, mas de surpresa, fui eu, quando vi o Onaireves – o anfitrião daquele jantar em que Collor xingou Ulysses – votar a favor do *impeachment* do seu homenageado.

Deposto o presidente, o vice Itamar Franco assumiu provisoriamente o governo numa sexta, às 10:45h. Horas depois, para controlar uma rebelião no Carandiru, a polícia de São Paulo invadiu o presídio, matou 111 presos, mas perdeu as manchetes para a posse de Itamar, porque a mídia ainda não tinha informações completas do massacre e anunciara apenas oito mortos. Somente no sábado, dia das eleições, é que o mundo teve a real dimensão da catástrofe que até hoje envergonha o país.

No sábado mesmo, Ulysses ligou para Quércia:

– Se o Fleury não demitir ainda hoje o secretário de Segurança, a indignação popular vai aumentar!

Quércia concordou com meu marido e ficaram de ir juntos para Brasília, na terça-feira, quando a executiva do partido discutiria o apoio ao governo Itamar. Eu não queria que Ulysses voltasse a Brasília naquela semana do seu aniversário. No dia 6, meu marido completou 76 anos e, no dia 7, já estava em Brasília, para retornar no dia seguinte.

Seria muito cansativo, pois estávamos de viagem marcada para Angra dos Reis, no feriado de Nossa Senhora Aparecida. A bem da verdade, ninguém queria fazer essa viagem. Havia outras opções. Um grupo de amigos iria para Porto Seguro, na Bahia. Severo queria ir para lá. Eu, confesso, estava na fase de recolhimento e queria voltar a Aparecida.

– Você está louca, Mora! Justamente na festa de Aparecida, que vira um formigueiro de gente, você quer voltar à Basílica. Prometo ir com você lá, antes do fim de ano – ponderou meu marido.

E lá foi Ulysses para a última viagem a Brasília.

CAPÍTULO 49

ONTEM FOI UM DIA HISTÓRICO

Impeachment *devolve Ulysses ao centro do poder. Ele foi ovacionado na sessão desse 29 de setembro, que aprovou processo contra Collor.*

Ontem, precisamente às 18:50h, o deputado Paulo Romano (PFL-MG) deu o 336º voto necessário para a abertura do processo de *impeachment* contra o presidente Fernando Collor de Mello.

Ao todo foram 441 votos a favor e apenas 38 contra. E, pela primeira vez na história do PMDB, o partido votou inteiro: 98 votos a favor, nenhuma abstenção, nenhuma ausência. O meu marido articulou voto por voto, foi atrás de cada indeciso, dentro e fora do PMDB. Foi aí que percebi que, já há algum tempo, o meu marido pairava acima dos partidos.

Como a fênix, depois de expurgado de todos os ritos da política, Ulysses renasceu das cinzas, agigantou-se, sem nenhum cargo, a não ser o seu mandato de deputado e a sua autoridade pessoal, e estava de novo no topo da política. E exercendo o papel que sempre lhe caiu melhor a vida toda: o de líder da oposição brasileira. Ao ver meu marido ovacionado na sessão, igualzinho quando promulgou a Constituição, lembrei-me das palavras finais naquele memorável discurso, já citado tantas vezes aqui nesta nossa conversa.

"Político, sou caçador de nuvens. Já fui caçado por tempestades. Uma delas, benfazeja, me colocou no topo desta montanha de sonho e de glória. Tive mais do que pedi, cheguei mais longe do que mereci."

O ostracismo, se houve, foi curto. Durou quatro anos. E ele se vangloriava:

– Meu destino está atrelado ao do grande guerreiro e navegador que me empresta o nome e que vagou durante vinte anos pelo Mediterrâneo até voltar para os braços da sua Penélope. Você é a minha Penélope!

Prontamente, interrompi:

– Ulysses, você acha que, sumindo no mar, vou conseguir te esperar vinte anos? Vinte anos são vinte anos, meu Deus! Façamos a conta. Vai cair em...

– 2012, Mora! Eu terei 96 anos.

Questionei meu marido:

– Você acha que seremos eternos, como os deuses?

E ele:

– Claro que não. Calipso tentou conquistar o amor de Ulysses oferecendo-lhe a eternidade como recompensa. O guerreiro refutou: "Não quero o dom dos deuses. Sois infeliz por ser eterna. Só os mortais conhecem o amor." No nosso caso, é aquilo que eu disse à Marília Gabriela: "Amo tanto a Mora que, se realmente existir outra encarnação, já quero nascer casado com ela."

E ficamos, meu marido e eu, na brincadeira de tentar adivinhar o que poderia haver neste país até o nosso reencontro, lá nos primórdios do novo século, na odisseia de 2012.

Eu comecei:

– Já sei! Fernando Henrique já terá sido presidente da República!

– Não aposte nisso que você vai perder. Na semana passada, quando Collor fez aquele discurso lá na casa daquele deputado de nome esquisito, o Onaireves...

Interrompi:

– Você não sabe por que ele se chama Onaireves?

– Não faço a mínima ideia – respondeu meu marido.

– É anagrama de Severiano, pai ou avô dele, sei lá.

E Ulysses prosseguiu:

– Pois bem, nessa noite, eu saía do Piantella, e o Fernando Henrique chegava. E eu disse a ele que sua presença no Congresso era muito importante para São Paulo e para o país. E, por isso, deveria se candidatar a deputado e não tentar o Senado, que ele não se reelege. Ele concordou e me confirmou já ter tomado a decisão de ser deputado.

Fingi tristeza por estar perdendo o jogo. Arrisquei outra:

– Esta é fácil de acontecer! Um negro será presidente da República do Brasil!

– Está mais fácil isso acontecer nos Estados Unidos do que aqui.

Reclamei:

– Você não arrisca nada!

– Vou cravar uma. Acho perfeitamente possível uma mulher chegar à Presidência da República – apostou meu marido.

– Mas quem?! – perguntei.

Ulysses:

– Se a Fernanda Montenegro tivesse aceitado o desejo de Tancredo, estendido depois por Sarney, para ela ser ministra da Cultura, hoje seria presidenta da República.

Para encerrar a brincadeira, desafiei meu marido:

– Quando você voltar em 2012 para buscar sua Penélope aqui, quem da sua geração ainda estará influenciando a política?

Meu marido parou, pensou, coçou a cabeça e respondeu:

– Sarney.

Deixei Ulysses viajando pelos seus mares e fui cuidar dos meus afazeres. Tanta coisa, nem sei se vou dar conta. Tenho que convencer minha filha, Celina, e meu genro, Dadá, a ir com a gente para Angra. Eu já disse a vocês que não estou gostando nada dessa viagem, mas Ulysses incutiu na cabeça que quer ir. A Maria da Glória me disse que o Renato está encabulado de pedir a casa emprestada do Eduardo Guinle. Mas não adianta. Até o Severo está meio desanimado, me disse a Henriqueta. Mas eu vou rezar para a minha santa protetora, Nossa Senhora Aparecida, cujo dia está chegando. Tomara que tenha alguma capela por lá, para eu rezar.

E, logo depois das eleições municipais, Ulysses vai a Brasília, volta para cá e é aí que vamos viajar. É muita coisa. Aqui em São Paulo, a disputa vai para o segundo turno mesmo. O PMDB tem poucas chances. A disputa vai ficar mesmo entre Maluf e Eduardo Suplicy. Em Porto Alegre é que está havendo uma disputa interessante entre liderados de Lula, Brizola e do meu marido. Lula e Brizola estão se comendo: o candidato de Lula é o Tarso Genro, da ala mais radical do PT. O de Brizola chama-se Carlos Araújo. O nosso é o Cezar Schirmer.

O Araújo e o Tarso se odeiam. O candidato do PDT tem a assessoria da ex-mulher, uma militante de esquerda, que foi brutalmente torturada pela ditadura. Essa moça é muito respeitada lá. O Cesar Maia, que foi seu colega no PDT, falou muito bem dela para Ulysses. Acho que, se não me engano, o nome dela é Dilma. Um dos candidatos, o do PTB, parece que a demitiu da Câmara porque, em 1990, ela foi fazer campanha para o Carlos Araújo. É uma confusão.

Ulysses e o Simon não me ouçam, mas, pela luta dela, estou torcendo pelo ex-marido da Vil..., ou melhor, Dilma.

CAPÍTULO 50

ARGONAUTA CAÇADO POR TEMPESTADE

Vinte anos depois de ter desaparecido no mar, Ulysses Guimarães, como o homônimo da Odisseia, vira lenda e ainda é esperado em sua Ítaca.

Hoje é um dia festivo. Dia de eleição. É a segunda vez, em menos de dois meses, que o povo está nas ruas. Os jovens ainda estão com as caras pintadas com o colorido da nossa bandeira. Meu marido quase não consegue votar. Foi aclamado na seção eleitoral. Claro, ainda está fardado de "Senhor *Impeachment*". Aos nossos derrotados das urnas, ele deixa um conselho:

– Feio em política não é perder eleição. É não saber perder eleição.

O meu marido é incansável. A apuração nem acabou, e ele já está envolvido com dois graves problemas. O primeiro é essa invasão do Carandiru, que parecia ter oito mortos e agora se verifica que foi uma chacina mesmo, mais de cem presos assassinados. O segundo é a participação do PMDB no governo do Itamar. Ulysses vai a Brasília com Quércia para a reunião do partido e aproveita a viagem para conversarem sobre a demissão do secretário de Segurança Pública, que o governador Fleury teima em manter no cargo. Esse homem já deveria estar na rua desde ontem.

Ainda bem que a viagem será rápida. Meu marido vai num pé e volta no outro. Coitado, depois de amanhã, Ulysses faz 76 anos. Não vai dar nem para a gente comemorar direito. Nós vamos acabar festejando o aniversário dele lá em Angra, na casa onde ficaremos hospedados. Ainda bem que acabamos todos nos convencendo de que ele merece essa viagem, até como presente de aniversário. Que bom que a Celina e o meu genro, Dadá, aceitaram ir. Vão estar lá também a Maria da

Glória e o Renato. O Severo e a Henriqueta vão com a gente. Só faltam a Mariana Fortes e a Dulce Ângela.

Vocês são testemunhas de que essa viagem não está sendo feita de bom grado. E tem um motivo também muito relevante: Ulysses ainda está se recuperando daquela cirurgia de emergência, e não acho bom ele ficar se movimentando muito. Vai ser uma viagem ótima. Meu marido vai poder descansar e descarregar no mar toda essa energia negativa jogada contra nós, por causa do *impeachment*. E vocês precisam ver o Ulysses diante do mar. Ele se transforma, vira menino. Não pode ouvir a palavra "mar". Parece seu homônimo da *Odisseia*. Às vezes, até brinco com ele:

— Não adianta ficar aí pensando nas deusas gregas das ilhas por onde passaste, que quem fica em terra firme, tecendo longos bordados, enquanto te espera, é esta tua Penélope aqui.

Para vocês terem uma ideia do fascínio de Ulysses pelo mar, hoje, quando voltávamos do nosso dever cívico, no rádio do carro tocava uma música linda, que lhe chamou a atenção. Ao término dela, o locutor identificou assim: "Vocês ouviram, de Bosco & Blanc, 'Corsário'." Anotei num pedaço de papel para sugerir ao meu filho Tito que dê esse CD de presente de aniversário a Ulysses, já que ele gostou tanto.

O tempo passa rápido. Meu marido me liga de Brasília, já tarde da noite. E me conta como foi estafante o seu dia. Muitas reuniões, e o PMDB resistia a participar do governo Itamar. Ele me ligou quando já tinha voltado do Piantella, onde fora jantar com o Zé Aparecido:

— Mora, você sabe que eu sempre respeitei a superstição de sair por onde entro. Enquanto eu falava com uns amigos, o Zé, apressado, foi caminhando em direção à outra saída. Gritei, mas ele não me ouviu: "Zé, volte! Nós não entramos por aí." E acabei também quebrando a regra. Será um mau presságio?

Para encurtar a história, já me coloco em Angra, depois de um sufoco na viagem de ida. Chovia muito. Fomos muito corajosos, enfrentando aquela tempestade. Mas o que representa uma tempestade para o homem da *Odisseia*, o caçador de nuvens, que já foi caçado por tempestades?

Na casa em que estamos hospedados, não há telefone, graças a Deus. Mas Ulysses é descoberto por Itamar, que liga para a recepção do Hotel Portobello. Estamos nos preparando para a volta. A música ambiente da recepção do hotel nos chama a atenção de novo:

> (...) *Vou partir*
> *a geleira azul da solidão*
> *e buscar a mão do mar,*
> *me arrastar até o mar,*
> *procurar o mar.*

Meu marido olha para mim emocionado. A troca de olhar é longa. Não saberia precisar sua duração, mas é o suficiente para passarmos em revista quase 40 anos de convivência. O meu Ulysses de todas as epopeias, o argonauta que na tempestade da ditadura entoava o "Navegar é preciso", é agora o meu corsário, anunciando uma nova partida. Lembro-me das suas últimas palavras ao PMDB: "Vou livre como o vento, transparente e cantando como a fonte. Mas não vou para casa. Vou morrer fardado, não de pijama."

Angra é a nossa Ítaca, neste instante. Não a ilha da volta, mas da despedida. Vinte anos se passariam até o retorno do meu Odisseu. Decerto, procuraria a sua Penélope, a que tecia longos bordados enquanto seu guerreiro enfrentava os terríveis inimigos, monstros de sete cabeças. De mim, encontraria apenas uma manta bordada como mortalha, com as iniciais UG. E hastearia aquele sudário como bandeira, bem no alto da sua gávea, como símbolo de todas as conquistas.

É a nossa última troca de olhar. Embarcamos então no helicóptero. Ulysses à frente, ao lado do piloto. Severo, Henriqueta e eu nos bancos

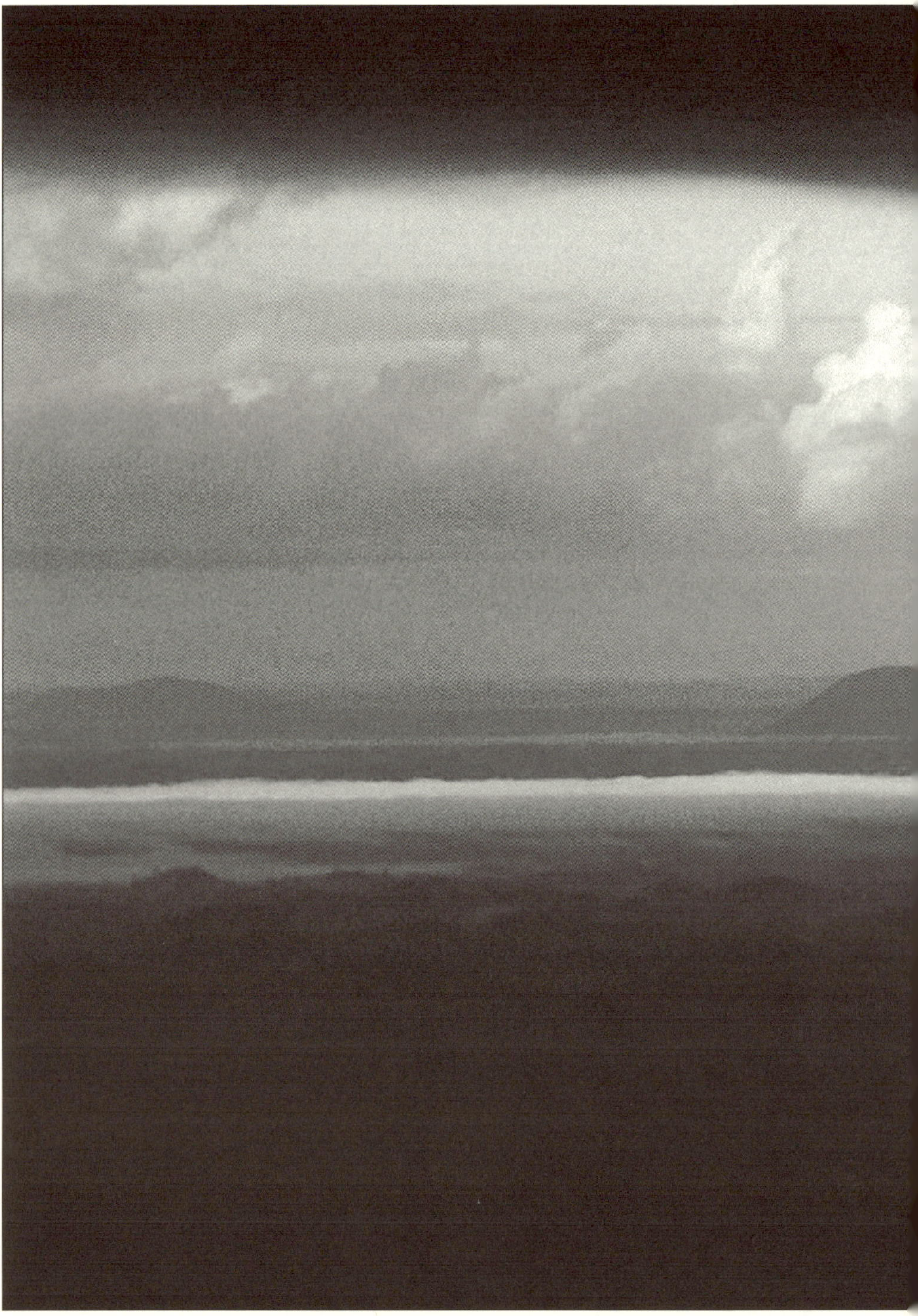

traseiros. Ulysses está de costas para mim, e eu já não posso mais mirar aqueles olhos azuis. O barulho das hélices impede a conversa. Como na ida, Henriqueta segura firme as minhas mãos. As dela estão geladas. Severo, lívido. Já estamos em densas nuvens. Perdemos já todas as referências e experimentamos a sensação do vazio: não sabemos se estamos no ar ou mergulhados na imensidão do mar. Não ouvimos nossos próprios gritos. O barulho e o silêncio, o silêncio e o barulho são uma coisa só. Presa na poltrona, livro-me dos cintos, tateio o banco da frente e já não encontro mais meu marido. O meu corsário preso já havia se libertado para buscar a mão do mar.

Vinte anos depois, o homem que recusara a eternidade dos deuses, para não perder o dom de amar, repousa agora no fundo do mar, esperando por novas vidas para, finalmente, realizar seu último desejo:

— Amo tanto a minha mulher que, se houver outra encarnação, já quero nascer casado com Mora.

Impressão e Acabamento:
GRÁFICA STAMPPA LTDA.
Rua João Santana, 44 - Ramos - RJ